자유와 평화를 꿈꾼 '한반도인'

이소가야 스에지

'A People on the Korean Peninsula' who Dream of Freedom and Peace

아연 인문교양총서 3

자유와 평화를 꿈꾼 '한반도인'

이소가야 스에지

변은진 지음

아연출판부
고려대학교 아세아문제연구소

| 목차 |

탈냉전 이후 일본과 한국에 이어 중국이 국제무대에서 급부상하면서 동북아는 세계에서 가장 역동적인 지역으로 주목받고 있다. 특히 동북아의 경제적 성장은 지구적 차원의 정치·경제적 질서뿐 아니라 문화, 사상, 종교 등 다양한 분야에서 심대한 영향을 미치고 있다. 이러한 동북아의 역동적 변화는 학문적 연구 대상으로도 주목받고 있다. 한편, 이 지역은 역사적·문화적 기반을 공유하고 있음에도 불구하고, 침략과 저항, 식민지배, 냉전으로 대표되는 상호 대립과 갈등으로 점철되어 왔다. 역사적 경험과 현실적 이해에 따라 동북아는 협력과 공존의 방향으로 나아갈 수도, 대립과 갈등으로 나아갈 수도 있다. 동북아에 대한 이해의 폭을 넓히고, 새로운 해석을 제공하기 위해서는 역사·사상·문화·정치·경제적으로 그 복합적인 역동성과 상호 대립·갈등·협력 양상을 분석·성찰해야 한다.

최근 동북아에서는 인적·사상적·물적 교류와 순환이 활발해지면서 이주, 환경, 무역, 국제 협력 등의 영역에서 개별 국가 차원을 뛰어넘는 초국가적 현상이 급증하고 있다. 예를 들면 노동, 결혼, 유학으로 인한 지역 내 인구 이동으로 내국인과 이주 외국인 간의 상호 충돌 혹은 공생관계라는 측면에서 다문화, 시민권과 국적, 정체성 문제가 복합적으로 얽혀 있다. 이러한 현상을 총체적으로 이해하기 위해서는 국가 단위의 분석에 치중해 온 기존의 접근과는 다른, 새로운 초국가적 접근 방법이 필요하다.

지역공동체를 오래 전부터 구상해 온 유럽에서는 지역 전체를 하나의 단위로 보는 연구가 활발하지만, 동북아에서는 그러한 시도가 아직 미미한 수준에 머물러 있다. 또한 그 동안 국내의 해외 지역 연구는 인문학과 사회과학 간의 학문적 경계가 높아 학제적 공동 연구가 취약했다. 역동적인 동북아에 대한 보다 정확하고 심층적인 이해·분석을 위해서는 중국학, 일본학, 한국학 등 국가 단위의 분절적 지역 연구를 넘어 동북아를 분석 단위로 하는 지역 연구가 필요하다. 아울러 인문학과 사회과학으로 나뉜 기존의 동북아 지역 연구 관행을 뛰어 넘는 학제 간 종합적 지역 연구도 요구된다.

아연은 1957년 설립 이래 학제 간 연구 실적 축적과 동북아 지역 연구의 선도적 역할, 안정적 재정과 연구 인력 확보, 지속적인 연구 인프라 구축, 동북아 지역 전문 연구재단 등재지 발간, 사회와의 소통 등 다방면에서 국내 최고 수준의 대학 부설 연구소로 자리매김해 왔다. 이런 성과를 바탕으로 2008년부터 한국연구재단의 '인문 한국'(HK) 사업 해외 지역학 분야의 지원기관으로 선정되어, '동북아시아의 초국가적 공간: 사상, 사회문화, 제도의 교류와 재구성'이라는 연구 의제를 중심으로 대규모 연구 사업을 진행하고 있다. 아연은 '인문 한국' 사업의 성과, 각종 동북아 지역 연구 지원, 국내외 소장학자 교류 지원 프로그램을 기반으로 한 연구 성과를 〈아연동북아총서〉를 통해 발간함으로써 학계에 크게 기여한 바 있다.

아연은 '인문 한국' 사업을 마무리하는 현 시점에서 〈아연 인문교양총서〉를 기획했다. 본 총서는 동북아 근현대 시기에 한국에서 활동했던 외국인 가운데, 동북아 근현대의 경제·학술문화·사회운동 등 각 방면에서 비교적 큰 영향을 미친 인물을 선정하여, 그 사상과 활동을 정리하고 평가하는 것을 목표로 한다. 이는 동북아에 대한 제국과 식민지, 지배와 피지배 등의 구도로만 파악했던 기존의 연구 관행을 뛰어넘어 상호 이해와 긍정적 영향을 주었던 것을 역사적 사실을 재조명하고자 하는 것이다. 이를 위해 동북아의 초국가적 공간 속에서 국가 간 민족 간 대립 갈등이라는 상황 속에서도 동북아의 교류에 기여하려 했던 역사적 인물들을 발굴해 널리 알리고자 한다. 이 총서가 동북아에 화해와 평화가 가능하다는 인식을 사회적으로 확산하는 장이 될 수 있기를 기대한다.

2018년 2월

아세아문제연구소 소장 이 종 화

최근 한일관계가 경색된 근본 원인은 일본의 정치적 '우경화' 현상에서 비롯되었다. 이러한 긴장의 배경에는 양국 사이의 과거사 특히 일제강점기에 관한 이해의 차이가 자리 잡고 있다. 한국인의 입장에서 일제의 강점과 식민지배에 관한 정확한 이해와 반성을 요구하는 것은 지극히 정당하다. 그런데 이를 위해서는 먼저 당대 식민지 조선인의 피지배 상황을 만들어간 일본인의 역할에 대한 구체적인 지식과 이해가 요구된다.

쌍방향의 관계망 속에서 일제강점 하의 조선인 내부에서도 동조자·협력자·방관자·저항자 등 다양한 모습이 나타났듯이, 타자인 일본인 사회 내부에서도 가해자·동조자·저항자 등 식민지 사회와 관계를 맺는 모습은 다양했다. 식민자로서 영향을 주는 측면뿐만 아니라 피식민자로부터 영향을 받는 측면도 존재했다. 이 책의 주인공인 이소가야 스에지(磯谷季次, 1907~1998)라는 인물은, 일본인이라는 정체성을 가지고 있으면서도 제국-식민지, 지배-피지배, 협력-저항의 관계에서는 주로 후자의 영역에서 활동한 매우 독특한 인물이다. 그가 1930~40년대에 일본질소비료주식회사 흥남공장에서 근무하다가 노동운동사건에 연루되어 약 9년을 식민지 조선의 감옥에서 조선인 동지들과 함께 생활했다는 배경으로 인해, 1980년대에 그의 회고록 『우리 청춘의 조선』이 한글로 번역 출판되었다. 그리고 이후 '한-일 노동연대의 선구자' 등으로 평가되며 한때 주목을 받았다.

그런데 이소가야 스에지와 한반도의 관계 맺기는 여기서 끝나는 게 아니었다. '투쟁과 투옥'은 그 출발일 뿐이었다. 수많은 재조일본인들 가운데 이소가야 스에지라는 인물이 갖는 독창성은 그가 피식민자의 입장에서 식민자에 저항했다는 측면뿐만 아니라, 그가 한반도에서 겪은 또 다른 커다란 경험인 일본인의 귀환을 주도한 데서도 비롯되었다. 1945년 8.15 즉 식민지 조선의 '해방'과 제국 일본의 '패망(일본인의 입장에서는 패전 또는 종전)'을 겪으면서, 그가 38도선 이북의 일본인을 이끌고 '고난의 탈출'을 주도했던 경험은 '투쟁과 투옥'의 경험 못지않게 중요했다. 오히려 이 경험은 1998년 사망할 때까지 그의 후반기 인생 전체를 규정해버렸기 때문이다.

1947년 1월 초에 19년 만에 다시 일본 땅을 밟은 이소가야 스에지는 이후 도쿄에 거주하면서, 소학교 출신이라는 학력이 무색할 정도로 활발히 문필활동을 펼쳤다. 일본사회의 최하위층에서 어렵게 생활하면서도 철저하게 휴머니즘에 기초하여 식민지배와 한반도 분단의 원초적 책임이 있는 일본 정부를 비판하고 한반도의 통일과 평화를 기원하는 방향에서 활동하였다. 그는 북쪽에 남은 동지들이 새로운 조국 건설에 매진하고 있으리라는 믿음으로 이렇게 일본에서 새로운 인생을 시작했으나, 6.25전쟁과 뒤이은 숙청 과정을 거쳐 강화된 '김일성 왕조'에 큰 배신감을 느끼게 된다. 결국 1980년대 후반 무렵부터는 '북한의 인권 및 민주화 문제'에 관심을 갖고 관련된 사회활동에 참여했으며, 문필활동의 방향도 이쪽으로 선회하였다. 물론 일본 정부가 져야 할 식민지책임과 전쟁책임을 비판하고 한반도의 통일과 민주화를 바라는 마음은 여전히 굳게 간직한 채로였다. 이러한 그의 삶의 궤적은 한국근현대사를 이해해보는 관점에서도 새롭게 조명해볼 만한 가치가 크다고 생각한다.

한국인도 아닌 일본인을, 그것도 사회적으로 저명한 정치가나 지식인이 아니라 소학교밖에 졸업하지 않은 보통의 일본인에 대해 그 생애를 정리하고 활동과 사상을 평가하는 작업은 결코 쉽지 않았다. 게다가 이소가야 스에지는 슬하에 자식도 없었고, 심지어 현재는 시즈오카 고향 마을에조차 '이소가야'라는 성씨가 단 한 명도 살고 있지 않아서 그의 일생을 잘 알고 있는 사람도 거의 없었다. 뿐만 아니라 자신이 사망하기 전에 통장의 잔고를 제로로 만들고 모든 것을 정리하고 떠났을 정도로 지나치게 '깔끔한' 성격에다 '무욕(無欲)'의 인물로 평가될 정도였기 때문에 더욱 그러했다.

그러다 보니 예상 외로 오랜 시간이 걸렸다. 그럼에도 불구하고 묵묵히 기다려주신 고려대 아세아문제연구소의 송규진 선생님, 김종태 선생님께 감사드린다. 아울러 거의 자료가 남아 있지 않은 이소가야의 행적을 조사하는 데 큰 도움을 주신 교토의 미즈노 나오키 선생님, 고령에도 불구하고 인터뷰에 응해주신 마츠모토 마사츠구 선생님, 또 가장 파악하기 어려웠던 이소가야의 북한 관련 활동들을 증언해주시고 말년의 글들을 보내주신 오가와 하루히사 선생님께 이 자리를 빌려 감사의 마음을 전한다. 끝으로 관련 일본어 자료 번역에 도움을 준 조카 진승현에게도 고마움을 표하고 싶다.

2018년 10월

변은진

1장
출생과 방황

다리지기의 아들로 태어나다

이소가야 스에지는 1907년 9월 16일 일본 시즈오카현(静岡縣) 아베군(安倍郡) 하토리무라(服織村) 야마자키(山崎) 153번지에서 10여 명의 형제 중 막내로 태어났다. 이소가야의 생년월일, 출생지 등의 기록은 그가 훗날 식민지 조선의 감옥에 들어갔을 때 서대문형무소에서 작성한 「일제 감시대상 인물카드」(아래 그림)에[1] 따른 것이다. 1947년 1월 이소가야가 다시 일본으로 귀국하자마자 처음 찾은 곳도 바로 이 '야마자키의 본가'였다(磯谷季次 1986, 82). 10여 명의 형제가 모두 이 집에서 함께 생활한 건 아니었다. 어려서 죽거나 부잣집에 양녀로 보내진 누나도 있었는데, 집안의 막내로 태어난 이소가야는 이러한 내막을 상세히 알지는 못했던 것 같다.

1 국사편찬위원회에는 일제강점기에 작성된 4,858명의 '사상범'에 대한 인물신상카드 6,264건이 소장되어 있다. 이 가운데는 일본인 31건, 중국인 13건도 포함되어 있는데, 일본인의 카드는 주로 1930년대 초 항일비밀결사에 참여했던 '치안유지법 위반자'들의 것으로서 1931~1934년 사이에 만들어진 것이다(국사편찬위원회 홈페이지 자료소개).

〈그림 1〉 서대문형무소 이감 후 작성된 인물카드 앞면

** 국사편찬위원회 소장 일제감시대상 인물카드(1934년 12월 26일 촬영)

〈그림 2〉 서대문형무소 이감 후 작성된 인물카드 뒷면

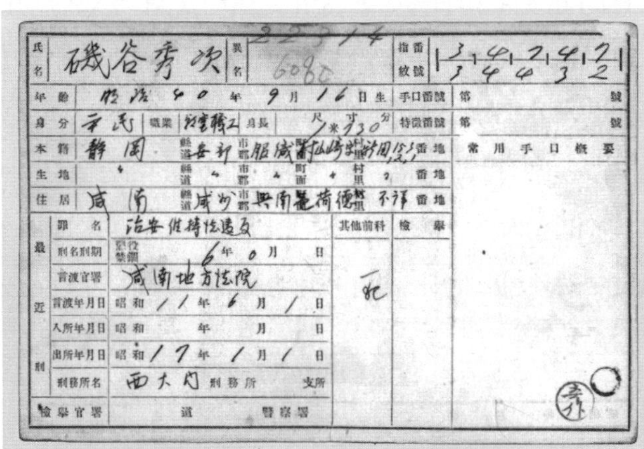

** 국사편찬위원회 소장 일제감시대상 인물카드

위 인물카드는 이소가야에 관한 몇 가지 다른 정보도 제공하고 있다. 그의 신분은 '상민(常民)', 키는 173cm라는 것이다. 1930년대에도 일제당국은 조선인 · 일본인을 불문하고 '범죄자'의 신상카드에 꼭 '상민', '양반' 등으로 신분을 기록하였다. 근대 국민국가를 표방하던 '일본국'이 갖고 있는 정치사회적 후진성을 엿볼 수 있다.

이 카드에서 가장 놀라운 점은 이소가야의 키가 173cm나 되었다는 것이다. 1930년대 일본인의 평균 신장이 160cm 정도였고 오늘날에도 20대 청년 일본인의 평균 신장이 173cm를 넘지 않는다고 한다. 그렇다면 당시로서 이소가야는 상당한 장신이었음이 분명하다. 또 위의 사진에서 알 수 있듯이, 젊은 시절부터 이소가야는 비교적 이목구비가 뚜렷한 미남형에 속했던 것 같다.

이소가야의 고향은 오늘날 행정구역상으로는 시즈오카현 시즈오카시(静岡市) 아오이구(葵区) 야마자키에 해당된다.[2] 시즈오카현을 남북으로 관통하는 아베카와(安倍川)라는 꽤 큰 강이 흐르고 그 뒤 북쪽으로 지요산(千代山)이 보이는 그런 곳이었다. 그가 태어날 당시 아버지가 53세였으니 엄청난 늦둥이였던 셈이었고, 그래서인지 막내로서 귀여움을 독차지하면서 자랐다. 원래 순사를 하다가 그만두고 초롱가게를 하던 아버지는 그가 태어날 즈음에는 다리지기를 하면서 생계를 꾸려가고 있었다. 어머니는 그가 4살 때 암으로 돌아가셔서 이소가야는 거의 누나 손에서 자랐다.[3]

---

2 필자는 2017년 12월 5~6일 시즈오카시의 야마자키를 답사하면서 위의 주소로 현재 위치를 수소문해 보았으나 찾을 수 없었다. 이소가야의 조카 중 한 분이 20년 전 즈음까지 야마자키에 살고 있었다고 전해 들어서, 그 주소를 가지고 찾아보려고도 했으나 이 역시 불가능했다. 현지 소방서에 들어가 그곳의 지도 · 주소 등으로 확인해본 결과, 현재 야마자키에는 '이소가야(磯谷)'라는 성씨는 한 명도 살고 있지 않았다.

3 어린 시절 이소가야 스에지에의 행적에 대해서 알 수 있는 자료는 그가 집필한 세 권의 책, 즉 1949년

〈그림 3〉 야마자키(山崎) 및 안자이바시(安西橋)의 위치

※ 야후재팬. 왼쪽의 테두리 친 부분이 야마자키와 안자이바시이다.

어른이 된 이소가야의 어린 시절 기억에 가장 크게 남아 있던 것은 아베카와 남쪽 다리의 초소를 지키던 다리지기 아버지, 그리고 그 주변 환경과 관련된 것이었다. 이소가야는 이 다리가 나무다리였고 초소에서 제일 가까운 읍이 안자이5초메(安西5丁目)였다고 기억하고 있다. 그의 글을 통해 유추해 보면 당시 아버지가 지키던 다리는 아베카와의 남쪽 오늘날 일본국도 362호

의 『植民地の獄』(鄕土書房), 1980년의 『朝鮮終戰記』(未來社), 1984년의 『わが青春の朝鮮』(影書房)이 있다. 모두 회고록 성격을 갖고 있는 책으로서 그 내용 또한 대동소이하다. 다만 각각의 책을 집필하고 출판한 시기 이소가야의 기억과 지식 정도, 주안점을 두고자 했던 부분, 기타 사소한 몇 가지 사실 전달에서 느껴지는 뉘앙스 등에서 약간씩 차이가 있다. 이 가운데 마지막 책은 1988년 원저와 같은 제목인 『우리청춘의 조선』(김계일 역, 사계절)으로 국내에서 번역 출판되었다(번역본에는 원 저서 뒷부분에 첨부되어 있는 이소가야의 일기는 생략되어 있음). 이 글에서는 일본으로 귀환할 때까지 이소가야의 행적 등에 대해 주로 이 번역본과 다른 2종의 책을 대조하면서 참고했음을 밝혀둔다. 이하 서술에서는 직접 인용인 경우를 제외하고는 일일이 각주를 달지 않았음도 밝혀둔다. 이소가야가 직접 서술한 책이나 에세이 등에 대한 현황은 이 책의 4장 중 일본에서의생할과 문필활동을 참조하기 바란다.

의 안자이바시(安西橋)였던 것 같다. 1872년 치고바시(稚児橋)라는 이름의 널다리(板橋)로 개통된 이 다리는 안스이바시(安水橋, 오늘날 安倍川橋)가 완성되던 1874년부터 인근에서 가교운동(架橋運動)이 일어나 1889년에 완성된 다리이다. 총 4,500엔의 공사비를 들여 길이 567m, 폭 3.6m의 나무다리(木橋)로 가설되었는데, 이때 붙여진 이름은 와라시나바시(藁科橋)였다.[4]

이 다리는 처음 개통될 때부터 통행료를 내야만 건널 수 있는, 아베카와에서는 최초의 유료 다리였다. 1913년 현재 안자이바시를 건너려면 1인당 1전, 마차나 일반 소형 차량은 각각 2~5전씩 내야만 했다. 그래서 이소가야의 기억에 남아있는 1910년대 즈음에는 이 다리에 초소가 설치되어 있었고 다리지기가 늘 교대로 지키고 있었는데, 아버지도 늘 거기 계셨던 것이다. 다리지기는 모두 3명이 있었는데, 순사 출신이었던 아버지는 주간에만 가운데 앉아서 관리하는 역할을 했고 실제 통행료를 받는 일은 양쪽의 두 사람이 했다. 집안의 막내였던 이소가야는 가끔씩 아버지에게 도시락 심부름을 하고 1전씩 챙기는 재미가 쏠쏠했던 것 같다.

이소가야의 아버지는 그가 태어나기 전인 1880~90년대에 순사로 일하였다. 이소가야는 순사 시절의 아버지가 도둑을 잡으면 심하게 매질을 했던 비정한 사람이었을 거라고는 도저히 상상도 되지 않았다. 그래서 어렸을 때는 아버지의 매는 아마도 다시는 죄를 짓지 못하게 하는 '사랑의 매'였을 거라고 생각했다. 그리고 이런 순사질이 성격에 맞지 않아서 그만두고 초롱가게를 했을 것이라고, 또 그런 분이셨기에 아버지가 돌아가셨을 때 주위 사람들이

4 상세한 내용은 『安倍川治水史』(1992, 建設省 静岡河川工事事務所) 참조.

그렇게 슬퍼했을 것이라고 스스로를 위안하곤 했다. 독실한 불교 신자에다 글씨를 매우 잘 썼던 아버지는 소학교를 다니던 이소가야에게 매일 신문지 두 장을 빽빽이 채우는 습자를 시켰다. 이 괴로운 작업은 그가 소학교 5학년 11살 때인 1918년 4월 19일, 아버지가 갑자기 쓰러져 64세를 일기로 죽음을 맞이했을 때까지 계속되었다.

〈그림 4〉 안자이바시 중간에서 바라 본 야마자키 마을

** 2017년 12월 5일 촬영. 다리에서 보이는 마을의 반대편이 안자이5초메(安西5丁目)이다.

훗날 20대 청년으로 성장한 이소가야 가 조선에서 노동운동을 하다가 경찰에 붙잡혀 모진 고문을 받았을 때, 그리고 30대까지 거의 10년을 '비국민'이라는 낙인 아래 식민지 감옥에서 외로운 사투를 벌여야만 했을 때, 아마도 그는 제일 먼저 아버지를 떠올렸을 것이다. 자신에게 한없이 다정다감했던 아버지의 모습, 그의 기억에는 없다 해도 사람들에게 매질을 가하는 '일본 순사' 아버지의 모습, 그리고 그가 현실에서 맞닥뜨린 자기 눈앞의 가혹한 일본

경찰의 모습 사이에서 인간에 대한 실존적인 고민, 휴머니즘과 인권의 문제에 대해 수차례 갈등하고 고민했을 것이다.

도쿄 생활과 관동대지진

어린 나이에 부모를 모두 잃은 이소가야는 소학교를 졸업할 때까지 1년 정도는 고향에서 누나, 매형과 함께 살았다. 그의 매형은 시즈오카 현청(縣廳)의 하급 공무원이었다. 졸업 후 이소가야는 처음으로 고향을 떠나 도쿄의 아사쿠사구(淺草區) 센조쿠쵸(千束町) 1가 1번지에서 목재상을 하던 형 이소가야 기시오에게 의탁하게 되었다. 형의 가게는 2층 양옥이 늘어서 있는 '하이칼라 골목'이라는 데에 자리 잡고 있었다. 설렘 반 두려움 반으로 집을 나선 이소가야는 아버지가 일하던 초소 옆을 지날 때는 일부러 낯익은 할아버지들을 피해 재빨리 비탈길을 내려갔다. 그가 내성적이며 소심한 성격이었음을 짐작케 한다.

1919년의 도쿄행, 이것이 이소가야에게는 생애 첫 여행의 경험이었다. 처음으로 기차를 타고 도쿄의 시나가와역(品川駅)에 내려 아사쿠사로 가는 전차를 갈아타고 형을 찾아가야 하는, 소학교를 갓 졸업한 13살의[5] 어린아이에게는 매우 벅찬 일이었을 것이다. 비교적 어렵지 않게 그날 밤 형의 가게에 도착할 수 있었다. 이렇게 시작된 그의 첫 도쿄 생활은 재바르지 못하고 우직한 성격 탓에 종종 형수 지요코의 잔소리를 듣고 눈치를 봐야만 했다.

5 이하 이 책에 표기된 이소가야의 나이는 모두 한국식으로 계산한 것이다.

2년 쯤 지나면서부터 이소가야는 본격적으로 형의 일을 도왔다. 낮에는 목재를 운반하여 정리정돈하고 밤에는 수금을 하러 돌아다니는 일이었다. 이제 막 10대 중반으로 접어드는 소년으로서는 무척 힘겨운 일이었음이 분명하다. 힘을 쓰는 일은 그렇다 치더라도, 흥정 요령도 모르고 약삭빠른 성격도 아니었던 그가 여러 성향의 사람들에게서 돈을 받아내는 일은 결코 쉽지만은 않은 '끔찍한 일'이었다. 심지어 부엌에서 식칼을 들고 나와 '죽고 싶어?'라며 위협을 당한 적도 있었다.

훗날 누구 못지않게 휴머니스트로 살아간 이소가야가 이 시절을 회고하면서 하나의 에피소드를 전하고 있다. 가게에 드나들던 손님 중에 다이센이라는 목수가 있었는데, 나병환자였던 다이센은 외모가 추악하고 이상한 냄새까지 풍겼다. 그런 그가 늘 자신에게 수레를 끌게 했던 일을 몹시 불쾌하게만 여겼다. 그런 자신에 대해 이소가야는 다음과 같이 회고하였다.

> 나병 때문에 주위로부터 백안시당하여 인간으로서의 슬픔과 고통으로 눈물을 삼키며 살아가지 않으면 안 되었음에 틀림없는 다이센에게 그 당시 나는 털끝만치의 동정도 보이지 않았다. 그리고 뭇사람들이 꺼려하는 그런 다이센에게 일거리를 주는 사람들의 너그러운 마음과 온정에 대해서도 물론 생각이 미치지 못했다. 다만 나이 어린 노동자였던 나 한사람을 피해자로 생각했을 뿐이었다.(이소가야 스에지 1988, 25)

어른이 된 이소가야가 이 시절 자신이 인간의 고통과 온정에 대해 전혀 자각하지 못했던 '나이 어린 시건방진 도제(徒弟)'였음을 반성하는 이야기이다. 주위를 돌아보지 않고 오로지 자기 안일만을 생각했던 자신의 비인간적인 비정함을 자책했던 것이다. 이소가야의 활동과 사상의 토대에 철저하게 '인간 중심'의 휴머니즘이 자리 잡으면서, 그는 이런 사소한 어린 시절의 일화조차 가슴 속에 회한으로 간직했던 것 같다.

〈그림 5〉 아사쿠사 6구의 현 지도

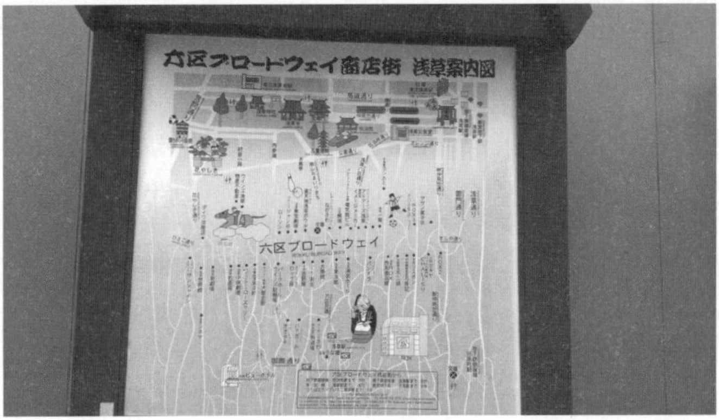

** 2017년 12월 4일 촬영. 아사쿠사 6구는 오늘날 '6구 브로드웨이 상점가'라 불리는 곳이다. 현재는 극장은 거의 없고 상점가로만 남아 있다. '브로드웨이'라는 명칭이나 아래 사진의 도요관(東洋館)으로만 그 잔재를 확인할 수 있다.

목재상 일을 하던 동안 이소가야는 휴일이 한 달에 두 번밖에 없을 정도로 고된 노동을 하였다. 쉬는 날이면 2~3엔의 용돈을 받아 아사쿠사 6구로 영화를 보러 가는 게 그의 유일한 취미생활이었다. 그곳에는 니혼관(日本館)·후지관(富士館) 등 여러 영화관이 밀집되어 있었다. 이소가야는 건물 2층에 희극을 공연하던 도키와좌(常盤座), 오페라를 주로 하던 긴료관(金龍館), 영화를 상영하던 도쿄구락부 등 세 곳이 복도로 연결되어 있던 곳에서 휴일 하루를 보냈다. 세 곳 모두 관람하는 데 30전을 받았다고 한다. 이소가야는 특히 무슨 '대활극'이라는 영화와 몇몇 외국 배우들에 빠져 있었다. 또 아사쿠사공원의 매표소 근처에 있는 찻집에는 어릴 때 부잣집 양녀로 간 바로 손위 누나가 일하고 있었다. 하지만 그 앞에 나서지 말라는 형의 당부 때문에 근처에서 그냥 몰래 훔쳐보기만 했다. 어쨌든 도쿄 시절의 이소가야는 당시 서민오락의 대표 장소인 이 아사쿠사 6구의 분위기를 영혼의 양식으로 삼으면서 살아갔다. 그리고 이러한 생활은 그를 시와 음악을 사랑하는 문학소년, 문학청년으로 자라나게 했다.

〈그림 6〉 오늘날 아사쿠사 6구에 있는 도요관(東洋館)의 모습

※ 2017년 12월 4일 촬영

그러던 중 1923년 9월 1일 갑작스런 관동대지진으로 인해 순식간에 아사쿠사가 폐허로 변해 버렸다. 당일 우왕좌왕하면서 섬뜩한 광경을 목도했던 이소가야는 이것이 대지진임을 알지 못하여 '세계의 종말'이 온 것이라고 생각했다. 형하고 형수와 함께 우에노(上野) 쪽으로 피난을 가서 이틀 밤을 지내면서 이소가야는 '불령선인(不逞鮮人)'이 폭동을 기도한다, 조선인이 우물

에 독을 넣었다, 불을 지른다 등의 소문을 들었다. 동네마다 자경단(自警團)이 조직되어 조선인을 학살했는데, 이소가야는 직접 살해하는 장면은 보질 못했으나 유기된 조선인 시체는 몇 군데서 보았다고 한다. 『우리 청춘의 조선』을 집필하면서 이소가야는 관동대지진 당시 일본 거류 조선인은 약 8만 명이었는데 그 10% 정도가 도쿄 · 지바 · 사이타마 등지에서 차례로 학살당했으며 그 다수가 노동자였다고 기록하였다.[6]

〈그림 7〉 관동대지진 직후 폐허가 된 도쿄 아사쿠사의 모습

※ 네이버 지식백과

이렇게 이소가야는 관동대지진이라는 끔찍한 참상을 통해 조선인과 조선 민족을 처음으로 대면하였다. 훗날 그는 "당시 16세에 불과했던 소년 노동자

6 이 회고록을 준비하면서 이소가야는 육군 일등병이었던 구보노 시게지(久保野茂次)의 일기, 다하라 히로시(田原洋)의 『関東大震災と中国人: 王希天事件を追跡する』(岩波書店, 1982) 등 여러 관련 자료를 찾아보았고, 이를 통해 수많은 조선인 · 중국인 노동자가 무참히 학살된 근거를 확인하였다.

였던 나로서는 그 사건의 본질을 이해할 수 없었다."고 회고한 바 있다. 어쨌든 이때만 해도 그는 앞으로 자신의 인생에서 조선인이나 한반도가 얼마나 큰 비중으로 자리 잡게 될지는 예상치 못했을 것이다.

도쿄 시절 10대 청소년기를 보내던 이소가야의 감성과 의식의 형성에 가장 큰 영향을 준 인물은 형수의 동생 야마모토 준페이였다. 부친이 기술자가 되라고 강압적으로 도쿄의 공업학교에 입학시키면서 이소가야와 같은 집에 거주하게 된 준페이는 원래 화가를 꿈꾸던 청년이었다. 그는 성격이 매우 자유분방하고 열정적이었으며 낡은 도덕과 교육에 얽매이지 않는 인물로서, 학교도 얼마간 다니다가 바로 그만두고 화실에 나갔다. 이소가야가 보기에 준페이는 당시 일본사회에서 유행하던 다다이즘 계통 예술의 영향을 크게 받았던 듯했다. 결국 준페이는 다시 고향으로 소환되었다가 얼마 뒤 친척이 있는 멕시코로 '추방'되었다고 한다.

방랑과 입대, 조선으로!

이소가야가 자신보다 세 살 위였던 준페이와 보낸 시간이 그리 길지는 않았다. 하지만 준페이의 자유로운 사고와 생활은 한창 10대 사춘기를 보내던 이소가야의 마음을 휘저어 놓는 데는 충분한 시간이었던 것 같다. 폐허로 불타버린 아사쿠사에 임시숙소를 세우고 다시 가게를 꾸렸지만, 관동대지진이라는 엄청난 재앙의 경험과 그 속에서 이유도 없이 죽어간 끔찍한 이민족의 모습, 그리고 준페이라는 자유분방한 허무주의자의 감화 등으로 이미 이소가야는 정서적으로 예전처럼 생활하기는 어렵게 되었다.

제1차 세계대전을 거치면서 확대되어간 다이쇼 데모크라시와 자유주의 풍조의 확산, 쌀 소동 등을 거치면서 높아져간 민중의식, 이 과정에서 벌어져 간 농촌과 도시의 사회문화적 격차 확대, 관동대지진 이후 폐허가 된 도쿄의 재건과정에서 정착해간 근대적인 도시문화와 대중문화의 성장, 미국문화를 중심으로 한 모더니즘의 급격한 유입 등으로 1920년대 일본사회 내의 사상적 분위기도 급격히 변화해갔다. 이러한 분위기는 감수성이 예민한 보통의 청년들 사이에서 더욱 더 확산되어갔다. 물론 관동대지진 경험에서 보았다시피, 아무리 자유주의 풍조가 스며들고 있었다고는 해도 이러한 분위기가 식민지인을 대상으로 발현될 때는 여전히 그 기저에 일본인 특유의 내셔널리즘을 강하게 내뿜고 있었다. 또 당시 조선인 학살의 근저에는 대도시 거주 일본인 사이에서 조선인 노동자들의 진출에 따른 직장 상실 등의 위기의식도 내재되어 있었다.

이러한 분위기 속에서 10대를 보내던 이소가야 역시 목재상 일에 강하게 염증을 느끼고 준페이가 건너간 바다 저편 남미대륙의 또 다른 세상을 동경하게 되었다. 결국 그는 선원이 되어 배를 타고 세상을 누비겠다고 결심했다. 곧바로 선원을 지원하기 위해 시바우라(芝浦) 지역 즉 오늘날의 다마치역(田町驛) 근처에 있던 일본해원액제회(日本海員掖劑會)로 갔다. 1880년에 설립된 일본해원액제회는 그 이듬해에 해원기숙사를 개설한 이래 숙박 제공은 물론 승선 알선, 선원의 교육 훈련 등을 실시하고 있었다.[7] 형의 집을 나가기로 결심한 이소가야는 이러한 사정들을 미리 조사해두고 그 기관을 방문하였다.

---

7 일반사단법인 일본해원액제회 홈페이지(http://www.ekisaikai.com) 참조.

하지만 막상 실현에 옮기려 하자 미성년자인 이소가야는 '호주의 승낙'이라는 커다란 암초에 부딪히고 말았다. 이러한 그의 결정을 형이 승낙할 리가 만무했다. 이소가야는 형이 어린 자신의 노동력을 값싸게 부려먹으려 한 것이라고 생각하면서 강한 반발심을 가졌다. 하지만 미성년의 친동생이 험한 뱃사람이 되어 이국땅을 떠돌겠다는 것을 쉽게 승낙할 형은 없을 것이다.

어린 마음에 이소가야는 형이 자신의 꿈을 짓밟았다고 생각했고, 결국 그에 대한 저항으로 무작정 형의 가게를 뛰쳐나와 버리고 말았다. 사춘기에 흔히 있는 '가출'을 저지른 셈이다. 그리고는 호주의 승낙서나 인감도장이 없어도 일할 수 있는 자동차 운전수 조수를 시작했다. 혼고(本鄕) 3가에 있던 혼고자동차상회에서 8엔 정도의 월급을 받고 일했는데, 손님에게 받는 팁은 운전수 7, 조수 3으로 나누었다. 그런데 이 일은 너무 불규칙하면서도 지나치게 신경을 많이 써야 하는 고된 일이었던 것 같다. 결국 영양실조까지 걸린 이소가야는 1년도 채 못 되어 조수 일을 그만두고 신문의 구인란을 통해 목장 일을 시작했다. 목장은 이바라키현(茨城縣) 가시마군(鹿島郡)의 '가루노문화촌(輕野文化村)'이라는 곳에 있었는데, 돼지와 오리, 닭 등을 키우는 곳이었다. 이곳에서 두 명의 동료와 함께 생활하면서 어느 정도 건강도 회복했으나, 치기어린 마음에 동료들과 의기투합하여 얼마 후 함께 도망치듯 뛰쳐나와 버리고 말았다.

도쿄로 가서 셋이 함께 취업하려 했으나 쉬운 일은 아니었다. 중학을 마치고 사무직을 원했던 두 친구와 달리 이소가야는 소학교만 졸업했기 때문에 더욱 어려웠다. 결국 셋은 뿔뿔이 흩어졌고, '나이 어린 저학력자'였던 이소가야는 인부소개소를 전전하면서 공사장 막노동으로 생활할 수밖에 없었다. 결국 아버지 유품인 회중시계마저 전당포에 3엔에 저당 잡혀 1엔을 빌리기까지 했다.

도쿄의 인부숙소에 머물면서 자유노동자로 생활하던 이소가야는 그곳에서 함께 기거하던 이케다 에이켄(池田英憲), 오오타 겐지라는 청년들로부터 사상적 · 감성적으로 영향을 받았다. 이소가야보다 너댓 살 위였던 이케다는 숙소에서 늘 이소가야의 옆자리에 자리를 잡았다. 여러 사람이 한 방에서 생활하는 인부숙소에서는 사실상 사람들마다 늘 차지하고 있는 자리가 정해져 있었다. 그는 가끔 자신의 보따리에서 『허무사상의 연구』, 『검은 빵』 등의 책자를 꺼내 이소가야에게 읽어보라고 권하곤 했다. 도스토예프스키나 투르게네프의 사상이 적혀 있었던 것 같았는데, 소학교만 마친 이소가야로서는 그 내용을 이해할 수가 없었다. 이소가야는 어느 날 갑자기 사라져버린 이케다를 사상사건에 연루되어 경찰에 쫓기고 있었던 것으로 생각했다. 이케다는 아마도 이소가야를 동지로 규합하려고 했을 것이다.

그러던 중 이소가야보다 두세 살 가량 위의 오오타 겐지라는 청년이 숙소에 들어왔다. 그는 언제나 시 나부랭이를 읊조리는 감상주의자였다고 한다. 오오타는 이소가야에게 늘 서정적이거나 서사적인 연애시나 소설을 권하였다. 이소가야도 이런 시나 소설은 쉽게 읽을 수 있고 마음이 쏠려서 나중에는 직접 헌책방에서 책을 사서 읽기도 했다. 『젊은 베르테르의 슬픔』과 같은 연애소설이나 바이런 · 셸리 · 하이네 · 보들레르 등 서구의 연애문학에 빠지면서 이소가야는 점점 로맨티스트 문학청년이 되어갔다. 이러한 감상이 몸에 배이면서 이소가야는 나중에 조선으로 건너가 과수원을 경영하겠다는 '낭만적'인 꿈을 꾸기도 했다. 조선으로 건너가면 좀 더 자유롭게 목가적인 전원

생활을 할 수 있을 것이라고 상상했던 것 같다.

1927년 이소가야는 징병검사를 받아야 할 스무 살이 되었다. 당시 일본의 청년들에게 징병검사란 '중요한 인생의례의 장'이기도 했다. 징병검사가 끝나야만 비로소 남자로 여겨졌고 이때부터 결혼에 대한 이야기도 나오기 시작했다. 그래서 청일전쟁 이후 일본에서는 입대자나 제대자들을 대상으로 각 가정에서, 그리고 지역사회에서 대대적으로 환영의식과 송영의식을 행하여 축하인사를 하는 게 관례로 되었다. 도쿄의 경우 입영 당일은 축제일과 같은 성대한 분위기가 연출되었다. 또 제대 때는 '제대 선물'을 준비하는 것이 관례로 되어 있어, 나중에는 군 당국에서 쓸데없이 지나친 비용을 지출해 근검의 미풍을 해친다면서 자숙을 호소하기도 했다. 이처럼 일본 청년들에게 '병역'이란 양면적인 성격을 지니는 것이었다(요시다 유타카 2005, 72~78).

당시 일본의 청년들 중에는 군대가 가진 평등성이나 능력주의에 주목하여, 자신이 '군대 체질'이라면서 군대 생활을 동경하고 입신양명(立身揚名)의 기회로 삼으려는 경우도 많이 있었다. 또 '군대 체험을 무어라 말할 수 있나?'라는 설문지에 "군대는 관비(官費)로 운영되는 인생 도량(道場)"이라고 답한 결과도 있었다고 한다(요시다 유타카 2005, 80). 군대를 이렇게 보는 시각은 드물기는 해도 1930년대 이후 조선인 청년들 사이에서도 있었다.

하지만 내성적인 성격의 문학청년이었던 이소가야의 경우, 군인이 된다는 것은 자기의 성격과 체질에는 맞지 않는다고 생각하고 있었다. 그렇다고 해서 징병검사 자체를 기피하거나 거부하는 것은 소심한 성향의 이소가야로서는 상상조차 어려운 일이었을 것이다. 그는 "징병기피가 어떤 식으로 처벌받는지는 구체적으로 알지 못했지만 막연하게나마 끔찍한 일이 기다리고 있으리라는 점만큼은 느낄 수 있었다. 만약 징병검사를 받지 않는다면 이후의 인생을 비합법적으로 살아나가지 않으면 안 될 거라는 점은 예상할 수 있었다."고 기록한 바 있다(이소가야 스에지 1988, 49). 어쨌든 하는 수 없이 이소가야는 지금까지의 방랑생활을 청산하고 호주인 형의 집으로 돌아가기로 결정했다. 집으로 돌아가 보니 형은 이미 그를 '가출인'으로 경찰에 수색원을 내놓은 상태였다.

혼고연대구 사령부에서 실시한 징병검사에서 이소가야는 최종적으로 '갑종 합격' 판정을 받았고, 시즈오카현 미시마(三島)에 있는 야전중포연대에 입대하기로 결정되었다. 그런데 얼마 후 실시된 제비뽑기에서 당첨되어 입대하지 않아도 되는 '행운'을 얻었다. 일본에서는 1873년 「징병령」이 공포된 이래 원칙적으로 '제국신민'인 모든 일본 청년은 병역의 의무를 지도록 되어 있었다. 하지만 평시(平時)의 일본에서는 필요한 군인 수가 그다지 많지 않았기 때문에 징병검사 합격자 중에서 뽑기를 하여 실제 입영자를 결정했다. 다시 말해서 신체검사 합격자 전원이 입대를 한 것은 아니었다(요시다 유타카 2005, 70). 실제로 1920년대에 일본인 징병적령자는 대략 55~60만 명 정도였는데, 그 중에서 갑종합격자는 대략 30% 전후에 불과했다. 즉 17~18만 명 정도였는데, 이들 가운데서도 실제 현역병으로 징집되는 인원은 약 10만 명 정도였다. 그리고 군부가 농촌 출신들을 더 선호하여, 도시보다 징집률이 20% 정도 높았다고 한다(후지와라 아키라 2012, 223~224). 그러니 확률상으로는 실제 군대로 징집될 비율이 그리 높지는 않았다고도 볼 수 있다.

그러나 기쁨도 잠시…. 얼마 후 이소가야는 보충병이 되어 바다 건너 조선의 함경북도 나남으로 가라는 명령을 받았다. 그가 징병검사를 받았던

1927년이란 해는, 제1차 세계대전 이래 몇 차례의 군축(軍縮)과 군대 합리화를 추진했던 일본의 병역제도가 다시금 강화되는 새로운 전기가 마련된 해였다. 일본에서는 1927년 4월 1일 법률 제47호로 「징병령」을 개정하여 새로운 병역법을 공포하였다. 180만 명의 교육된 병력 외에도 그 몇 배나 되는 미교육 보충병의 동원을 가능하도록 했던 것이었다(후지와라 아키라 2012, 223). 이소가야의 '불행', 그리고 한반도와의 첫 인연은 이렇게 시대를 잘못 만난 탓에서 비롯되었다고 할 수 있다.

입대하기 전까지 이소가야는 다시 도쿄 형의 집에 머물면서 목재상 일을 도왔다. 그런데 그 사이에 형수의 죽음을 맞아 가까이에서 직접 임종을 지켜본 일을 겪었다. 아마도 철이 들고서는 처음 목도한 '한 인간의 죽음'이었던 것 같다. 이소가야는 "그녀는 무력한 한 여자로서 인생의 공허함과 죽음의 엄숙함을 자신의 최후를 통해 나에게 가르쳐주고 이 세상을 떠났다."고 기록하였다(이소가야 스에지 1988, 50). 훗날 평생의 반려자였던 아내의 죽음을 맞이한 후 몇 년에 걸쳐 한 인간의 삶과 죽음을 고민하고 애도하던 이소가야의 모습을 떠올려보면, 아마도 형수의 죽음은 그에게 인간의 죽음에 대한 실존적 고민을 심화시키는 계기로 작용했을 것이다.

1928년 5월 이소가야는 오사카항(大阪港)에 모여든 수천 명의 장정들과 함께 조선으로 출발하는 배를 탔다. 짧은 인생에서 처음으로 먼 뱃길 여행을 하게 된 이소가야는 멀어져가는 고국을 바라보면서 정말로 짙은 애수에 젖어들었다고 한다. 오사카항을 출발해 도중에 몇몇 항을 들른 후 목적지인 청진항에 도착하는 데에는 거의 2주일이 걸렸다. 거기서 곧바로 최종 목적지인 나남으로 향했다.

나남 19사단 소속 '황군'이 되다

나남에 도착한 이소가야는 이른바 '조선군', 정확히 말하면 일본군 제19사단 휘하의 보병 제76연대 10중대 소속의 '황군(皇軍)'이 되었다. 이 부대는 함경북도 경성군(鏡城郡) 나남읍(羅南邑) 본정(本町)에 위치하고 있었다. 나남은 3면이 크고 작은 산들로 둘러싸인 분지였는데, 러일전쟁 직후인 1906년에 처음으로 일본군 기지가 건설되었고 1910년에는 보병 제25여단 사령부가 배치되면서 군사도시화한 곳이다. 원래 서울에 있던 제19사단 사령부는 3·1운동이 일어난 직후인 1919년 4월 1일 나남으로 이전했으며, 이어서 1920년에는 함경북도의 도청도 나남으로 이전하였다. 이렇게 해서 1920년대부터 나남은 함북의 중심도시가 되었다.

〈그림 8〉 나남 시가지 지도

** 『朝鮮交通地圖』, 1924, 大阪每日新聞社(金弘熙 2017, 35쪽에서 재인용)

일본군 제19사단은 보병 제37여단과 제38여단, 기병 제27연대, 야포병 제25연대, 공병 제19대대와 국경수비대로 편성되어 있었다. 이 가운데 나남에는 제19사단 사령부를 비롯해 보병 제38여단과 그 휘하의 보병 제76연대, 보병 제37연대 휘하의 제73연대, 그리고 기병(騎兵) 제27연대 및 야포병 제25연대 사령부가 각각 주둔해 있었다.[8] 제19사단은 1919년에 시베리아 출병과 3·1운동 진압에도 참여했으며 국경수비를 위한 '토벌대'를 편성해 수시로 만주의 항일무장부대를 '토벌'하고 '경신참변'과 같은 조선인 학살에 참여한 부대였다. 이러한 이유로 일제강점기 조선인 항일운동가들 사이에서는 상당히 악명이 높은 부대였다. 다시 말해서 제19사단의 주요 임무는 '독립을 목표로 하는 조선민족과의 전투'였는데, 이에 대해 이소가야는 다음과 같이 기록하였다.

> 76연대가 소속된 제19사단은 중국과 소련에 대한 북변(北邊)의 수비로 배치되었는데, 일상적으로는 물론 국경의 건너편 간도에서 동만(東滿) 일대에 걸쳐 활동하고 있는 조선인의 민족해방투쟁을 압살(壓殺)하는 것을 사명으로 하고 있었다. 따라서 이 사단은 조선이 일본의 패전에 의해 해방되기까지 긴 기간 동안 국경에서 동만에 걸친 광대한 지역에서 조선민족과 깊은 관계를 맺고 있었다. 또한 이 부대는 장고봉사건(張鼓峰事件) 때에는 소련군의 진두에서 고전(苦戰)하여 많은 사망자를 냈다고 알려져 있다(磯谷季次 1980a, 7).

8 이 외에 보병 제37여단 및 그 휘하의 제74연대 사령부는 함흥에 있었으며, 제38연대 휘하의 제75연대와 공병 제19대대는 회령에 각각 사령부가 설치되어 있었다. 그리고 국경수비대는 두만강 일대에 주둔하고 있었다(朝鮮軍司令部 1932, 68~109; 金弘熙 2017, 25).

〈그림 9〉 제19사단 사령부 청사

※ 네이버 지식백과 문화콘텐츠닷컴

이소가야가 소속되었던 19사단 휘하의 보병 제76연대는 일본의 징병구(徵兵區) 가운데 제15사관구(師管區) 관할 지역인 아이치현(愛知縣)·나가노현(長野縣)·시즈오카현 출신 청년들로 구성된 부대였다. 일본의 부대 편성은 원래 1개 사관구로 1개의 보병연대를 구성하는 것이 기본이었다. 조선주둔 일본군도 기본적으로는 동일했지만, 다만 다른 사단보다는 동향(同鄕) 출신의 색채가 옅게 편성하는 게 일반적이었다. 왜냐하면 당시 일본은 '조선군'으로 장정을 보내는 사관구는 주로 대도시나 태평양 연안의 공업지대 등 비교적 인구밀도가 높은 지역을 택함으로써 조금이라도 인구를 분산시키는 효과를 거두려 했기 때문이다. 이소가야처럼 제대 후 식민지 조선에 정착하는 일본인이 생길 것까지 고려한 방책이었다고 할 수 있다(朴廷鎬 2005, 233~ 234).

실제로 당시 일제당국은 '조선군'이 신설되면서부터 재향군인들에게 식민지로의 이주를 권장하고 있었다. 여기에는 '인구의 분산'이라는 목적 외에도

'조선의 개발'이라는 미명(美名) 아래 식민지를 '안정적'으로 통치하고자 하는 목적도 있었다. 세계의 어느 식민지보다 항일민족운동이 끈질기고 강하게 일어났던 조선 내 각 지역에 대해, 재조일본인 중심의 재향군인회로[9] 하여금 치안유지의 역할을 담당하도록 하려 했기 때문이었다. 이소가야가 입대한 1928년에 이미 조선 내 재향군인의 수는 31,000명, 재향군인회 분회 수는 303개에 달했다(朴廷鎬 2005, 234).

이렇게 한반도의 나남으로 오게 된 이소가야는 이곳에서 군인이라는 신분으로 처음으로 '국가와 대면'하였다. 입대 후부터는 국가와 개인, 민족과 국민이라는 단어가 늘 이소가야의 머릿속을 휘젓고 다니는 화두의 하나로 되었겠지만, 이때까지만 해도 그는 '국가'라는 것에 대해 그다지 생각해본 적이 없던 터였다. 관동대지진을 통해 조선인과 조선민족이 처음으로 그의 시야에 들어오긴 했으나, 그때까지만 해도 그가 이 문제를 국가나 민족으로 연결시켜 생각할 정도의 정신적 성숙과 지적 소양을 가지고 있지는 못했던 게 사실이다. 그래서 군대라는 공간과 군인이라는 신분으로 보낸 조선에서의 시간은 그의 마음속에서 비로소 '국가'라는 존재를 각인시키는 계기로 작용했다.

자신은 군대에 대한 적응력이 전혀 없었던 것 같다고 느낀 이소가야는 훗날 『우리 청춘의 조선』에서 자신이 경험한 군대와 군대생활에 대해 다음과 같이 묘사하였다.

---

9 일본의 재향군인회는 "군대와 국민을 결합하는 가장 좋은 연결고리가 된다"는 목적으로 1910년 군부의 외곽단체로 조직되었다. 즉 원래부터 "국민교화 즉 군인정신을 국민적 규모로 확대하기 위한 매개자로서의 임무를 갖는 것"이었다(후지와라 아키라 저, 서영식 역 2012, 188).

> 나는 군대에 들어가 비로소 '국가'와 대면하게 되었다. 그것은 천황이라는 절대 권력자의 이름하에 전 국민에게 충성을 강요하고 국민의 희망이나 사랑, 평화, 그리고 마지막에는 생명까지도 냉혹하고 비정하게 앗아가 버리는 괴물이었다. (중략)
>
> 나의 군대생활은 일본에서 방랑생활을 하고 있던 때보다 한층 더 황량하고 적적한 회상으로 가득 차 있다. 군대에서의 성적은 늘 좋지가 않았다. 군대는 초년병에게는 게으름을 피운다거나 제멋대로 아무렇게나 할 수 있는 세계는 결코 아니었다. 내 나름대로는 훈련과 내무에 성실하게 일하려고 애를 썼지만 나에게는 군대에 대한 적응성이 전혀 없는 것 같았다. 군대는 그 '의지'에 따라 다른 병사들과 마찬가지로 나를 단련시키려고 했다. 그렇지만 2년 후의 어느 날, 나는 입영했을 때와 같은 정신 상태로, 말하자면 특별한 애국자도 아니며 또한 부대 내에서 악인 취급을 했던 적국의 인민들에게 특별한 증오감도 없이 군대를 제대하게 되었다.(이소가야 스에지 1988, 51~53)

위 글을 보면, 군대생활이라는 시 · 공간을 통해 처음 대면한 '국가'와 그 절대 권력자인 '천황'이라는 존재에 대해, 이소가야는 매우 부정적인 이미지를 갖게 되었음을 알 수 있다. 또한 그는 군대라는 곳이 개개인을 같은 '정신 상태'로 단련시키려 했지만 자신의 경험에 비춰볼 때 그것이 전혀 실현되지 않았음을 조금은 비꼬아서 날카롭게 지적하고 있다. 무려 2년 동안 '국가'가 자신의 몸과 마음을 세뇌했음에도 불구하고 자신은 처음 입영할 때와 같은 정신 상태, 즉 특별히 애국심이나 적에 대한 증오심을 전혀 갖지 않은 상태로 제대했다는 것이다.

오히려 역설적으로 이소가야는 군대라는 억압된 공간에서의 생활을 통해 '인간의 자유'에 대해 더 깊이 고민하는 계기를 마련했던 것 같다. 그는 어느 날 연대본부의 당번으로 차출되었을 때 우연히 접한 『조선공론(朝鮮公論)』

에서 「인간적 자유에 대하여」라는 글에 깊은 공감을 받아, 책의 해당 부분을 찢어서 간직하였다. 물론 이 글은 인간의 자유를 정치적 · 사회적 관점에서 설명한 것은 아니었고 오로지 정신적 자유를 종교나 철학의 견지에서 추구한 내용이었지만, 개인의 의지는 무조건 짓밟힌다고 생각된 곳에서는 그에게 엄청난 감동으로 다가왔었던 것 같다.

그런데 며칠 뒤 내무반 소지품 검사에서 그가 지니고 있던 위의 잡지 글이 발각되고 말았다. 중대장에게까지 불려가 신문을 당했고, 그는 사회주의자나 과격사상 신봉자로 낙인찍히고 말았다. 이 일이 있기 전에도 이소가야는 소지하고 있던 책 때문에 중대장에게 문초를 당한 일이 있었고, 그래서 중대장은 더더욱 그를 그렇게 생각했던 것이다. 그런데 당시 그가 읽었던 책은 고향 누나에게 청해 받은 세네카의 『행복론』과 마르쿠스 아우렐리우스의 『명상록』이었다. 이 글들이 '세계대사상전집'의 같은 책 속에 수록되어 있었는데, 아마도 중대장은 '사상'이라는 단어에 꽂혔을 것이다. '사상'이라는 단어만으로도 알레르기 반응을 보였으니 '자유'라는 단어는 오죽했을까 싶다. 과거 군사독재 시절 한국 군대의 내무반에서 벌어진 종종 벌어지던 광경들과 유사한 장면이라 할 수 있다.

이소가야는 제대하기 3개월 쯤 전 피복검사에서 또 다시 문책을 받았다. 겨울 장갑의 손가락 끝 부분에 구멍이 난 채 두었기 때문이다. 수선을 하지 않은 채 보관한 것은 상관에 대한 반항이라는 이유로 구타를 당했다. 그리고는 중대 전원을 집합시킨 가운데 중대장이 3일간의 영창을 선고하였다. 물론 3개월간 그 집행이 유예되어, 제대를 3개월 앞둔 이소가야는 다행히 영창 신세를 지지는 않았다.

2장
식민지 조선에 바친 청춘

짓밟힌 과수원의 꿈, 1930년대 조선상황의 변화

1930년 4월경,[10] 2년간의 군 복무를 마치고 제대한 이소가야는 곧바로 흥남(興南)으로 향했다. 그가 조선에 남기로 결정한 정확한 이유는 알 수 없지만, 사실상 일본으로 돌아간다 해도 부모님은 모두 돌아가셨고 과거 방황하던 시절의 어려운 환경이 되풀이 될 가능성이 높다고 판단했을 것이다. 그리고 아마도 일본에 있을 때 장차 돈을 벌어 조선으로 건너가 과수원을 경영하면서 낭만적인 전원생활을 하겠다던 꿈을 꿨던 것도 크게 작용했을 것 같다. 한창 감수성이 예민했던 시기에 로맨틱한 시나 연애소설을 읽고 서구의 영화나 음악을 접하면서 키워온 소박한 꿈이었다. 당초 생각과는 달리 뜻밖에 '황군'이라는 정반대의 신분으로 조선에 건너오긴 했으나, 군대생활 내내 이

10 이소가야는 회고록 『朝鮮終戰記』(1980, 7)와 이 책을 소개한 「私の朝鮮終戰記」(1980b, 114)에서 자신이 1930년 6월에 제대했다고 서술하였다. 하지만 그의 판결문이 수록된 『思想彙報』에는 그가 1928년 5월 입대하여 1930년 4월 제대했다고 기록하고 있다(『思想彙報』 제1호, 1934. 12, 75). 여기서는 일단 공적 기록을 따랐다.

꿈을 접지는 않았던 것으로 보인다. 그가 군대생활 말기에 실제로 인근의 과수원을 매입한 데서 충분히 짐작할 수 있다.

과수원을 매입하기까지에 얽힌 일화는 이소가야의 괴로웠던 군대생활 속에서 비교적 따뜻한 기억의 한 장면으로 남아 있었다. 제대하기 바로 전 해, 그러니까 1929년 여름이었다. 찌는 듯한 무더위 속에서 실시된 행군, 몇 개의 산을 넘어 도착한 곳은 함북 경성군 오촌면(梧村面) 남부동(南部洞)에 있는 한 산골부락이었다. 이곳에서 우연히 물을 마시려고 한 농가에 들어갔다가 그 집의 조선인 가족과 인연을 쌓아가게 되었다. 지쳐있던 그에게 물과 계란을 건네준 온정에 감동을 받은 이소가야는 부대로 복귀한 후 그 집의 이용만이라는 아이에게 학용품과 잡지를 보내주는 등으로 답례하였다. 이후 서로 가깝게 지내면서 왕래하곤 했는데, 제대를 얼마 앞둔 시기에는 그 소년을 비롯해 부모와 형제 등 일가족 6명이 부대로 면회를 온 적도 있었다. 이 일은 그의 2년간 군 생활에서 유일한 '면회 사건'이었으니, 그가 받았을 감동은 이루 말할 수 없었을 것이다.

어쨌든 이러한 인연을 계기로 이소가야는 이용만의 아버지인 이원하(李園夏)가 소유하고 있던 과수원 일부를 매입하기에 이르렀다. 이 과수원은 나남 쪽에서 강덕(康德)을 거쳐 동해로 뻗어가는 첫 번째 능선의 남쪽 경사면 한 곳에 위치하고 있었는데, 2,000평의 땅에 사과나무와 배나무가 심어져 있었다. 이소가야는 이 과수원을 총 500원에, 5년 분할로 지불하기로 하고 매입했다.[11] 그리고 이 작은 과수원이 앞으로 자신의 생활 기반이자 삶의 보람

11 이 과수원의 정확한 위치나 소유주 등을 찾아보려 했으나, 『朝鮮總督府官報』 등에서는 그 소유주 변경 등을 확인할 수가 없었다. 또 이원하(李園夏) 명의의 토지도 확인되지 않아서, 정확히 어떤 식의

이 될 것이라는 기대에 부풀었다. 제대 후 흥남공장에서 일하면서 이소가야는 고향집에서 보내준 약간의 돈에다가 자신의 급료 일부를 보태서 월부로 꾸준히 과수원 대금을 지불하였다.

하지만 이 같은 이소가야의 소박한 꿈도 한때로 끝이 났다. 그는 회고록『우리 청춘의 조선』에서 이용만 가족에 얽힌 일화를 소개하면서 과수원에 대한 자신의 오랜 꿈을 접어야 했던 이유에 대해, 1931년 당시 일본제국주의를 중심으로 한 동아시아 지역의 정세 변화로 인한 것임을 밝힌 바 있다. 그리고 다음과 같이 문제를 제기하면서 당시의 객관적인 상황 변화에 대해 간략히 서술하였다.

> 나의 이 작은 하나의 이야기는, 정치 · 경제 · 국가 · 민족의 의지와 운명에 대하여 전적으로 무관심 내지 무지했다 해도 좋을 한 인간이 종주국 사람으로 식민지 조선에서 체험한 일이었다. 그러한 일은 당사자 외에는 아무에게도 알려진 바 없으며, 또 당사자였던 내 청춘의 한 시기의 꿈으로 막을 내리게 되었는지도 모른다. 그런데 대체 그해, 즉 1931년에 중국과 조선에서는 어떠한 일이 일어나고 있었던가, 또 일어나려고 하고 있었던 것일까. (이소가야 스에지 1988, 63)

그래서 여기서 잠시 과연 1930년대 초 식민지 조선의 상황이 어떻게 변화되어가고 있었는지에 대해 살펴보기로 하겠다. 먼저 간단히 설명하자면, 이소가야가 제대한 이듬해인 1931년 9월 일제는 불법적으로 만주를 침략했고, 그 전후로 조선과 중국에서 반전 · 반제를 표방한 혁명적인 항일운동이 대대

계약으로 이 과수원을 매입하게 되었는지에 대해서도 확인할 수가 없었다.

적으로 일어나게 되었다는 것이다.

1929년 전 세계적으로 몰아닥친 자본주의 경제공황과 잇따른 농업공황은 일본제국주의에도 일정한 영향을 미쳤다. 후발자본주의 국가로 출발해 영국·미국 등 선진자본주의 국가의 도움을 받아 제국주의로 성장한 일본은 그때까지만 해도 경제적·외교적으로 영·미에 종속된 면이 많았다. 일본은 전통적으로 세계 자본주의 진영 내에서 자국의 위기를 '전쟁'이라는 형태로 돌파해가는 방식을 취해왔다. 대공황으로 인한 전 세계적 위기는 일본의 군부나 일부 정치인에게는 영·미에 종속되어왔던 일본의 처지를 개선해 독자적인 활로를 찾아갈 수 있는 절호의 찬스로 여겨졌다. 군국주의 성향이 강한 일본 지배층, 특히 군부측은 서방 세계에 대항하여 아시아 지역 내에서 일본의 독자적 지위를 확보해나가는 방식을 택했다. 구체적으로 그것은 한반도를 발판으로 하여 만주와 중국대륙 등지로 침략전쟁을 일으키는 것이었다. 그 시발점으로 일제는 1931년 9월 18일 아무런 선전포고도 없이 '남만주 철도 파괴 사건'이라는 국지적인 충돌 사건을 날조하여 이른바 '만주사변'을 일으켰다. 이후 일제는 국제연맹을 탈퇴하고 자신들의 침략전쟁을 위한 발판으로서 조선을 견고한 군사병참기지로 활용하고자 했다.

공황으로 타격을 받은 자국의 독점자본이 조선으로 진출하는 것을 적극적으로 도왔던 일제당국은 한반도 북부지역을 만주와 엮어서 군수공업화지대로 개발하였다. 이러한 산업화는 조선 내 고용 증대나 내수시장의 안정, 조선민중의 생활 향상과는 거리가 멀었다. 일제는 남부 농촌지대의 농민들을 북부 공업지대의 노동자로 이동시켜 저임금·장시간 노동을 유지하면서 단순노동에 시달리게 했다. 이러한 식민지 경제정책의 결과 절대 빈곤에 빠진 농민들은 자신의 삶의 터전을 떠나 도시나 일본 · 만주 · 연해주 등지로 유랑하면서 날품팔이가 되거나 심한 경우 걸인이나 화전민이 되어야 했다. 1930년대에는 해마다 약 10만 명 이상이 일본으로 건너갔으며, 당시 만주와 연해주에 거주하는 조선인의 수는 각각 100만 명, 50만 명에 이르렀다. 이에 따라 만주 이민과 도시 외곽의 토막민 문제가 커다란 사회적 이슈로 떠오르기도 했다.

농민이나 노동자 등 민중들의 생활이 이렇게 어려워졌음에도 불구하고, 자본가 등 몇몇 계층에게는 오히려 만주 진출을 통해 '좋은 기회'를 제공해주었다. 시세에 민감한 조선인 자본가들은 일본이 만주에 공장을 세우고 판로를 개척하자 이에 편승하여 '만주 특수'의 수혜자가 되었다. 이들 중 일부는 보다 많은 이윤을 얻기 위해 침략전쟁에 편승하여 재빠르게 일제에 협력하는 길로 들어섰다. 지주와 자본가 등 상층의 조선인은 계속해서 자신의 기득권을 유지하고자, 1931년 5월부터 일부 조선인의 참가가 가능해진 지방자치 선거에 출마하여 부 · 읍 · 면협의회 의원이 되기도 했다. 이렇게 해서 일제는 1930년대 중반 이후 본격적인 침략전쟁을 벌이는 과정에서 이를 지지하고 협력할 조선인 세력을 확보할 수 있었다.

한편 1930년대 이후 조선 내의 항일민족운동진영에서도 많은 변화가 일어났다. 1920년대까지 민족주의운동을 전개하던 많은 사람들이 일제당국의 탄압이 강화되자 결국 민족운동전선에서 이탈해가는 경우가 많았으며, 이들 중 상당수는 1930년대 중반 이후 친일파로 재등장하게 되었다. 1920년대 중후반 신간회(新幹會) 등에 참가했던 비타협적인 민족주의운동가들도 1931년 신간회가 해소된 후 개별적으로 부침을 거듭하였다. 이렇게 된 데에는 국제

정세의 변화나 노골적인 파시즘으로 전환한 일제의 탄압과 개량화 정책뿐만 아니라, 1930년대 초 국내에서 운동을 주도해가던 사회주의자들의 정세인식이나 운동 방침의 변화도 작용했다. 이들은 1929년 세계대공황을 전후하여 자본주의의 상대적인 안정이 붕괴되어 위기적 상황과 혁명적 정세가 다가오고 있다고 파악했다. 1929년 광주학생운동의 전국적 확대와 광범위한 원산총파업 등 노동자 · 농민투쟁의 고양을 겪으면서 이후 1930년대의 시기를 줄곧 '혁명적 시기'로 인식했던 것이다. 그리고 이러한 상황에서 사회주의자들은 '제국주의전쟁을 민족해방전쟁으로!'라는 슬로건 아래 일제에 대한 전면적인 정치투쟁을 선전 · 선동했다.

세계대공황 이후 전개된 노동자 · 농민 · 학생의 대중투쟁은 이전 시기와는 양적 · 질적으로 그 성격이 달랐다. 참가 규모도 훨씬 커지고 기간도 길어졌을 뿐만 아니라, 자신의 계급적 이익을 도모하는 경제투쟁의 성격을 넘어서서 일제의 앞잡이인 지주와 자본가, 나아가 일본제국주의 자체의 타도를 목표로 하는 정치투쟁으로서 민족해방운동의 성격이 더욱 짙어졌다. 1929년 원산총파업, 불이흥업(不二興業) 서선농장(西鮮農場) 소작쟁의, 광주학생운동 등이 대표적이다. 그 형태는 노동쟁의 · 소작쟁의 · 동맹휴교 등 이전과 같아도, 공황기의 대중투쟁은 폭동적 성격을 띠고 장기간 끈질기게 전개되는 경우가 많았다. 그리고 이러한 투쟁의 이면에는 앞서 언급했던 사회주의자들의 혁명적 대중조직운동, 즉 혁명적 노동조합(일명 적색노동조합)과 농민조합(일명 적색농민조합), 그리고 반제동맹을 조직하기 위한 노력이 작용하고 있었다.

이 시기 조선에서 노동자들의 투쟁은 대체로 직업별 혹은 산업별로 동맹

파업 형태를 띠면서 지속적으로 일어났으며 첨예하게 정치적 성격을 띠고 진행되었다. 이는 일제가 이른바 '산업합리화'라는 슬로건 아래 공황의 부담을 노동자에게 전가하는 과정에서 강제로 임금인하, 유례없는 장시간 노동과 강화된 노동강도, 전쟁을 빙자한 각종 부담금의 강제징수 등을 강행했기 때문이었다. 이로 인해 1931년 이후 노동자의 투쟁은 더욱 광범하고 대중적인 형태를 띠면서 치열하게 전개되었다.

일제가 만주를 침략한 1931년도에 일어난 노동자 파업투쟁은 양적으로도 일제강점기 전 기간 동안 가장 많은 205건을 기록했다. 1월에는 대구의 26개 정미공장 노동자 1,600여 명과 운수노동자 1,000여 명이 스트라이크를 일으켰으며, 함흥(咸興)에서도 가타쿠라제사공장(片倉製絲工場) 여성노동자 600여 명이 임금인상, 노동시간 단축 등을 내걸고 파업을 일으켰다. 2월에는 광주의 도제제사공장(道是製絲工場) 노동자 700여 명의 파업과 3월에는 청진 운수노동자 300여 명 및 보성 토목공사장 2,000여 명의 스트라이크가 있었으며, 5월에는 청진 · 원산 · 북청 · 김해 등 각지에서 메이데이 기념투쟁이 전개되었다. 이밖에도 인천 리키다케정미소(力武精米所) 노동자 400여 명의 파업, 전북 김제 600여 명 노동자의 경찰 습격, 함북 경흥의 11개 정어리공장 노동자 1,000여 명의 파업 등 일일이 열거할 수 없을 정도였다.

노동자들은 주로 임금인상, 임금인하 반대, 8시간 노동제 실시, 단결권 보장, 각종 처우와 시설의 개선, 악덕 자본가의 처단 등을 내세우면서 공장 습격과 점거, 폭력시위를 감행하고 파업위원회를 조직하여 끈질기게 맞서는 경우가 많았다. 또 혁명적 노동조합운동의 영향으로 5월 1일 메이데이 기념투쟁은 1930년대에 연례행사로 진행된 노동자 투쟁으로 자리 잡았다. 이러한 노동자 스트라이크의 진압을 위해 일제는 처음부터 경찰대를 동원하여 수많은 노동자가 검거했다. 동료들의 검거를 보면서 노동자들은 검거자 석방을 요구하면서 파업과 시위를 계속하는 경우가 많았다. 이러한 경향은 1930년대 중반까지 해마다 거듭되었다.

대표적인 사례로 1931년 평양고무공장 여공의 파업투쟁을 보기로 하겠다. 여공들은 계속되는 임금인하에 대항하여 파업을 단행하고 자신들의 요구를 관철시키기 위해 농성과 단식투쟁, 시위와 공장 습격 등으로 목숨을 건 항쟁을 벌였다. 이 과정에서 기절하여 쓰러진 여공도 줄을 이었는데, 특히 여공 강주룡(姜周龍)은 가장 눈부신 활동을 전개하여 동료들의 사기를 진작시키는 데 결정적으로 기여했다. 강주룡은 광목에 돌을 달고 평양 을밀대 위에 던져 올려 그것을 타고 올라가 9시간 반 동안 농성하면서 노동자의 참상과 식민지 경찰의 간섭 및 공장주의 횡포를 규탄함으로써 세간의 관심을 집중시켰다. 그녀는 일제경찰에 의해 강제로 끌어내려져 체포된 후에는 즉시 단식투쟁으로 맞서다가 결국 희생되고 말았다. 이 평양고무공장 여공들의 파업투쟁에도 당시 평양지역을 중심으로 한 혁명적 노동운동 조직이 관련되어 있었다.

이와 같은 노동자의 적극적인 투쟁은 농민들의 투쟁에도 영향을 미쳤다. 이 시기 농민투쟁 역시 당시 지하에서 전국적으로 전개되던 혁명적 농민조합운동의 지도 아래 일본인 및 조선인 지주에 대항해 폭동적 형태로 전개되는 성격이 강했다. 1931년도에 전개된 농민투쟁을 보면, 강원도 양양 · 강릉 동해안 일대의 농민폭동을 비롯하여, 800여 명이 참가한 경남 김해 다키농장(多木農場), 평북 용성의 후지농장(不二農場), 200여 명이 참가한 전남 강진의 가마다농장(鎌田農場), 황해도 안악의 안녕수리조합(安寧水利組合) 등에서 소작쟁의와 농민폭동이 일어났다. 이밖에도 함남의 홍원적색농민조합 지도 아래 농민 2,000여 명이 벌인 항일시위와 빚 문서 소각투쟁, 함남 영흥적색농민조합원들이 경찰주재소, 경찰관 사택, 면사무소, 면장 사택을 습격 · 방화하여 문서를 소각한 항일폭동, 또 강원도 삼척적색농민조합 지도 아래 2,000여 명의 농민이 도로공사비 불납운동, 세금문서 탈취, 면장과 면협의회를 반대하는 대중시위와 폭동을 일으킨 사건 등 혁명적 농민조합운동의 영향 아래 적극적으로 전개되었다. 이러한 경향은 1930년대 중 · 후반까지도 계속 치열하게 이어졌다.

1930년대 이후의 농민운동은 이렇게 보다 적극성과 목적의식성을 띠면서 정치투쟁으로서 전개되는 면이 강했다. 각지 혁명적 농민조합의 지도 아래 대체로 군을 단위로 2,000여 명씩 참가하는 대규모 농민폭동도 많이 일어났다. 농민들은 고율의 수세를 강탈하는 수리조합, 고리대금업자 등을 습격 · 방화 · 파괴했으며, 일부에서는 일제 경찰의 탄압에 맞서서 산으로 들어가 끝까지 항쟁하기도 했다. 또 동료의 체포 · 투옥에 대항하여 동지탈환대나 규찰대를 조직하여 일제 관서를 습격하는 등 그 형태 역시 조직성과 지속성을 겸비했다. 특히 함경남북도 등 북부지역의 농민들은, 상대적으로 강고했던 이 지역의 혁명적 농민조합운동, 국경을 인접한 만주지역의 항일무장투쟁 등의 영향을 받아 그 성격이 더 끈질기고 치열한 모습을 보였다.

일제의 군수공장이 들어서 있던 함경도의 함흥과 흥남은 위에서 설명했던 1930년대 전반기 조선의 상황 변화와 가장 밀접한 관련을 갖는 지역이었다. 그것은 일제당국의 입장에서도 그러했고, 산업별 노동조합 조직을 지향하던 혁명적 노동운동세력의 입장에서도 그러했다. 함흥과 흥남의 여러 공장들은 1930년대 초 비합법적인 혁명적 노동운동의 가장 중요한 조직대상이었다. 특히 이소가야가 다니게 된 일본질소비료주식회사 흥남공장은 그 설립과 함께 '조선산업의 최대 지배자'로 등장했는데, 1930년대 초 노동자 수가 4,000명 이상으로 국내에서는 유일무이한 최대 규모의 공장이었다. 따라서 이 공장은 혁명적 노동운동가들이 조직화의 대상으로 가장 주목하는 곳이었다. 따라서 이곳에서도 '제1차 태평양노동조합 사건'이라는 대대적인 탄압사건이 일어나, 이소가야는 바로 옆에서 동료 노동자들이 체포되는 것을 지켜보았다. 인간의 권리를 중시하던 이소가야 자신도 이 운동에 참여하지 않을 수 없었던 그런 시기였다.

조선질소공장을 대상으로 한 노동자 조직운동은 일회적으로 그친 게 아니었다. 이 사건 이후에도 이 지역의 혁명적 노동운동은 계속되었다. 당시 국제적인 노동운동 지도조직이었던 프로핀테른(Profintern, 적색노동조합인터내셔널)과 그 산하의 범태평양노동조합(약칭 태로)의 지도를 받았다고 알려져 있는 '태로 사건'만 해도 네 차례나 일어났다. 그래서 당시 일제당국이 자신들의 탄압사건을 스스로 1~4차로 구분해 취급하였다.

앞서 언급했던 1차 사건은 1930년 12월 이래 김호반(金鉉盤)을 중심으로 함흥에서 프로핀테른 조선지부 함흥위원회를 조직하여 혁명적 노동조합을 결성하려다가 일제당국의 탄압을 받은 사건으로서, 김호반을 비롯하여 17명의 노동자가 검거되었다. 2차 사건은 1차 탄압 때 노출되지 않은 조직을 재건 · 확장하여 비밀결사 '흥남좌익'과 '함흥자유노동조합'을 조직하여, 흥남질소비료공장을 비롯한 함흥 · 원산 · 평양 · 신흥의 공장 및 운수 부문 노동자들을 규합하고 기관지로 『화공(化工)』, 『노동자신문』 등을 발간하다가 1932년 5월 1일 메이데이 기념투쟁 때 장회건(張會健) 등 500여 명의 노동자가 검거된 사건이다. 3차 사건은 임민호(林民鎬) 등이 함흥 가타쿠라제사(片倉製絲), 홍남 질소비료공장, 홍원 본궁통조림공장 등에서 혁명적 노동조합을 재건하다가 30여 명이 검거된 사건이다. 4차 사건은 홍남에서 혁명적 노동조합 재건을 추진하다가 이경덕(李景德) 등 20여 명이 검거된 사건이다.[12]

인류애와 정의감, 인간의 자유와 평등에 관심이 많았던 이소가야가 이 운동에 참여한 것은 어찌 보면 지극히 자연스럽기까지 하다. 그가 연루된 사건은 위의 '제2차 태로 사건'이었다. 이로 인해 이후 조선에서 그의 생활은 그대로 감옥생활이 되어 버렸다. 과수원 매입과 전원생활에 대한 꿈은 물거품처럼 사라질 수밖에 없는 상황으로 변하였다.

원래 홍남공장의 일본인 독신자 기숙사에서 생활하던 이소가야가 그곳을 나와 조선인 하숙집을 물색하게 된 동기도 바로 과수원 때문이었다. 월부로 내는 과수원 대금 때문에 비교적 집세가 싼 조선인 하숙에 들어가기로 한 것이었다. 또 군대에서 앓았던 치질에 한옥의 따뜻한 온돌방이 좋다는 이야기도 들은 터였다. 그래서 처음 공장에서 사귄 조선인 친구 최길복(崔吉福)의 운중리(雲中里) 집에서 하숙을 시작했다. 당시 일본인 기숙사는 월 15엔이었는데, 조선인 하숙집은 9~10엔이면 가능했다. 최길복의 집에서 잠시 살다가 몇 달 뒤인 가을 무렵 구룡리(九龍里) 해안 근처에 있는 손일룡(孫一龍)의 집으로 옮겼다(磯谷季次 1980a, 8~9). 흙담에 싸구려 함석지붕을 엉성하게 얹어

12 『한국근현대사사전』(19980, 가람기획)의 '태평양노동조합사건' 항목 참조. 1~4차에 걸친 태로 계열 노동운동의에 대한 자세한 사항은 김윤정 1998 참조.

놓은 작은 집들과 천정도 없이 벽 대신 가마니만 늘어뜨린 변소, 공장의 폐수나 찌꺼기가 아무 데나 버려져 있는 매우 가난한 동네였다.

재조일본인 노동자가 조선인의 집에서 하숙하는 것은 당시 사회 분위기로는 흔치 않은 일이었다. 조선인과 일본인 간의 민족감정이라는 문제는 차치해두더라도, 일제강점기에 '재조일본인'이라는 신분은 식민지 조선사회에서는 그 자체로서 기득권을 의미했다. 재조일본인들 가운데는 아무리 이소가야와 같은 최하층의 노동자라 하더라도 일단은 조선인 노동자보다는 우위에 있었다고 해도 과언이 아니다. 일본인 기숙사보다 조선인 하숙집이 더 싸다는 게 요즘 상황으로는 잘 이해되지 않는 일이지만, 이 점에서도 당시 조선인과 재조일본인의 생활 격차를 짐작하게끔 한다.

어쨌든 아직 조선어로 말하고 듣는 것조차 서툴렀던 이소가야가 조선인 손일룡의 집에서 하숙을 하게 된 것, 이 사실은 이소가야의 인생을 송두리째 바꿔놓는 전환점이 되었다. 당시 손일룡의 집은 함흥과 흥남에서 혁명적 노동운동을 전개하던 청년들의 아지트 가운데 하나였고, 때문에 이소가야가 여기에 참여하는 게 자연스럽게 이루어졌던 것이다. 이들과 교류하면서 이소가야는 그 동안 자신이 얼마나 무지했던가를 깨달았다. 훗날 이소가야는 이때의 자신을 '유치한 목가적 전원생활 찬미자', '무사상(無思想)한 개인주의자'라고 스스로 묘사하였다(磯谷季次 1980a, 16).

참으로 아이러니컬한 점은, 과수원 생활에 대한 그의 낭만적인 꿈이 결국 그를 낡고 허름한 조선인 하숙집으로 이끌었고, 이는 다시 그를 '조선인 동지들과의 항일노동운동'이라는 새로운 인생으로 이끄는 중요한 계기로 작용했다는 것이다. 다시 말해서 한 인간의 꿈을 향한 소박한 노력이 식민지 조선의 현실 속에서는 오히려 그 꿈 자체를 짓밟아버리는 동기로 작용한 셈이었다.

이와 같이 제대 후 이소가야는 한반도를 무대로 꾸어온 '낭만적'인 꿈, 평소의 기대나 희망과는 완전히 반대되는 인생의 길로 들어서게 되었다. 이용만 소년 가족과의 관계도 모두 끊고 '생활상의 대 전환'을 할 수밖에 없는 상황이 되어 버렸다. 과수원 생활에 대한 동경도 물거품처럼 사라져 버렸다. 항일노동운동에 참여하기로 결심한 직후의 어느 날 밤 이소가야는 마음속으로 이용만과 그 가족들에게 용서를 빌고 작별의 편지를 썼다. 비록 부칠 수는 없는 것이었지만, 그의 회고록에서는 편지의 내용을 다음과 같이 소개하고 있다.

> 이용만 군, 아마 자네에게는 깊은 상심을, 그리고 군의 부모님과 형제들이여, 당신들에게도 아마 형언하기 어려운 놀람과 실망을 남긴 채 당신들 앞에서 사라지려고 하는 나를 용서해주기 바랍니다. 당신들은 이 한 사람의 일본인을 변덕스러운 자로 경멸하겠지만 설사 그렇다 할지라도 또 그렇게 하지 않을지라도 나는 당신들에게 진심으로 용서를 빌며 지금은 침묵을 지킨 채 모든 것을 망각이라는 배에 싣고 흘러가는 시간의 흐름에 맡길 수밖에 없습니다. 그러나 당신들이 언젠가 내 마음을 이해해줄 날이 찾아오기를 마음속으로 기원하고 있습니다. 어쨌든 세월이 흘러 저 강덕(康德)의 언덕 위 과수가 모두 굳게 대지에 뿌리를 박고 그 가지가지가 휘어지도록 많은 열매가 열려 이윽고 조선 사람들이 새로운 조국을 세우고 그리고 동포 모두 서로 화목하고 친밀해질 날을 나는 이 세상 어딘가에서 반드시 지켜보고 있을 것입니다. 설사 내가 이미 대지로 돌아가 잠들어버린다 해도 당신들의 추억의 세계에 나를 안주할 수 있게 해줄 것이라는 것을 믿고 침묵을 지키며 당신들 앞에서 사라질 수밖에 없게 되었습니다.(이소가야 스에지 1988, 73~74)

죽음까지 무릅쓰고 비합법 운동에 참여하기로 결심한 비장한 각오, 이러한 자신으로 인해 혹시 조선인 가족이 피해를 입을까 두려워 아예 관계를 끊어버리려는 주변 사람들에 대한 배려심, 조선의 독립과 새로운 국가의 건설을 바라는 새로운 꿈 등의 복잡한 심정이 느껴진다. 이렇게 이소가야는 "식민지 조선에서 보낸 지금까지의 내 꿈과 생활에 막을 내렸다."고 한다. 훗날 그가 검거되어 함흥형무소 독방에 있을 때 이용만이 몇 차례 편지를 보내왔지만 이소가야는 딱 한 번만 답장을 하였다. 역시 배려심 때문이었다.

흥남공장 노동자로 다시 태어난 삶

나남의 부대를 나온 이소가야는 곧바로 일본질소비료주식회사 흥남공장 즉 조선질소비료주식회사의 노동자가 되었다. 당시 많은 선배 제대자들이 흥남공장에서 일한다는 것을 듣고 있던 터라 제대하자마자 흥남으로 직행했던 것이다. 공장 근처에 있는 자그마한 내호역(内湖驛)에서 기차를 내린 순간, 이소가야는 예상 외로 규모가 큰 근대적인 공장의 스케일에 상당히 놀랐다. 그날 밤 싸구려 여인숙에 묵으면서 공장에 제출할 이력서를 작성하여 다음날 아침에 공장 사무소에 제출했다. 군 복무를 마친 다음이니 곧바로 채용되었고 제3유산계에 배치되었다. 다음날부터 이소가야는 제3유산계로 출근하여 하루에 40전을 받고 일했다. 그리고 회사의 일본인 독신자 기숙사에서 생활했다(磯谷季次 1980b, 114; 磯谷季次 1980a, 7~8).

함흥의 남쪽이라는 뜻을 가진 흥남은 1920년대 초까지는 없던 지명이다.

그런데 1927년 5월 노구치 시타가우(野口遵)의 일본질소비료주식회사(약칭 일질)가[13] 함흥군 운전면(雲田面) 일대에 조선질소비료주식회사(약칭 조질)라는 공장을 세우면서 공업도시로 형성된 곳이다. 이곳에 공장이 들어서는 과정에서 주민들의 반발도 제법 컸다. 1928년 7월 운전면 구룡리 주민 1,500여 명이 주민 대표를 선발하여 조질에 토지를 강매당한 것을 조선총독부 정무총감에게 진정하였다. 또 그해 12월에는 역시 구룡리 주민 200여 명이 조질의 계약 위반 행위를 규탄하는 시위를 벌이기도 했다.[14] 하지만 일제당국의 적극적인 지원을 등에 업은 일질은 부전강(赴戰江)과 장진강(長津江)에 수력발전소까지 완공했다.[15] 이로써 흥남은 1931년에는 읍(邑)으로, 1944년에는 부(府)로까지 승격되었으며, 졸지에 '북선(北鮮)의 대읍(大邑)', '동양 굴지의 기업도시'가 되었다.

일본질소가 사업을 확장해가는 방식은 외국의 새로운 특허기술을 빠르게 도입해 공장과 발전소를 동시에 진행시키면서 전기화학공업을 추진해가는 방식이었다. 조선질소와 수력발전소를 동시에 추진하면서 형성된 흥남의 공업도시화 과정이 이를 명확하게 보여준다. 1923년 이탈리아에서 새로운 기술인 카살레식 암모니아 합성법을 도입하여 비용 절감이 가능해진 노구치에게는 바로 저렴한 노동력과 풍부한 자원, 수력발전에 적합한 지형을 가진 흥남

13 일본질소주식회사는, 노구치가 1906년 소기전기(曾木電氣)를 설립하고 가고시마현(鹿兒島縣)에 발전소를 세워 시작한 전기사업과 여기서 남는 전력으로 카바이드를 생산하기 위해 구마모토현(熊本縣) 최남단의 미나마타시(水俣市)에 설립한 일본카바이드상회, 이 둘을 합병하여 1908년에 설립한 회사이다. 일본질소는 주로 유안(硫安) 즉 황산암모니아를 생산하였다(小林英夫 1973, 149~150).

14 『東亞日報』 1928.7.24 / 12.22.

15 부전강수력발전소는 1932년에, 장진강수력발전소는 1938년에 완공되었다. 이어서 1941년에는 허천강수력발전소까지 완공되었다.

이 눈에 들어왔던 것이다. 이렇게 하여 일본질소는 조선 진출과 함께 급격한 성장을 보이면서 일본의 신흥재벌 반열에 올랐으니, 그 기반은 바로 식민지 조선에 있었다고 할 수 있다(차승기 2013, 424~425). 이처럼 일본 기업의 목적에 의해 거대한 중화학 공업도시로 계획 조성된 흥남의 성장과정에는 수많은 조선인 노동자의 피와 땀, 목숨까지 바쳐졌음은 이미 잘 알려진 사실이다.[16]

〈그림 10〉 일본질소비료주식회사 흥남공장

※『주간경향』 2017.10.24., http://weekly.khan.co.kr

1930년에 제대한 이소가야가 조선에 남아 조질 흥남공장의 노동자가 된 것 역시 위와 같은 일제당국의 정책, 그리고 계획도시로서 흥남이 갖고 있는 성격과 무관하지 않았다. 당시 일질 회사에서는 일본인 남성노동자가 가족과 함께 흥남에 정착할 수 있도록 사택과 각종 수당을 비롯한 복지 혜택을 제

16 흥남에 수력발전소가 들어서는 과정에서 추진된 여러 공사에서 얼마나 많은 조선인이 목숨을 잃었는지에 대해서는 손정목 1990, 4장 참조. 심지어 수만 매의 사망신고서를 미리 인쇄해두기까지 했다고 한다(손정목 1990, 219).

공하고 우대했다. 이를 통해 실업난에 시달리던 일본 내의 인력을, 말하자면 대기업의 정규직 노동자로 채용했다고 할 수 있다.

이소가야는 당시 노구치 재벌이 흥남을 어떻게 변화시켜갔는지, 그 비인간적인 성격과 민족적 · 계급적 성격에 대해 다음과 같이 묘사한 바 있다. 이것은 그가 8.15 이후 일본으로 돌아간 직후에 제일 먼저 집필하여 1949년에 출판한 회고록 『식민지 감옥 – 혁명가의 경험적 기록』의 제1장 공도(工都)의 첫 부분에 있는 것이다.

> 노구치는 이 공장을 중심으로 인구 '100만'의 대도시를 건설하려는 포부를 가지고 있었다. 그리고 실제 팽창하는 공장의 요구는, 부근의 산이나 언덕을 차례로 깎아버렸고 공장을 둘러싼 노동자의 주택으로 대부분 확장해가 버렸다. 거기에는 비교적 설비가 좋은 일본인 노동자의 주택과 마치 가축우리와 같은 조선인 노동자의 주택이, 그렇게 민족으로 약속된 생활과 문화를 노골적으로 대조하여 건설되었다. 또한 노구치는 거기에 사택을 지었던 것과 같은 재료와 같은 일손으로 경찰을 세우고 우편국이나 학교를 건설하고 또 자신들만 이용하는 광대한 클럽(俱樂部)을 공장과 시가를 볼 수 있는 높은 지대에 건설했다. 1930~31년경 공장에는 이미 약 1만의 종업원이 있었다.(磯谷季次 1949, 1~2)

흥남이라는 도시가 갖는 또 다른 성격 중 하나는 도시의 전체 인구 중 일본인의 비율이 매우 높다는 점이다. 아래 표를 보면 1930년 이래 흥남의 전체 인구 중 일본인의 비율은 평균 30.8%에 이른다. 특히 1937년 구역 확장 이전에는 거의 37~38%에 이르는 인구가 일본인이었다. 아래에서 보듯이 이때부터 조선인의 수가 급격히 늘어났고 또 일제가 본격적인 전시체제로 돌입하면서 조선인의 수는 더욱 늘어났다. 또한 전쟁으로 일본인 청년들이 대거 징집되는 상황 속에서도 흥남의 일본인 수도 계속 증가했다. 따라서 흥남이라는 곳은 처음부터 일본인과 강한 관련을 가지고 형성되어온 도시였다.

〈표 1〉 연도별 흥남 인구 통계

연도	조선인	일본인	외국인	전체	일본인 비율
1930	15,360	7,364	2,277	25,001	29.5
1931	13,585	9,417	497	23,499	40.1
1932	15,450	9,608	402	25,460	37.7
1933	14,409	9,760	410	24,579	39.7
1934	18,263	11,216	496	29,975	37.4
1935	24,653	13,336	1,103	39,092	34.1
1936	26,477	17,043	776	44,296	38.5
1937	39,297	18,139	641	58,077	31.2
1938	46,701	20,054	711	67,466	29.7
1939	68,013	23,308	732	92,053	25.3
1940	85,458	25,684	841	125,417	20.5
1941	122,064	28,456	964	151,484	18.8
1942	133,101	29,214	1,088	163,403	17.9

※『朝鮮總督府統計年報』 각년판; 양지혜 2012, 20쪽('일본인 비율' 항목은 필자가 추가)

이렇게 흥남공장의 노동자가 된 이소가야는 제3유산공장에서 일하게 되었다. 유산(硫酸)은 우리말로는 황산(黃酸)으로 강한 산성의 화합물을 말한다. 이런 물질을 다루는 곳인 만큼 이 공장은 흥남의 여러 공장들 중에서도 노동조건이 가장 열악하여 '살인공장'으로 불리던 곳이었다. 하지만 달리 뾰족한 수가 없었던 그는 일단 거기서 일하기로 하고 공장 내 일본인 노동자 기숙사로 들어갔다. 이소가야는 당시 흥남공장의 노동환경에 대해 다음과 같이 기록하고 있다.

> 하루 종일 고막이 터질 듯이 쾅쾅대는 광석 분쇄기와 자욱한 분진, 용광로 속의 타고 남은 찌꺼기에서 나는 코를 찌르는 냄새 등등. 그곳에서는 유산이 주

르르 떨어지는 옷을 입고 일곱 여덟 겹으로 접은 타올로 입과 코를 막은 일본인과 조선인 노동자가 주야 3교대로 일하고 있었다. 사람들은 그곳을 살인공장이라고 불렀는데 그곳에서 일하는 사람은 월급의 1할에 해당하는 유산수당을 받고 있었다. 처음 직장을 가보았을 때 나는 과연 내가 이런 노동환경을 견디어 낼 수 있을 것이지 불안하였다.(이소가야 스에지 1988, 65)

일본질소와 마찬가지로 조선질소 역시 주로 유안(硫安) 즉 황산암모니아를 취급하였다. 실제로 조질에서 3년 동안 근무했던 소설가 이북명(李北鳴)이[17] 자신의 경험을 바탕으로 집필한 소설 「질소비료공장」은[18] 바로 이 공장 유안계(硫安界)에서 일하는 문길을 주인공으로 하고 있다. 문길은 유안공장에서 묵묵히 4년간 일했음에도 불구하고 폐결핵에 걸리자마자 회사 측으로부터 '노동 부적격자'로 판정되어 부당해고를 당하게 되고, 이에 맞서 싸우다가 끝내 동료들에게 투쟁의 불씨를 남기고 숨을 거둔다는 내용이다. 이 소설의 첫 부분은 조선질소 유안계 공장의 작업환경에 대한 서술로 시작되는데,

---

17 함남 장흥 출신인 이북명(1910~?, 본명은 淳翼)은 함흥고등보통학교를 졸업한 직후인 1927년 흥남질소비료공장에 노동자로 취직하였다. 3년가량 근무하다가 공장 내 친목회 사건에 연루되어 한때 일제 경찰에 체포됨으로써 그만 두게 되었다. 석방된 직후인 1930년부터는 장진강수력발전소 공사장에서 일하면서, 자신의 체험을 담은 「질소비료공장」을 비롯해 「기초공사장」, 「암모니아탱크」, 「출근정지」, 「여공(女工)」 등 다수의 노동소설을 발표하였다. 주로 흥남공장을 다루고 있는 이 소설들은 대부분 공장의 소음과 악취로 서술을 시작하고 있다. 1945년 조선프롤레타리아예술동맹에 참여했으며; 북한의 조선노동당 중앙위원과 조선작가동맹 부위원장을 지냈다.

18 「질소비료공장」은 이북명이 이 공장에 근무하던 1928년부터 집필을 시작했으나 원고를 압수당하였다. 그래서 1930년부터 다시 집필하기 시작하여, 1932년 5월 29일과 31일 『조선일보』에 2회가 연재되었다. 하지만 이틀 만에 게재금지를 당해 중단되었다가, 1935년 5월 일본 잡지 『문학평론』에 「초진(初陳)」이라는 제목으로 게재되었다. 8.15 이후 북한에서 1958년에 「질소비료공장」이라는 제목으로 출간했는데, 이것은 작가가 원래의 한글 초고를 잃어버려서 1935년에 나온 일본어판을 다시 개작한 것이다. 위 본문에서 인용한 「질소비료공장」은 1958년 북한에서 나온 개작본을 토대로 한 것이라서, 군데군데 북한에서 사용되는 말들이 섞여 있다.

유안공장의 끔찍한 환경에 대해 상세히 언급하고 있다. 조금 길지만 그 내용을 소개하면 다음과 같다.

> 유안 직장은 언제나 무시무시한 음향과 암모니아 가스의 독한 구린내로 충만되어 있었다.
>
> 금시 어떤 불의의 변이라도 생길 것만 같은 우람찬 기계의 소음에서 받는 위압감과 불안감이 노동자들과 하여금 기를 못 펴게 한다. 새로 운전을 개시한 1백 마력 송풍기만 하더라도 그 나래치는 회전음이 어찌나 기승 사나운지 귀청이 터지고 얼을 잃을 지경이다. 시운전 때에 한 운전견습공의 왼쪽 팔 하나를 통째로 잘라먹었다는 이 기계 곁을 노동자들은 될수록 피하여 다니는 것이었다.
>
> 유안 직장은 철근 콘크리트로 땅속 깊이 뿌리를 박고 솟은 완강한 건물이건만 강대한 기계의 힘은 이것을 줄곧 뒤흔든다. 마치 지진 때처럼.
>
> 인접한 높은 건물들 때문에 종일 가도 햇빛이라고는 통 구경할 수 없는 냉습한 이 직장은 마치 어둠침침한 동굴 속에 괴물들이 모여 제멋대로 용을 쓰며 울부짖는 듯한 인상을 준다.
>
> 이것이, '질소비료공장'이라는 딴 세상에 오기는 왔으나 아직 그 생활에 생소한 조선인 노동자들—그들 중에는 따사로운 햇볕 아래 안목이 모자라게 넓디넓은 전원에서 맑은 공기와 물만은 마음껏 마시면서 자라난 빈농 출신들이 많았다.—의 일반적인 느낌이었다. 따라서 그들이 공장생활에 정을 붙이기란 오랜 시간을 두고도 여간 힘든 일이 아니었다.
>
> 겨울도 아닌데 서릿발이 새하얗게 내돋친 액체 암모니아 탱크에서 슴새는 암모니아가스가 눈, 코, 목구멍 할 것 없이 잔침질하듯 들쑤신다. 그것이 보통 구린내라면 실컷 맡아온 그들이니만큼 대수롭지 않겠으나 이 직장에서 풍기는 냄새는 그보다 열 배 스무 배나 더 심한 것이었다.
>
> 포화기(飽和器)에서 뭉게뭉게 떠오르는 유산의 증기와 쇠가 산화하는 냄새에다, 기계기름이 타는 냄새가 암모니아가스와 화합(化合)하면서 일종의 독특한 악취를 직장 안 가득히 풍기고 있다. 이 악취 때문에 가슴은 체기를 받은 듯

찌뿌듯하며 차츰 식욕이 줄어져갔다.

그나 그뿐인가? 기침이 생기고 따라서 목구멍이 갈리면서 염증을 병발하였다. 감기도 아닌데 콧물이 흐르고, 눈에서는 쉴 새 없이 눈물이 흘러서 앞을 잘 분간할 수 없었다. 이런 현상은 신입공일수록 더 심했다.

(중략)

만일 '일본질소비료주식회사'가 이 공장에서 노동하는 인간의 생명과 건강에 대해서 다소나마 유의하고 있다면 이미 악취는 훨씬 제거되었을 것이고 팔을 통째로 잘라먹는 기계에 안전장치를 하였을 것이 아닌가? 이것은 비단 유안 직장에만 국한되는 문제가 아니었다. 유황 철광을 태워 유산을 제조하는 유산 직장에서는 배소로(焙燒爐)가 내뿜는 아황산가스 때문에 하는 수 없이 30분 교대를 실시하고 있으나 그래도 노동자들은 가스에 중독되어 노 앞에서 철썩철썩 나가쓰러지는 형편이었다.(이북명 1931, 19~21)

위 서술의 마지막 부분을 보면, 이소가야가 작업했던 유산계 공장의 살인적인 작업환경에 대해서도 언급하고 있다. 유안계든 유산계든 홍남공장의 노동조건은 심각했고, 이로 인해 질병을 얻으면 가차 없이 해고되는 구조를 가지고 있었다. 이른바 산업합리화라는 명분을 내걸고 진행된 자본주의의 비인간성에 대해 위 소설에서는 아래와 같이 서술하고 있으며, 이를 오늘날 문학계에서는 아래와 같이 정리하고 있다.

산업합리화와 노동 강화에 의한 잉여노력의 축소에 따르는 무단해고! 이것은 단지 동윤이나 철식이들 몇몇 노동자들에게만 국한된 문제가 아니라 이 공장의 수천 명의 노동자들의 생활과 생명을 위협하는 마수였다.

'일본질소비료주식회사 N공장'이라는 간판이 달린 본 사무소 앞마당에서 날마다 욱실거리는 수많은 실업자의 정경을 보라! 비도, 눈도, 욕설도 굶주린 그들을 쫓지 못했다. 그들은 어떠한 불리한 조건 밑에서라도 살기 위해서 일할 것을 사양하지 않는 무리들이었다. 최저의 생활이나마 부지하기 위해서는 남의 희생을 생각할 여유란 있을 수 없었다.

이런 환경 속에서 노동자들은 전전긍긍—과연 그렇다. 전전긍긍한 마음으로 고된 노동을 계속하고 있었다.(이북명 1931, 43~44)

조선질소 공장의 노동자는 컨베이어 시스템을 도입해 인건비를 삭감하고자 하는 회사 측의 이른바 '산업합리화'에 의해, 공장의 유해한 환경으로 인해 질병을 얻었음에도 불구하고 노동력의 '정상적인 사용'이 불가능하다는 이유로, 그리고 회사 측에 대항해 노동자들의 요구를 단합된 목소리로 수렴하려는 '불온한' 조직활동을 도모했기 때문에, 언제든 해고되어 공장으로부터 추방될 수 있었다. 「질소비료공장」의 서사는 이렇듯 노동자들이 처해 있는 열악한 환경과 부정의한 현실을 폭로하고 그들의 계급의식을 자각하게 하는 방향으로 직조되어 있다.(차승기 2013, 430)

이와 같이 조선질소회사는 일상적으로 극심한 화학합성물을 배출하여 노동자들의 목숨뿐만 아니라 인근 거주민의 생존권까지 위협하는 공장이었다. 하지만 이를 규제하는 법규는 상상조차 할 수 없었던 식민지 조선의 현실에서 조선인 노동자들은 오히려 해고와 실업의 위험에만 전전긍긍해야 했던 현실을 잘 보여준다. 공해나 환경 문제에 민감한 오늘날에는 상상조차하기 힘들겠지만, 조선총독부를 비롯한 일제당국은 오히려 이를 부추기는 주체였다. 그리고 대륙진출 즉 본격적인 침략전쟁을 앞둔 일본제국주의에게 조질과 같은 공업시설은 절대적으로 필요했으며 전시체제기 들어서는 '생산력 확충'을 위해 더욱 확대해야만 하는 존재였다.

1930년대 흥남이라는 도시는 질소비료공장의 폐기물과 폐수, 유독가스, 악취 등으로 인해 끊임없이 각종 질병과 전염병의 온상으로 신문지상에 오르내리는 존재가 되었다. 공장이 들어설 당시에는 지역민들이 공장 설립에 반대하며 항의하기도 했지만, 정작 공장이 설립된 후에는 집단적으로 대응하기 어려운 게 현실이었다. 현재까지의 자료에서 당시 일본질소의 매연 피해에 대해 조선인에게 배상금이 지급된 사례는 딱 1건밖에 없었다고 한다. 1932년 흥남공장의 황산가스 누출로 인해 인근의 수목이 모두 말라죽는 피해가 발생하여, 피해를 입은 지주 4명에게 배상금 명목으로 1,000엔씩 지급하고 피해 토지는 회사의 사유지와 교환해주었다(양지혜 2016 302/320). 일본질소주식회사의 후신인 신일본질소비료주식회사는 오늘날에는 수은중독으로 인한 공해병의 일종인 미나마타병(水俣病)의 가해기업으로 판명되어, 그 피해자 지원을 위해 정부관리기업으로 전환되어 있다.

일제강점기 내내 '내지(內地)'로 불리던 일본과 달리 식민지 조선에는 최소한의 공장법이나 노동법조차 전혀 마련되어 있지 않았다. 따라서 이러한 현실에 그대로 방치되어 있던 조선인 노동자들, 게다가 임금이나 승진 등 모든 면에서 일본인과 차별이 주어졌던 현실 속에서는 지극히 자연스럽게, 하지만 죽음을 무릅쓰는 각오로 노동운동에 참여하였다. 소설 「질소비료공장」의 주인공 문길이 그러했듯이, 실제로 1930년대 초 흥남공장에서는 당시 '맹파(盟罷)'라고도 불리던 동맹파업이 빈번하게 일어났다. 그리고 지하에서는 비합법적으로 혁명적 노동조합운동 지도자들이 상대적으로 선진적인 노동자들을 조직화하여 파업을 전개하며 계급의식과 민족의식을 고취시키는 사례가 많았다. 현재 1930년대 신문지상을 통해 확인되는 흥남 질소비료공장 노동자의 파업 사례를 몇 가지 정리해보면 아래와 같다.

- 1930년 4~5월 : 4월 28일 여성노동자 30여 명이 구타를 일삼는 일본인 혼다(本

田)를 해고할 것과 대우 개선을 요구하며 파업. 회사측은 파업 지도자를 해고하고 파업단 전원 해고를 시도함. 이는 조선질소공장의 첫 파업(『中外日報』 1930. 5. 1. ; 『朝鮮日報』 1930. 5. 3.)

- 1930년 6월 : 노동자 100여 명이 제반 기계를 완전히 설비할 것, 공장 설비 불완전으로 생기는 병은 회사가 책임질 것, 근무 외의 잡역을 시키지 말 것, 해고된 동료노동자를 복직시킬 것 등을 요구하며 파업. 파업단이 와해되어 무조건 업무에 복귀함(『朝鮮日報』 1930. 6. 25., 28)
- 1931년 5~6월 : 5월 30일 연공장(鉛工場) 기계부설공사 중인 사노구미(佐野組) 종업원 40~50명 임금인하 절대 반대와 조선인 차별 반대 내걸고 파업, 파업단 일부 승리 얻고 6월 3일부터 복업(『東亞日報』 1931. 6. 4., 6. 7 ; 『中外日報』 1931. 6. 6., 6. 9)
- 1931년 6월 : 위 파업 지도자 18명(조선인 13명, 일본인 5명)을 해고하자, 이에 대항해 해고수당을 요구하며 파업(『東亞日報』 1931. 6. 22.)
- 1932년 2월 : 2월 5일 운반부 노동자 36명 파업(『東亞日報』 1932. 2. 6.)
- 1935년 7월 : 여공들의 파업, 임금인상 요구, 숙련여공 14명이 결속하여 회사당국에 요구 제출(『朝鮮中央日報』 1935. 7. 25.~26.)
- 1936년 4월 : 4월 15일 유안공장 내 주식회사 도미타상회(富田商會) 해운(海運) 관계 직공 18명, 잔업수당 요구하며 파업. 쌍방 합의로 조정 해결(『東亞日報』 1936. 4. 17~18.)

평소 인간의 자유와 권리에 대한 인식이 높았던 이소가야가 이러한 현실을 도외시하기는 어려웠을 것이다. 재조일본인이었다 해도 그 역시 위와 같은 끔찍한 작업장에서 조선인 노동자들과 함께 일하는 말단 위치에 있었기 때문에 더욱 더 공감할 수 있었다. 위의 1931년 6월 사례에서 보면, 5월 30일 파업을 주도하여 6월에 회사 측으로부터 해고를 당한 노동자 18명 가운데 일본인이 5명이나 포함되어 있다. 이소가야처럼 하층 노동직에 종사했던 자들이었다.

최근의 한 연구에 따르면, 당시 일본인 농민과 일용직 인부들은 흥남으로 건너와 '식민자 집단'의 말단에 편입됨으로써 일본에서보다는 안정적인 일자리와 높은 임금을 보장받았다. 이들은 '공장장 · 일본인 간부 〉 일본인 직공 〉 일본인 일용직 〉 조선인 직공 〉 조선인 일용직 〉 중국인 일용직'으로 구성된 직급별 · 민족별 차별구조 속에 위치하고 있었다(양지혜 2012, 23). 다시 말해서 이들은 식민지 조선사회에 들어옴으로써 일본사회와는 달리 더 이상 최하위층에 속하지는 않을 수 있게 되었다.

1930년대 전반기의 노동자 파업에는 대체로 혁명적 노동운동가들의 조직 활동이 연관되어 있었듯이 흥남 조질공장 파업 역시 그러했다. 앞에서도 언급했다시피, 1930년대에 국제적으로 전개된 혁명적 노동조합운동이 기본적으로 산업별 노동조합을 지향하고 있었고 또 중화학공업 분야의 노동자들을 중시하고 있었던 만큼, 조선 최대의 중화학공업지역으로 급부상된 흥남과 조질공장은 이 운동의 가장 중요한 조직대상이었다. 그리고 1937년 중일전쟁 이전까지는 4천~5천 명의 공장노동자 가운데 70% 정도가 일본인이었기 때문에 조선인과 일본인의 연대투쟁이 중요했고, 따라서 일본인 노동자도 혁명적 노동운동의 주요한 조직대상이었다. 어쨌든 이러한 분위기 속에서 이소가야 역시 조선인과 함께 노동하고 저항하고 조직 활동을 모색하는 과정으로 접어들게 되었던 것이다.

노동자 조직운동에 참여하다

어느 날 밤부터인가 이소가야가 하숙을 하던 구룡리 손일룡의 집에는 7~8명 정도의 청년들이 모여들어 밤이 깊을 때까지 이야기를 하다가 돌아가곤 했다. 이때까지만 해도 아직 조선말이 서툴렀던 이소가야는 부엌 봉당을 사이에 두고 옆방에서 들려오는 이야기의 내용을 전혀 알아들을 수는 없었다.

겨울이 되어 눈이 대지를 뒤덮은 어느 날 밤 손일룡은 그에게 함께 이야기하지 않겠냐며 권유하였다. 주저주저하면서 건너간 옆방에는 역시 7~8명의 청년들이 모여 있었다. 한복, 양복, 작업복 등 다양한 복장을 한 청년들은 어두운 전등불 아래서도 한결같이 밝은 표정을 짓고 있었다. 서로 통성명을 하고 인사를 나누었는데, 대부분 노동일을 하는 청년들이었다. 그런데 이들 가운데 유독 흰 얼굴에 더블양복을 입고서 자신의 직업을 밝히지 않은, 노동자 풍과는 전혀 다른 분위기의 청년이 먼저 이소가야에게 말을 걸었다. 그는 바이올린을 켜는 음악가 김원보였다. 손일룡과 김원보 외에도 주선규(朱善奎) · 송성관(宋成寬) · 신민섭(申敏燮) · 고명봉(高明鳳) · 장덕호(張德浩) 등 7~8명이 자리를 같이 하였다. 이들은 홍남공장이나 인근의 상점에서 일하는 20대 청년들로서, 1920년대 후반 이래 각 학교에서 맹휴(盟休)를 주도하거나 '함홍청년동맹 사건'에 연루되었던 인물들이었다.(양지혜 2015, 358)

이소가야는 낯선 조선인 청년들과의 첫 만남에서 특히 김원보와 주선규가 인상에 남았던 것 같다. 그도 그럴 것이 누군가가 이소가야에게 취미를 묻자 가끔 음악을 즐긴다고 대답했더니, 사람들의 권유로 이 둘이 그 자리에서 바로 바이올린을 연주했던 것이다. 김원보가 드보르작의 「인디언 라멘트

」와 베토벤의 「미뉴에트」를 연주했으며, 주선규가 권유에 못 이겨 슈만의 「트로이메라이」를 연주했다. 이소가야는 이들의 연주에 큰 감동을 받았다. 특히 타고난 음악적 재능을 가졌음에도 정식으로 음악공부를 하지는 않고 오히려 노동일을 하면서 '더 중요한 다른 일'을 해야 한다던 주선규의 연주에 크게 감동을 받았던 것 같다. 자리가 파하고 헤어질 때 주선규는 그에게 가네쓰네 기요스케(兼常清佐)의 『음악의 계급성』이라는 책을 건네주었다. 가네쓰네는 1910년대에 조선의 문묘제례악, 종묘제례악, 여민락, 영산회상 등에서부터 속요(俗謠)나 판소리, 엿장수소리에 이르기까지 양반과 평민이 즐겼던 전 분야의 조선음악에 대해 조사하여 『조선의 음악』이라는 책을 출판했던 인물이다(이지선 2013 참조).

사람들이 모두 돌아간 뒤에야 비로소 이소가야는 손일룡의 방을 둘러보았다. 장롱 위 책꽂이에는 이기영(李箕永)이나 이북명의 소설책이 꽂혀 있었다. 방으로 돌아온 이소가야는 방황하던 시절 도쿄의 인부숙소에서 만났던 이케다 에이켄이라는 청년을 떠올렸다. 그에게 처음으로 도스토예프스키나 투르게네프의 책을 권했던 인물이다. 어느 날 갑자기 사라진 이케다에 대해 당시 이소가야는 그가 사상사건에 연루되어 쫓기고 있는 것이라고 추측했었다. 화기애애한 분위기에서 서로 가벼운 인사를 나누고 클래식 음악을 즐겼던 첫 만남이었음에도 불구하고, 이소가야는 아마도 이 모임에 참석한다는 것 자체가 앞으로 자신도 이케다와 같은 생활을 하게 됨을 의미한다고 막연하게나마 느꼈던 것 같다.

2주일 정도 지나서 다음 모임이 있었는데, 이날도 조선말이 서툴렀던 이소가야는 사람들의 이야기 내용을 이해할 수가 없었다. 작업장에서 송성관이나 장덕호에게 들어서 막연하게 알고 있던 동료들의 검거 소식, 즉 제3유산계에서 노동조합을 조직하려다가 체포된 바바(馬場)나 모리타(守田) 같은 일본인 동료의 이름 등 몇몇 단어만 들릴 뿐이었다. 절반은커녕 그 이하밖에 이해되지 않았던 이소가야는 동료들의 이야기를 줄곧 듣기만 했다.

평소 시집을 많이 지니고 있는 이소가야를 이들은 '시인'이라고 띄워주었다. 참석자들은 시와 연극, 음악, 문학, 회화 등 일본과 러시아 등의 광범위한 문화와 예술에 대해 자유분방하게 토론하였다. 러시아의 연출가 메이에르홀드 극장의 새로운 연극활동 형식이나 무지휘자 교향악단 이야기, 프랑스의 앙리 바르뷰스와 로망 롤랑의 예술 논쟁, 임화(林和)나 세르게이 예세닌, 미하일 게라시모프 등의 시인 이야기 등을 화제로 삼았다. 잘 들리지는 않았지만 이소가야는 이들의 대화 속에서 자신이 새로운 정신적 세계의 문 앞에 서게 되었음을 느꼈다. 하지만 이때까지만 해도 그는 조선의 정치 · 경제 · 사회 · 문화나 역사 등에 대해서는 전혀 지적인 소양이 준비되어 있지 않았다.

어쨌든 모임의 횟수가 거듭되어 갈수록 이소가야도 조금씩 이야기에 참여하게 되었고 조선인 동료들과도 점차 친분과 신뢰가 생기기 시작했다. 논의는 주로 주선규가 중심이 되어 이끌어갔다. 토론의 주제는 차츰 조선에 대한 일본의 식민지 지배의 실태로 옮겨가기 시작했다. 이소가야는 조선의 처참한 현실, 이것이 바로 조선민족의 비애와 분노의 근원이라고 생각했는데, 이러한 상황에서 어떻게 희망과 이상을 추구해갈 것인가에 대해서도 논의하였다. 토론이 거듭되면서 이소가야는 결국 그때까지 자신이 얽매어 있던 과거의 인생과 결별하고 이 새로운 동지들과 손을 잡고 나아가기로 결의하였다. 그리고 이 결의는 이소가야에게는 "새로운 미래를 향한 출발이 될 것이고, 그로 인해 지독히 험난한 길이 펼쳐질 것"을 예고하는 것이었지만, 이 길을 선택하는 외의 다른 길은 생각도 나지 않았다. 이러한 결심 직후에 이소가야는 앞서 언급했던 '과수원을 향한 꿈'을 완전히 접었고, 이용만 가족과도 결별을 고했던 것이다.

이렇게 새로운 삶을 결심하고 준비해가면서 만난 조선인 동지들과의 인연은 나중에 8.15 이후 이소가야가 일본인 귀환 활동을 주도할 때까지 계속 이어졌다. 첫 만남에서부터 이소가야에게 강렬한 인상을 주었던 주선규와는 특히 각별하게 지냈다. 당시 주선규는 내호역 근처에서 하숙을 하면서, 중국인 쿨리(coolie)들과 함께 가장 힘들고 허드렛일로 알려져 있는 광차(鑛車)를 미는 인부로 일하고 있었다. 주선규는 누가 봐도 바이올린에 천부적인 재능을 가지고 있었다. 첫 모임 때 김원보의 말에 따르면, 충분히 러시아의 유명한 음악 고등교육기관인 모스크바음악원(Moscow Conservatory)에도 입학할 수 있는 실력이었다고 한다. 주선규는 함흥의 부유한 지주였던 주경팔(朱景八)의 아들로서 외국 유학을 떠날 만한 재력도 충분했다. 따라서 이러한 주선규의 선택이 잘 이해가 되지 않았던 이소가야는 첫 만남에서 그와 다음과 같은 이야기를 주고받았다.

> 이소가야, "왜 그러지요?"
> 주선규, "우리는 지금 음악공부보다 더 중요한 다른 일을 하지 않으면 안 되기 때문이지요. …"
> 이소가야, "그게 어떤 일입니까?"
> 주선규, (대답 없음)
> 이소가야, "나로서는 주(朱) 씨의 생각이 잘 이해되지 않는데요? 그만큼 음악적

재능이 있고 또 그것을 살릴 길이 있는데도 사람들이 하기 싫어하는 광차 미는 일 같은 걸 하다니 …"

주선규, "아니에요. 나는 노동자예요. 이런 손으로는 바이올린 현에는 맞지 않지요."(이소가야 스에지 1988, 69)

이소가야의 회고에 나오는 당시 두 사람의 문답은 위와 같다. 자신이 노동자임을 강조한 주선규는 바이올린 연주를 청했을 때도 마지못해 한 곡만 연주했다. 아마도 첫 만남이라서 주선규는 이소가야에게 '더 중요한 다른 일'에 대해 자세히 설명하지 않았을 것이다. 김원보의 말에 따르면, 주위에서 여러 차례 주선규에게 음악을 전공하라고 권유했으나 그는 막무가내로 버티고 있던 상황이었다. 영화배우이자 제작자로 널리 알려진 주선규의 형 주인규(朱仁奎)도 이들과 함께 활동한 동지였는데, 그 역시 이소가야가 일하던 흥남공장 제3유산계에서 인부로 일하다가 유명한 영화배우 '주인규'임이 드러나 쫓겨났다고 한다. 말하자면 1970~80년대 한국에서 대학생 출신의 지식인이 노동운동을 조직하기 위해 공장에 '위장취업'했다가 발각되었을 때와 비슷한 상황이 연출되었던 것이다.

주선규와 각별한 친분을 쌓아가던 이소가야는 검거되기 한 달 전쯤인 1932년 3월 자신도 내호역 근처에 있는 식당 집으로 하숙을 옮겼다. 일본인이 경영하던 나가사키정(長崎亭)이라는 음식점 안쪽에 있는 방이었는데, 이곳에서 주선규의 하숙집과는 100미터도 되지 않았다. 당시 주선규는 하숙집에서 청년들에게 바이올린을 가르치면서 음악과 역사 · 문화 등에 대해 토론을 하곤 했다. 이소가야도 종종 여기에 끼어들어 함께 이야기를 나누곤 했는데, 처음에는 일본인이라서 거리감을 두고 대하던 청년들은 차츰 마음의 문을 열기 시작했다. 주선규는 청년들에게 주로 조선문화의 발전과 성장을 억누르고 있는 거대한 바위 즉 일본제국주의를 제거하고 조선민족의 참 문화를 창조해야 함을 강조했다. 이소가야는 주선규가 감춰두고 있던 부하린의『사적유물론』, 피아트니키의『조직론』 등을 빌려 읽었다. 당시 이소가야에게 주선규는 '젊은 스승이자 맹우(盟友)'였다. 군대를 제대한지 얼마 되지 않은 이소가야가 이 조선인 청년들에게 끌렸던 이유에 대해 일찍이 그는 다음과 같이 설명하였다.

> … 2년간의 군대생활이 내 가슴에 심어놓았던 밀리터리즘에 대한 증오는, 내가 조선인 노동자와 함께 노동하게 되자 곧바로 그들의 반일감정에 대한 공감과 공명의 마음을 불러일으켜, 나는 자연스럽게 그들의 생활 속으로 들어갔다. 조선인의 생기발랄한 혁명적 열정과 그 정력적인 생활을 자기 주위에서 찾아낼 수 있었다. 그런 젊은 혁명가들의 생활에는 피압박 민족으로서의 비굴함이 아니라 높은 자기희생과 오로지 한 길만 걷는 혁명적 정열이 느껴졌다.(磯谷季次 1949, 4)

위 글을 보면 체질적으로 군대 생활이 맞지 않는다고 느꼈던 이소가야는 군 복무 동안 오히려 군국주의에 대한 강한 증오심을 느꼈고, 이러한 상태에서 반일감정과 혁명적 열정으로 가득 찬 조선청년들의 생활을 접하게 되자 자연스럽게 그 속으로 빨려 들어갔다고 정리할 수 있다. 참고로 이때부터 이소가야의 인생에 깊숙이 들어오게 된 주선규 · 주인규 · 송성관에 대해, 먼저『한국사회주의운동 인명사전』에 수록된 내용을 중심으로 소개해두고자 한다. 아래에 간략히 정리된 이들의 활동과 이력은 앞으로 이소가야가 직접 참여하는 활동과 밀접히 관련되어 있기도 하다.

〈그림 11〉 주선규

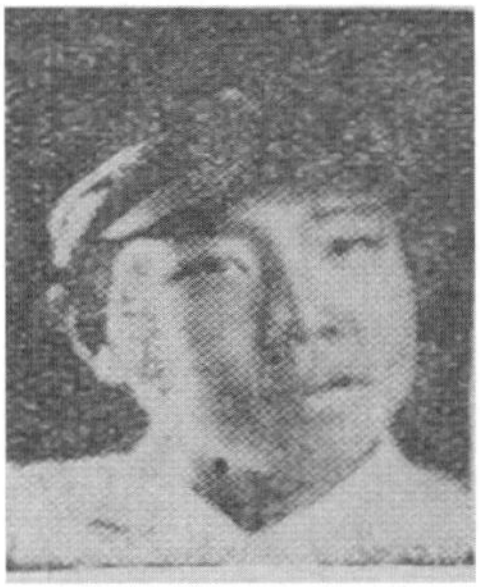

** 『朝鮮中央日報』 1934. 8. 12.

주선규(朱善奎, 1908~?)

(흥남좌익 자유노동자부 책임) 함남 함흥 출신으로, 함흥 영생고등보통학교에 다니다가 중퇴했다. 1931년 10월 조선질소비료주식회사 흥남공장 노동자가 되어 이 공장을 중심으로 한 적색노동조합운동에 참여했다. 1932년 3월 프로핀테른에서 파견된 박세영(朴世榮)의 지도 아래 열린 혁명적 노동조합운동 대표자회에 참가하고, 이 회의에서 결성된 흥남좌익의 자유노동자부 책임자가 되었다. 4월 흥남좌익의 기관지 『노동자신문』 및 메이데이 격문을 각지에 배포했다. '제2차 태평양노동조합 사건'으로 일본경찰에 검거되어 1934년 10월 함흥지법에서 징역 5년을 선고받았다. 해방 후 '김일성 장군의 노래'를 작사했다.(강만길 · 성대경 엮음 1996, 468)

〈그림 12〉 주인규

** 『朝鮮中央日報』 1934. 8. 12.

주인규(朱仁奎, 1902~?, 이명; 高基洙, 朱光海)

(적색노조운동 참가자) 함남 항흥 출신으로, 함흥상업학교를 중퇴했다. 한때 연극 · 영화배우로 활동했다. 1931년 무렵 조선질소비료주식회사 흥남공장 제3유산계(硫酸係)에서 일하면서 인안계(燐安係)의 파업을 지도했다. 10월 장회건(張會建)의 보고서를 갖고 프로핀테른 블라디보스토크 연락부로 가서 범태평양노동조합의 「10월서신」을 받았다. 12월에 귀국하여 장회건에게 「10월서신」을 전했다. 1932년 2월 프로핀테른 블라디보스토크 연락부에서 파견된 박세영(朴世榮)과 김원묵(金元默)에게 비밀출판사무소를 제공했다. '제2차 태로(太勞) 사건'으로 일본경찰에 검거되어 1923년 10월 함흥지법에서 징역 3년을 선고받았다. 출옥 후 고려극단(高麗劇團)이라는 이동극단을 조직해 국내와 만주에서 순회공연을 했다. 해방 후 조선공산당 함남도당 검찰부장이 되었다. 「북조선에 있어서의 조선 영화의 사명과 전망」이라는 글을 발표했다. 1947년 2월 북조선인민위원회가 결정한 영화촬영소 건설사업을 담당했고, 이후 영화제작부문의 최고책임자가 되었다.(강만길 · 성대경 엮음 1996, 470~471)

〈그림 13〉 송성관

** 『朝鮮中央日報』 1934. 8. 12.

송성관(宋成寬, 1907~?, 이명; 孟信哲)

(함남 적색노조운동 참가자) 함남 함흥 출신으로, 함흥사범학교 및 경성고등예비학교를 중퇴했다. 1928년 무렵 함흥청년동맹에 가입했다. 4월 경성복심법원에서 상해치사죄로 징역 2년, 집행유예 2년을 선고받았다. 1931년 1월 조선질소비료주식회사 흥남공장 노동자가 되었다. 6월 독서회 결성에 참여하고, 흥남지역 적색노동조합 재건을 도모했다. 12월 공장에서 해고되었고, 1932년 3월 흥남좌익 결성에 참여하고 흥남공장 조선인부 책임을 맡았다. 이후 흥남좌익 조직원 확보를 위해 활동하는 한편 기관지 『노동자신문』을 조직원들에게 배포하다가 검거되어 1934년 10월 함흥지법에서 징역 7년을 선고받았다. 출옥 후 철공장을 운영했다. 해방 직후 함남공산주의자협의회 결성에 참여했다. 1945년 9월경 함남임시인민위원회에 참여했다.(강만길 · 성대경 엮음 1996, 248)

어쨌든 이렇게 조선인 청년들의 생활 속으로 들어가면서 자연스럽게 조직 활동을 시작하게 된 이소가야가 참여했던 비합법 그룹은 '1차 태로 사건' 이후 새로 결성된 '흥남좌익'이라는 조직이었다. 이소가야는 1949년 출판한 첫 회고록에서 "우리는 조합운동을 촉진할 목적으로 '태평양노동조합 흥남좌익'을 결성"했다고 기록한 바 있다(磯谷季次 1949, 6). 이 '흥남좌익'은 1931년 2월 김호반 · 주영하(朱寧河) · 방치규(方致規) · 바바 마사오(馬場政雄)[19] 등을 중심으로 결성된 '함흥위원회'가 그해 메이데이 투쟁으로 탄압을 받아 무너진 후 그해 9월경부터 남은 조직을 중심으로 재건하기 시작하여 1932년 3월에 정식으로 결성된 조직이었다. '흥남좌익'의 성원으로서 이소가야가 조질공장을 중심으로 어떠한 활동을 펼쳤는지를 구체적으로 살펴보기에 앞서, 먼저 '흥남좌익'이라는 비합법 노동자 조직에 대해 간략히 보려 한다.

관련 연구를 통해 보면, '흥남좌익'이 건설되는 과정은 다음 세 과정을 거쳐 이루어졌다. 첫째는 송성관 등이 조질공장을 중심으로 독서회를 조직하고 최신득(崔辛得) 등이 흥남의 교통노동자 부문을 조직화하는 과정이다. 둘째는 여기에 장회건 등이 결합하여 조질공장을 중심으로 한 흥남지역에서 일정한 조직적 틀을 갖추게 되는 과정이다. 셋째는 코민테른 동양부에서 파견된 박세영(朴世榮)이 참여하여 그 주도 아래 '흥남좌익'이 조직되는 과정이

19 일본 나가사키(長崎)에서 태어난 선원 출신의 바바 마사오(馬場政雄)는 일본에서 '일본노동조합전국협회회' 산하의 '고베해원쇄신회(神戶海員刷新會)'에 가입하여 노동운동을 하다가 조선으로 건너왔다. 흥남의 조선질소비료공장 노동자가 되어 노동운동에 참여했다가 '제1차 태평양노동조합 사건'으로 검거되어 1933년 3월 6일 징역 4년을 언도받았다. 복역 중 그해 8월 11일 함흥형무소에서 숨을 거두고 말았으며, 주변에 친지가 아무도 없어서 함흥형무소 묘지에 묻혔다고 한다(「朝窒赤色勞働組合事件判決」, 『思想月報』 제3권 제1호, 1933. 4; 「一次太勞關係 馬場正雄逝去」, 『朝鮮中央日報』 1933. 8. 16.).

다(곽건홍 1995, 67).

1931년 9월부터 장회건과 송성관은 조질공장 노동자들을 중심으로 혁명적 노동조합 조직을 시도하여 주선규 · 임종호(林鍾浩) 등 다수를 규합하고, 조직원의 교양을 위한 기관지로 『화공(化工)』 등을 발행했다. 이러한 활동은 1932년 3월부터 모스크바의 동방노력자공산대학 출신인 박세영에게 인계되었다. 박세영은 3월 23일 송성관 · 김원묵(金元默) · 주선규와 이소가야가 참석한 가운데 정식으로 '혁명적 노동조합운동 대표자회'를 개최했다. 이 자리에서 흥남지역의 잠정적인 지도기관으로서 '흥남좌익'이 조직되었던 것이다.

'흥남좌익'은 박세영과 김원묵을 지도자로 하여 송성관은 조질공장 조선인부, 이소가야는 조질공장 일본인부, 주선규는 자유노동자부를 각각 담당했다. 나중에 검거된 후의 경찰 조사에 따르면, 이 외에도 '흥남좌익'에는 기술부는 김원석(金元錫), 교통부는 최병권(崔丙權), 출판부는 주인규가 책임을 맡아 활동했다고 한다.[20] 흥남좌익에서는 『노동자신문』 등을 기관지로 발간했으며, 5명으로 구성되는 반(班) 조직을 통해 공장 내 각 생산라인별로 유안계 · 유산계 · 전해계 · 공자계 등에 책임자와 후보책임자를 두고 활동하였다. '흥남좌익'은 조질공장뿐만 아니라 최신득 등의 교통노동자 부문, 임종호 등의 퇴조적색농민조합, 주치욱(朱致旭) 등의 사회과학연구회와도 조직적으로 연계하여 활동하였다. 이 외에도 함흥지역 중등학교에 학생그룹 조직, 신흥수력전기회사의 노동자조직 결성, 원산지역의 독서회 등을 지도 조직하는 활동도 펼쳤다. 그리고 이소가야를 중심으로 한 일본인부에서는 노동자의

20 「各地에서 檢擧五百」, 『東亞日報』 1933. 7. 1.

소비조합을 조직하기도 했다. '흥남좌익'의 개략적인 조직 구성과 관련 인물들은 아래와 같다(곽건홍 1995, 67~69).

〈그림 14〉 '흥남좌익'의 조직체계

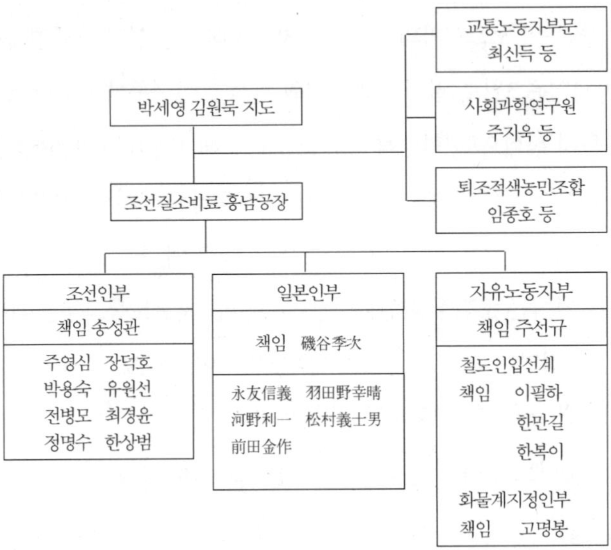

** 곽건홍 1995, 68. 원문에는 김원묵이 김원목, 羽田野幸晴이 羽田野辛晴, 松村義士男이 松村養士勇으로 잘못 기재되어 있어서 수정했음

한편 이소가야의 회고에 따르면, '흥남좌익'을 조직하는 과정에서 주인규는 블라디보스토크로 가서 범태평양노동조합 서기국에서 작성한 「조선의 범태평양노동조합 비서부 지지자에 대한 동(同) 비서부의 서신」(일명 「10월 서신」, 1931. 10.)을 입수해왔다고 한다. 당시 사법당국의 「판결문」에는, 주인규가 1931년 10월 24일 원산에서 장회건 등을 만나 그의 밀서(密書)를 가지고 블라디보스토크로 가서 장회건 등의 추진사업을 보고했으며, 장회건에게

전하는 몇 가지 지시사항과 「10월서신」을 가지고 12월 4일에 귀국하여 이를 장회건에게 보고했다고 기록하고 있다(『思想彙報』 1, 61). 따라서 이 부분에 대한 이소가야의 기억은 정확하다고 할 수 있겠다.

주인규가 농민으로 변장하여 몰래 숨겨 들어온 이 「10월서신」은, 1930년 9월 프로핀테른에서 작성한 「조선의 혁명적 노동조합운동의 임무에 관한 테제」(일명 「9월테제」)와 함께 1930년대 조선의 노동운동에 매우 큰 영향을 미친 문서이다. 범태평양노동조합은 원래 1924년 6월 태평양 연안에 있던 국가들의 운수노동자연합을 만들면서 그 기초를 마련하여, 이후 1927년 중국 상하이(上海)에서 중국 · 소련 · 일본 · 자바 · 조선 · 프랑스 · 영국 · 미국의 노동조합이 참가한 가운데 출범한 조직이었다(최규진 2009, 21~22). 따라서 당시 식민지 조선의 노동운동가들에게는 프로핀테른과 그 지휘 아래 있던 범태평양노동조합은 든든한 국제적 지원군이자 이론적 지도자로 받아들여졌고, 거기서 내려진 테제는 조선의 혁명적 노동운동의 이론적 지침서 역할을 했다. 「10월서신」에서는 1931년 현재 조선의 상황을 다음과 같이 파악하고 있었다.

> 조선의 경제공황은 일본제국주의의 정책과 국내의 봉건적 잔재인 만성적 농업공황에서 비롯된 것이며, 이는 한층 심화되어 농민의 파산과 토지의 피탈 과정이 더더욱 가속화될 것이다. 많은 공장의 폐쇄는 실업자를 양산하게 하고 임금인하, 노동시간의 연장 등을 가져올 것이다. 조선의 무산자 계급은 심각한 생활난에 처하게 될 것이다. 게다가 노동대중에 대한 압박은 가속화되고 이러한 여러 정세의 악화는 광대한 혁명투쟁을 잉태하게 함으로써 조선의 프롤레타리아가 혁명적 · 반제국주의적 전쟁으로 나아가도록 하였다. 신흥탄광에서의 파업, 각종 산업 부문에서 노동쟁의가 계속 발생함에 따라 혁명운동을 진압하

> 기 위한 폭압은 파업자들의 무력 도발을 유발하였고, 혁명적 노동자들의 대중적 체포가 실시되어 야수적 고문, 징역 선언 등으로 마감되어 대부분의 혁명적 노동운동 실패하였다. 이러한 원인은 경찰의 탄압 또는 개량주의자들의 모반 등에 기인한 것이 아니라 진짜로 조선 프롤레타리아트의 조직과 투쟁 부족에서 기인한 것이다. 따라서 일본제국주의를 타도하고 조선의 독립과 함께 공산주의 사회를 실현하려는 조선 노동조합 좌익 지지자들은 태평양노동조합 비서부와 긴밀히 연락을 갖고 아래와 같은 임무를 실행하여 조선 프롤레타리아트를 조직하여 승리 획득의 결정적 투쟁을 전개할 것이다.

1930년대 초 조선의 상황을 비교적 정확하게 진단하고 있음을 알 수 있다. 한편 이러한 정세분석 아래 「9월테제」나 「10월서신」에서 제시하고 있는 혁명적 노동조합운동의 조직 원칙은 다음과 같다. '프롤레타리아트의 굳건한 혁명적 당'이 없는 조선과 같은 상황에서는 혁명적 노동조합은 반드시 있어야 한다, 혁명적 노동조합은 산업별 원칙에 따라 만들어야 하며 노동자가 선출하는 공장위원회나 자치회 같은 굳건한 하부조직을 가져야 한다, 혁명적 노동조합 활동가들은 파업위원회를 만들어 개량주의 지도자의 영향력을 막아야 하며 실업자위원회를 만들어 실업자 대중을 단결시키고 취업자와 실업자 사이의 통일전선을 이루어야 한다는 등의 내용이었다.(최규진 2009, 22)

국제적인 권위를 갖고 있는 기관들에서 내려온 이러한 지침들은 '홍남좌익'의 조직 활동에도 결정적인 영향을 미쳤다. 이는 조질공장을 중심으로 한 홍남과 함홍의 혁명적 노동조합운동 사건이 'ㅇ차 태로 사건'으로 불린 데서도 쉽게 알 수 있다.

그러면 '홍남좌익'의 성원으로서 이소가야가 어떠한 활동을 펼쳤는지를 구체적으로 살펴보기로 하겠다. 물론 1932년 3월 정식으로 '홍남좌익'이 결성되기 이전에 이소가야는 이미 주선규 · 송성관 등과 함께 '1차 태로 사건'으로 무너진 조직을 재건하기 위한 활동을 하고 있었다. 이는 아래 제시한 「판결문」에서 보듯이 1931년 12월 9일경 주선규 집에서 송성관 등과 회합하여 노동조합 재건을 위해 각자 책임부문을 정하고 동지 규합 등에 대해 협의하고 있었던 데서도 알 수 있다.

이소가야가 '홍남좌익'의 일본인부 책임자로서 구체적으로 어떻게 활동했는지를 알 수 있는 자료는 그의 회고록 『우리 청춘의 조선』과 아래 제시한 사법당국의 「판결문」뿐이다. 먼저 사법당국의 기록을 통해 이소가야의 활동을 살펴보기로 하겠다. 이소가야를 포함한 이른바 '제2차 태로 사건'의 제1심 판결문 원본은 현재 남아있지 않다.[21] 하지만 당시 고등법원 검사국 사상부에서 발간한 『사상휘보(思想彙報)』 창간호의 「조선사상사건판결」 부분에서 1934년 10월 2일 함흥지방법원의 판결문 내용을 그대로 수록하고 있어서 그 내용을 확인할 수는 있다. 여기서 이소가야와 관련된 부분은 그리 길지 않으므로, 일단 그 전문(全文)을 번역 소개하면 다음과 같다.

> 제25. 피고 이소가야 스에지는 1928년 5월 나남 보병 제76연대에 입영해 1930년 4월 제대 후 조질(朝窒) 홍남공장의 직공이 되어 피고 주선규 및 김형(金瀅) 등의 감화를 받고 있는 자인 바,
>
> 1. 1931년 10월경 동(同) 공장 내 축조작업장, 동읍(同邑) 구룡리 신민섭(申旼燮)의 집 등에서 주선규의 권유로 우리 국체(國體)를 변혁하고 사유재산제도를 부인하고 조선에서 공산주의사회의 실현을 목적으로, 태로(太勞) 지도 아래 홍

21 현재 국가기록원에는 이 사건과 관련하여 1936년 9월 2일 장회건 · 박세영 · 송성관의 항소심에 대한 경성복심법원(京城覆審法院)의 판결문만 남아 있다.

남에서 혁명적(적색) 노동조합운동 재건을 위해 제휴 활동할 것을 협의하고, 다음으로 같은 해 12월 9일경 주선규 집에서 앞에서 서술한 제7의 1(제7의 2의 오기인 듯함. 피고 주선규 부분의 2항에서 당일 3인이 만나 각자 직장에 조합반을 조직해 이를 기초로 혁명적 노동조합을 조직하자고 협의하고 각자 활동부문을 정했다는 내용을 말함—역자)과 같이 송성관, 주선규와 회합하여 앞에서와 같은 목적으로 같은 사항의 실행에 관해 협의하고 활동부문을 정하고,

2. 그 후 박세영의 지도 아래로 인계되어, 1932년 3월 23일 앞의 제2의 6(피고 박세영 부분의 6항에서 함주군 운남면 궁서리 정장원의 집에서 김원묵, 송성관, 주선규, 이소가야 등과 회합하여 혁명적 노동조합운동 대표자회를 열고 흥남 방면에서 혁명적 노동조합운동의 잠정적 지도기관으로서 흥남좌익을 조직하여, 박세영과 김원묵이 지도자가 되어 송성관은 조질 흥남공장직공 조선인부 책임, 이소가야는 조질 흥남공장직공 일본인부 책임, 주선규는 자유노동자부 책임을 맡아 활동하기로 하고 흥남좌익의 활동방침을 토의했다는 내용임—역자)과 같이 정장원(鄭壯源) 집에서 앞에서와 같은 목적으로 앞의 비밀결사 흥남좌익을 조직하여 그 활동부문으로 일본인부(內地人部) 책임이 되고,

3. 위 결사의 목적 수행을 위해

1) 그 후 같은 해 4월 4일경까지 사이에 흥남의 하숙집 나가사키정(長崎亭) 기타 동읍(同邑) 내에서 동지 나가토모(永友信義), 하타노 유키하루(羽田野幸晴), 고노 도시이치(河野利一), 마츠무라 기시오(松村義士男), 마에다 긴사쿠(前田金作) 등에게 위 흥남좌익의 결성을 소개하고 태로 지도 아래 그 확대 강화를 위해 제휴 활동할 것을 권유 협의하고,

2) 같은 해 4월 18일경 흥남읍 천기리(天機里)에 있는 마에다의 집에서 그를 비롯한 위 동지들과 회합하여, 앞의 결사를 보조하고 이것과 표리일체 관계로서 동일한 목적을 갖는 결사로 정장원(靜壯園)이라는 소비조합을 조직하기로 협의하고,

3) 같은 달 21일 주선규로부터 앞의 흥남좌익 기관지 『노동자신문』 일본어판 제2호 16부를, 같은 달 23일 이 기관지 일본어판 창간호 20여 부를 받아, 그 내용을 알면서도 그때마다 이를 나가토모 이하 동지들에게 교부하고, 또 각자

영향력이 닿는 한 배포하도록 함으로써 위 목적 실행을 선동함

위의 내용을 요약 정리해보면, 1930년 4월 제대 후 흥남공장의 직공이 된 이소가야는 주선규와 김형(金瀅)[22] 등의 감화로 1931년 10월경부터 태로 계통의 혁명적 노동조합운동에 참여했으며, 이듬해인 1932년 3월부터 '흥남좌익'이라는 비밀결사의 일본인부 책임자가 되었다. 이후 조질공장 내의 일본인들을 중심으로 동지들을 규합하여 기관지 『노동자신문』 등을 배포했으며, 비밀결사를 지원하는 조직으로 정장원(靜壯園)이라는 소비조합을 준비하는 등으로 활동하였다.

이러한 내용은 이소가야가 회고록 『우리 청춘의 조선』 등에서 밝히고 있는 자신의 활동 내용과 거의 동일하다. 이 책을 통해 좀 더 상세히 알 수 있는 이소가야의 활동 내용은 크게 세 가지 정도가 있다. 첫째는 정식으로 '흥남좌익'이 결성되는 당일의 상황이며, 둘째는 기관지 『노동자신문』과 관련된 것, 셋째는 정장원이라는 소비조합의 조직과 관련된 것이다. 이소가야의 회고를 통해 이 세 부분과 관련된 당시 정황을 좀 더 자세히 살펴보기로 하겠다.

첫째, 비밀결사 '흥남좌익'의 결성 당일 회합에 참여했던 이소가야의 기억과 관련된 부분이다. 이소가야는 '태평양노동조합 흥남좌익'이 정식으로 결성된 날짜가 1932년 3월 23일임을 정확히 기억하지는 못했던 듯하다. 그는 본궁에 있는 주선규의 집에서 연회가 열린 뒤 얼마 되지 않은 때라고 기록하

22 이소가야에게 큰 영향을 주었다는 김형(金瀅)이 정확히 누구인지는 알 수 없다. 지금까지 필자가 파악한 대로라면 주선규와 송성관이어야 할 텐데, 당시 일제당국이 파악하고 있던 송성관의 이명(異名)은 맹신철(孟信哲)이었다(『思想彙報』 제1호, 1934.12, 44).

고 있다. 이 연회는 송성관이 당시 주선규의 집에 와 있던 단천(端川) 출신의 처녀를 흠모하는 것을 안 주선규의 여동생 주인선이 마련한 자리였다. 하지만 이 자리는 송성관과 이 처녀를 엮기 위한 자리가 아니라, 송성관에게 그 자리에 모인 다른 처녀를 소개하기 위한 자리였다. 왜냐하면 단천 출신의 처녀는 이미 주선규를 마음에 두고 있다는 것을 안 주인선이 송성관에게 다른 선택의 기회를 주려는 의도로 마련한 자리였기 때문이다. 어쨌든 이날 송성관은 주인선의 중매로 또 다른 처녀와 약혼까지 하게 되고 이후 결혼으로 이어졌다.

이렇게 이 날은 이소가야의 평생의 동지가 된 송성관에게 나름 '큰 사건'이 있었던 날이었기 때문에 이소가야는 이 일이 있던 무렵 홍남좌익이 결성되었다고 기억하고 있다. 어느 날 주선규의 연락원으로 활동하고 있던 정장원(鄭壯源)으로부터 오늘 밤 '중요회의'가 있으니 송성관과 함께 참석하라는 연락을 받았다. 그날 회의는 본궁 주선규의 집에서 100미터 정도 떨어진 정장원의 집에서 저녁 7시부터 9시까지 개최되었다. 그런데 위의 판결문과 약간 차이가 나는 점은, 이소가야는 이 회의는 김원묵의 주재 아래 자신과 주선규·송선관 등 4명이 참가했으며 김원묵이 회의의 정식명칭은 '홍남좌익대표자회의'라고 선언했다고 한다. 여기에서 비밀결사의 명칭은 '홍남좌익'이었고 위 4인이 홍남좌익의 '대표자회의'를 구성하는 간부진이었음을 알 수 있다. 물론 이 회합이 있기 전부터 이소가야를 비롯한 송성관·주선규 등의 그룹은 이미 박세영의 지도를 받고 있었다. 그리고 얼마 후 박세영이 조만간 소련에서 지도자가 온다고 예기했는데, 이소가야는 나중에야 그가 김원묵이라는 사실을 알았다(磯谷季次 1980a, 19~20).

한 가지 이상한 점은 위 판결문과 달리 이소가야는 이날 회의에 박세영이 참가했다는 사실을 어느 회고록에서도 언급하고 있지 않다는 점이다. 회의 장소나 논의내용 등으로 볼 때 「판결문」의 박세영 부분에 기록된 회의와 같은 회의임은 분명한데, 박세영은 5명을, 이소가야는 박세영을 뺀 4명을 회의 참가자로 기록하고 있다. 이소가야는 '홍남좌익'을 결성하기 며칠 전인 1932년 3월 17일 송성관의 소개로 조질회사 기숙사에서 박세영을 만나 혁명적 노동조합운동을 함께 하기로 이미 합의한 상태였다.[23] 따라서 '홍남좌익'이 결성된 3월 23일에는 사전에 협의된 소수의 동지들만 모인 자리였다고 할 수 있다. 이소가야는 당연히 박세영의 이름과 얼굴까지 알고 있었는데, 왜 어디에서도 그의 참석을 언급하고 있지 않은지에 대해서는 알 길이 없다.

이소가야의 회고에 따르면, 그가 김원묵을 만난 것은 이 회합이 처음이자 마지막이었다고 한다. 이 날도 김원묵은 방한모를 깊이 눌러 쓰고 눈만 내밀고 있어서 이소가야는 그의 얼굴을 전혀 기억하지 못했다. 회의가 진행되는 동안에도 만약의 사태에 대비해 주선규가 김원묵의 옆자리에 앉아 그를 호위하는 듯한 느낌을 풍겼다. 긴장된 분위기 속에서 정확히 2시간 동안만 자리를 함께 하고 그는 홀연히 사라져 버렸다. 이소가야는 당시 김원묵의 가족은 모두 소련에 있었으며 우수한 성적으로 단기간에 모스크바공산대학을 마쳤다고 들었다. 그리고 공부를 계속하라는 학교 측의 만류도 뿌리치고 국내로 들어와, 엿장수로 변장해 생활하면서 조국을 위한 실천운동에 매진했다

23 『思想彙報』에 실려 있는 1심 판결문 외에 항소심 판결문(京城覆審法院, 1936. 9. 2)의 박세영 관련 부분에서도 1932년 3월 17일 박세영이 이소가야를 만났고 3월 23일 주선규 집에서 함께 회합한 것으로 기록되어 있다.

고 알려져 있었다.

이소가야 등의 조직원들이 검거된 몇 개월 뒤에 김원묵도 붙잡혔다. 일제 경찰의 모진 고문 끝에 병원으로 보내진 그를 신흥탄광스트라이크의 지도자 한홍정(韓鴻霆)을 중심으로 노동자 · 변호사 · 의사 · 실업가 등으로 구성된 구원조직이 그를 탈환 즉 구출하는 데 성공하였다. 하지만 그를 배에 태워 소련으로 보내는 과정에서 바다 위에서 다시 붙잡히고 말았다. 그리고 김원묵은 결국 죽임을 당해 반용산(盤龍山) 묘지에 묻혔다(磯谷季次 1980a, 21~22). 당시 그를 죽음으로 몰아넣은 함흥의 경찰은 승리의 개가를 불렀다고 한다. 참고로, 현재 공식 기록으로 밝혀진 김원묵의 간략한 활동과 이력은 다음과 같다.

> 김원묵(金元默, 1908~?, 이명; 金海一, 브라소프)
>
> (太勞 지도자) 1924년 12월 고려공산청년회 간도총국 대회에 참가하여 선전부 담당 집행위원으로 선출되었다. 1929년 모스크바 동방노력자공산대학 본과에 들어가 4년제 과정을 2년에 마쳤다. 1932년 3월 태평양노동조합 블라디보스토크 사무국 간부로서 적색노동조합운동을 지도하기 위해 귀국했다. '제2차 태로 검거사건' 당시 지도자의 위치에 있었다. 『노동자신문』 발간 책임을 맡았다. 4월 일본경찰에 체포되었고 9월 고문으로 인해 함흥도립병원에 입원하여 치료하던 중 탈출했으나 2주일 만에 함흥경찰서에 체포되어 옥사했다.(강만길 · 성대경 엮음 1996, 102)

둘째, 『노동자신문』과 관련된 이소가야의 활동 부분이다. 관련 연구에 따르면, "조질공장의 노동자조직의 기관지 발행은 1931년 장회건 등이 주도한 『화공(化工)』 발행이 시초가 되었으나,[24] 기관지의 전형을 보여주고 있는 것

24 곽건홍의 연구에서는 『화공』이 시초라고 설명하고 있으나, 『화공』 이전에 장회건 등은 이미 「공인

은 '홍남좌익'의 『노동자신문』이었다."고 한다. 그런데 『노동자신문』이 다른 출판물들과 다른 점은 비밀리에 출판사무소까지 두었다는 점이다. 주인규의 집 뒤뜰에 마련된 출판사무소는 이소가야가 동지들과 함께 직접 땅을 파고 지하에 설치한 것이었다.

> 『노동자신문』은 여타의 기관지 및 출판물과 달리 비밀 출판사무소를 갖고 있었다. 즉, 「홍남좌익 자유노동자부 책임자인 주선규의 집에는 높이 약 5척, 넓이 약 1평 남짓의 콘크리트 지하실이 축조되어 있었으며, 땔나무 · 볏짚 등으로 위장하고, 출입할 때는 2~3인에 한하여 인도자 외에는 그 장소를 알지 못하게 하기 위해서 복면을 쓰고 암호를 사용하는 등 비밀유지에 철저함을 기하였다. 이들은 비밀 출판사무소를 모든 활동과 연락의 근거지로 삼는 동시에 등사판 및 태로 10월서신, 사회과학서적 등을 비치하고 조직원들에게 읽게 하였다. 『노동자신문』은 각 반장을 통해 조직원들에게 배포되고 동시에 각 공장에 배포되었으며, 그것을 통해 노동자의 계급의식을 고취하고자 하였다. 즉 비밀출판사무소를 근거로 비합법 활동의 통일과 조직 투쟁의 결과를 조직원들에게 알리기 위해 『노동자신문』을 발행했던 것이다. 『노동자신문』은 조선어와 일본어로 발행되었으며, 총 3회 발행되었다. 『노동자신문」의 발행 부수는 창간호의 경우 조선어 약 200부, 일본어 약 50부, 제2호는 조선어 150부 등으로 약 200부 내외였으며, 1932년 메이데이 투쟁 시의 격문은 1만 매를 인쇄하고 있었다. 또한 『노동자신문』은 각 지역에 배포망을 가지고 있었다.(곽건홍 1995, 75~76)

(工人)」이라는 기관지를 발행하고 있었다. 1931년 9월 중순경 장회건은 장시원(張時洹)과 만나 동지들의 교양을 위해 배포해온 기관지의 제목을 『공인』에서 『화공』으로 바꾸기로 협의했다(「判決文」, 京城覆審法院, 1936. 9. 2). 이 외에도 1930년대 초 흥남 일대에서 발간된 기관지로는 장회건 · 최신득 등이 발행한 『붉은 신문』, 함흥자유노동조합의 홍배식(洪培植) 등이 발행한 『붉은 주먹』, 흥남적색화학노동조합 책임자 이종희(李種熙) 등이 발행한 『함마』, 함흥적색노동조합의 방승직(方承直) 등이 발행한 『전군(戰軍)』, '제3차 태로 사건'의 주역 임민호 등이 『노동자신문』을 계승하여 발행한 『뉴스』 등이 있었다(곽건홍 1995, 75).

〈그림 15〉 '흥남좌익'의 근거지 사진

※『朝鮮中央日報』 1933. 7. 1. 상단은 주인규의 집 뒤뜰에 있던 『노동자신문』의 비밀 출판인쇄소, 하단은 '흥남좌익'의 근거지였던 본궁 주인규의 집 전경.

『노동자신문』의 비밀 출판사무소이자 비합법 활동과 연락의 근거지는 본궁 주인규의 집에 있었다. 이소가야의 회고에 따르면, 1931년 12월부터 1932년 1월 사이에 그는 선규 · 인규 형제와 함께 직접 이 지하인쇄소를 만드는 공사에 참여하였다. 주인규의 집 뒤뜰 한 귀퉁이에 지하실을 파고 인쇄소를 설치했는데, 당시 지표면이 두껍게 얼어 있어서 작업이 쉽지 않았다고 한다.

'홍남좌익'이 결성된 1932년 3월 23일 회합에서도 곧 창간될 『노동자신문』의 내용에 대해서도 논의했다고 한다. 『노동자신문』은 창간호와 2호가 모두 그해 4월에 발간되었는데, 앞의 판결문에서도 알 수 있듯이 일본인부 책임이었던 이소가야는 『노동자신문』 일본어판을 공장 내 일본인에게 배포하는 일을 담당했다. 이 신문은 '홍남좌익'뿐만 아니라 인근의 이종희나 원산의 이문홍(李文弘) 등의 그룹에까지 배포되었으며, 이 지역에서 '메이데이 공동투쟁' 등이 모색되는 매개 역할도 했다.

셋째, 조질공장 내에서 이소가야의 활동을 알 수 있는 정장원(靜壯園)이라는 소비조합과 관련된 부분이다. 이소가야는 1932년 이른 봄 즈음 서너 명의 일본인을 동지로 규합할 수 있었다. 아마도 앞의 판결문에 등장하는 나가토모(永友信義)·하타노 유키하루(羽田野幸晴)·고노 도시이치(河野利一)·마츠무라 기시오(松村義士男)·마에다 긴사쿠(前田金作) 등을 가리키는 것일 것이다. 사실 이소가야가 일본인부 책임자이기는 했으나, 오히려 이들 가운데 이소가야보다 더 풍부한 지식과 경험을 가진 인물이 있었던 것 같다. 그때까지만 해도 이소가야는 일본에서건 조선에서건 조직운동의 경험이 전혀 없었고 사회과학의 지식도 얕았다고 할 수 있다.

당시 '태로 운동'에 참여했던 노동자들의 학력이 식민지 조선의 일반적인 노동자를 기준으로 보면 높은 편이기는 했지만, 그렇다고 해서 이소가야의 학력이 이들보다 많이 낮았다는 의미는 아니다. 태로 계열의 운동에 참여했다가 검거된 노동자 47명의 학력을 보면, 보통학교 졸업이 14명으로 가장 많았고 그 다음으로 중학교 내지 고등보통학교 중퇴가 13명이었다(김윤정 1998, 154). 학력을 낮춰 '위장취업'을 했을 가능성을 배제한다면, 일본에서 소학교를 졸업한 이소가야의 학력은 상대적으로 낮은 그룹에 속하기는 했어도 현격히 떨어진다고는 할 수 없다.

위 5명의 일본인 개개인에 대해 정확히 알 수는 없지만, 이소가야의 회고를 통해 보면 적어도 마에다 긴사쿠는 상당한 조직 활동 경험을 가진 인물로 보인다. 이소가야의 회고록에는 마에다가 교토대학(京都大學) 출신이라는 서술도 있고(磯谷季次 1980a, 18), 오사카외국어전문학교 러시아어과 출신이라는 서술도 있는데(이소가야 스에지 1988, 104), 아마 나중에 서술된 후자가 맞을 것 같다. 어쨌든 전문학교까지 졸업한 마에다는 중학교 졸업이라는 학력으로 '위장'하여 조질공장에 들어와 경화유계(硬化油系)에서 일하다가 결국 해고되었다. 앞서 언급했던 주인규의 경우와 같은 케이스라고 할 수 있다.

광주학생운동의 좌절과 사회주의운동의 영향으로 1930년대 초 조선인의 경우도 고등교육을 받은 학생들이 조선민중들을 대상으로 한 혁명적 노동조합운동이나 농민조합운동에 '투신'하는 경우가 많았는데, 일본인의 경우도 식민지 조선에까지 건너와 노동운동에 '투신'한 지식인이 있었음을 알 수 있다. 이소가야에 따르면, 회사당국은 조선인 노동자의 생활수준을 극도로 낮춤으로써 일본인 노동자의 의식을 '노동귀족화'하고 값싼 민족적 우월감으로 계급의식을 압살하는 방법을 취함으로써, 일본인 노동자의 정치적 자각은 일반적으로 매우 낮은 편이었다고 한다. 하지만 그 가운데 일부는 일본에서 '3.15 사건'이나 '4.16 사건'의 망명자 등 진보적인 노동자도 있어서, 이들은 각자 직장에서 조-일 노동자 사이에 통일전선적 분위기를 조성하려고 노력했다고 한다.(磯谷季次 1949, 5~6)

어쨌든 실제로 '흥남좌익'의 일본인부를 내용적으로 지도하고 전술적으로 이끌어간 인물은 마에다였고, 당시 이소가야도 그에게 상당히 의존했던 것 같다. 노동조합 조직의 전(前) 단계로서 합법적인 소비조합 조직을 계획한 것도 마에다의 '실제적 지도하에' 이루어졌으며, 그 사무소 겸 임시점포도 마에다의 집에 설치했다. '정장원'이라는 소비조합답지 않은 이름을 붙인 이유는, 당시는 일제경찰이나 회사당국이 '조합'이라는 명칭 자체만으로도 알레르기 반응을 보이던 시절이었기 때문이다. 따라서 조합이라고 이름을 붙이면 바로 주목을 받아 활동을 시작하기도 전에 제약을 받을까봐 우려했던 것이다. 하지만 정장원을 조직한 진짜 이유는 "장래 노동조합의 병참부(兵站部)로서의 역할을 할 소비조합", "태로와 표리일체의 관계를 갖는 것으로서 그 사명은 전투적인 것"이었다. 말하자면 이소가야 등은 점차 동지를 규합해 가면서 '노동조합 조직 준비 활동'과 '소비조합운동'을 병행적으로 추진해갔던 것이다. 그리고 먼저 소비조합의 규약을 정하고 실제로 목탄(木炭) 등 일부 상품의 구입 계약까지 마쳤다.(磯谷季次 1949, 6)

이소가야는 정장원이라는 소비조합 조직뿐만 아니라 공장 내 친목회를 활용하고자 하는 유연성도 발휘하였다. 당시 일제당국의 무자비한 식민정책은 흥남공장과 같은 대공장에서도 일체 노동자들의 자주적인 결합체를 허용하지 않았으며, 심지어 친목회조차 그 관리권을 회사 측에서 장악하고 있었다. 이러한 상황에서 이소가야는 제3유안계를 비롯한 각 공장의 친목회에 대한 관리를 노동자가 직접 자주적으로 하자고 제안했던 것이다(磯谷季次 1949, 5; 磯谷季次 1980a, 18). 그 결과 "상당히 많은 노동자들로부터 친목회의 자주적인 관리 운영에 대한 동의를 힘겹게 얻어냈다."고 자평할 만한 성과를 거두었다.

하지만 결론적으로 노동자의 자주적인 친목회 관리는 '실패'로 끝났다. 그래서 이소가야는 방향을 전환하여 회사가 관리하는 친목회와는 별도의 자주적인 친목회를 조직하려고 노력하였다. 그는 이것이 노동조합 조직을 준비하는 과정이라고 생각했다.(磯谷季次 1949, 7)

검거와 투옥

1932년 4월 27일, 이소가야는 평상시와 마찬가지로 광석분쇄기나 컨베이어벨트 등을 점검하거나 주유하고 있었다. 그런데 갑자기 조선인 급사가 부르러 왔다. 공장에 들어온 2년 동안 한 번도 사무소로 호출된 일이 없었기 때문에 매우 의아했다. 사무소 문을 들어선 순간 눈에 띈 낯선 두 사람의 예리한 눈빛을 보고 이들이 특고형사임을 직감했다. 양 옆에서 팔짱을 낀 채로 끌려가면서 여러 가지 생각이 머릿속을 휘저었다. 처음에는 제3유산계 친목회의 관리권 문제로 노동자들의 찬성을 얻는 과정에서 공장 측의 '요주의 인물'로 찍혀, 5월 1일 메이데이를 앞두고 예비검속 되는 것일 거라는 '낙관적인 예상'을 했다. 하지만 이와는 달리 '중대한 사태'일 가능성도 배제할 수 없었다.

공장 부속건물처럼 보이는 경찰서에는 삿갓을 씌우고 손을 뒤로 돌려 수갑을 채운 사람들이 마룻바닥에 죽 무릎을 꿇고 앉아 있었다. 이소가야는 이들을 지나 막다른 곳에 있는 서장실 옆의 '특고실'이라는 곳으로 밀어 넣어졌다. 그곳에서 나중에 야만적인 고문을 당하게 될 교형리(絞刑吏)로 악명이 높던 김세만(金世萬)이라는 자를 만났다. 특고실 유치장 제4감방으로 처박혔는데, 구석에서 송성관이 부르는 소리가 들렸다. 그는 현재 홍남경찰서에는 태로와 ML파 그리고 공작위원회 계통이 동시에 검거되어 있다고 말해주었다. 그때 김세만이 들어와 송성관과 이소가야를 함께 두면 안 된다면서 이소가야를 제2감방으로 옮겼다. 그곳에는 함흥적색노동조합의 방승직(方承直)이라는 청년이 있었는데, 그가 사복을 입은 무리들은 인근에서 모집되어온 형사들이라고 말해주었다.

이렇게 시작된 '홍남좌익'을 중심으로 한 '제2차 태로 사건'은 그해 5월 초까지 무려 500여 명에 이르는 인원이 검거되는 상황으로 이어졌다.[25] 이 대대적인 탄압 사건은 홍남과 함흥에만 국한된 것이 아니라 원산 · 영흥 · 명천 등 함경도 각지로 확대되었다. 이소가야의 회고에 따르면 당시 홍남경찰서에만 400여 명이 붙잡혀왔다고 한다. 이 가운데 일본인은 이소가야와 마에다를 비롯한 '홍남좌익' 일본인부원 5명이었다. 끔찍한 고문을 동반한 취조와 조서 작성은 이때부터 이듬해 봄까지 계속되었다.

이소가야 역시 1932년 4월 28일부터 1933년 11월 20일까지[26] 1년 반이 넘게 홍남경찰서 제2감방에 있으면서 여러 차례 고문과 취조를 당했다. 그는 '독일식'이라고 불리던 방식으로 고문을 당했는데, 그것은 외상(外傷)을 남기지 않으면서 최대한 고통을 가하는 방식이었다고 한다(磯谷季次 1980a, 26). 회고록을 통해 자신이 직접 경험한 물고문 등의 야만적인 실태와 처참했던

25 「五百餘名檢擧取調中 勞組左翼組織體逐綻露 咸興左翼事件內容詳報」, 『朝鮮中央日報』 1933. 7. 1; 「各地에서 檢擧五百」, 『東亞日報』 1933. 7. 1.

26 『우리 정춘의 조선』에는 '1933년 11월 몇 일까지'라고 기록되어 있으나, 당시 신문기사에서는 이소가야 등이 11월 20일 오후에 함흥형무소로 송치되었다고 보도하고 있다.

유치장 생활에 대해 다음과 같이 생생하게 묘사하고 있다.

취조실은 벌거벗긴 자와 권력을 믿고 뻐기는 도살자 사이의 처참한 투쟁의 장으로 되어 있었다. 나도 여러 차례에 걸쳐 취조를 받았다. 그것은 취조를 받는다기보다는 야수적인 폭력지배에 몸을 맡긴다는 것을 의미했다. 먼저 상반신을 벌거벗기고 6척 정도의 가늘고 긴 걸상에 고개를 젖혀 위를 보게 하여 눕히고 양손 · 양발을 마비가 되게끔 칭칭 묶어 걸상에 메었다. 그것만으로도 나는 완전히 자유를 박탈당한 상태였는데 게다가 허리 위에는 김창률 형사―나를 검거한 중절모를 쓴 남자―가 말 타듯이 올라타고 입을 벌려 타올을 옹물게 하였으며 그 양 끝에 칼을 넣어 밑으로 잡아당겼다. 한편 김세만 형사는 단화를 벗고 고무장화로 갈아 신은 다음 걸상에 올라와 내 얼굴을 좌우로 움직이지 못하도록 양발로 단단히 끼고 미리 물을 가득 담아둔 바케스에 주전자를 처넣어 물을 채운 뒤 코로 끊임없이 물을 쏟아 넣었다. 입이 막힌 상태에서 코로 물이 흘러들어왔기 때문에 호흡이 전혀 불가능하였으며 심장이 찢어질 듯이 고통스러웠다. 그 감각은 냉수를 몸에 끼얹는 것과 같은 시원스러움이 아니라 시뻘겋게 타오른 쇠막대기를 코로 찔러 넣는 거나 다름없는 느낌으로 눈앞에서 불꽃 튀었다. 그리하여 나의 몽롱한 눈엔 김세만의 얼굴이 악귀처럼 비쳤다. 귀에는 야수와 같이 포효하는 그의 성난 음성이 쾅쾅 울리고 있었다. 이러한 상황에서 바케스의 물을 얼마만큼 먹지 않을 수 없었다. 나는 죽는 편이 차라리 낫겠다고 생각했다. 그러나 입안 가득히 타올을 옹물려 혀를 깨물 수도 없었다. (중략)

우리의 홍남경찰서 유치장 생활은, 즉 1932년 4월 28일에서 1933년 11월 몇 일까지의 처참한 이야기는 식민지 특고경찰의 지배하에 놓인 인간집단의 고난에 찬 이야기이다. 그 1년 반이 넘는 구금생활 중 목욕이라는 것은 단 한 번도 할 수 없었으며, 세면도 변기청소에 종사한 사람만이 손을 씻은 다음에 얼굴을 씻는 '특권'을 얻을 수 있을 정도였다. 다다미 4개 반 정도 크기의 마루방에 20명 가량 들어차 이와 벼룩에 매일 밤 시달리며, 때때로 예상 밖에 실시되는 감방검사에서 벽에 조그마한 낙서가 있기라고 하면 또한 마루 틈에서 연필심 조각이 발견되기라도 하면 가혹한 취조가 실시되었고, 범인불명의 경우에는 방내 전원의 연대책임으로 오랜 시간 마룻바닥에 꿇어앉는 경벌을 받거나 했다. 언젠가는 제5감방에 들어있던 이문홍(李文弘)이 입고 있던 한복의 옷깃에서 어떤 문서가 발견되자 끌려 나가 고문을 당한 일도 있었다. 취조가 진행 중인 감방생활의 긴장감은 필설로 다하기 어려운 것이었다. 언제 형사가 유치장에 들이닥쳐 간수로부터 열쇠를 받아 감방 문을 열고 누군가를 지목하여 데려갈지 모를 일이었다. 더구나 한낮에만이 아니라 한밤중을 골라 취조가 행해지는 경우조차 있었다. 그때는 특고라는, 문답이 필요 없는 폭력과의 대결의 시간이며, 그것이 얼마나 가혹하고 때로는 죽음까지 몰고 갈 수도 있다는 사실을, 끌려간 자는 물론 그를 보내는 자도 마음 깊이 명심하고 있었다.(이소가야 스에지 1988, 107~108)

위 글을 보면, 이소가야는 이 1년 반 동안의 홍남경찰서 유치장 생활을 "식민지 특고경찰의 지배하에 놓인 인간집단의 고난에 찬 이야기"라고 기록하고 있다. 취조실은 "벌거벗긴 자와 권력을 믿고 뻐기는 도살자 사이의 처참한 투쟁의 장"이며, 특고경찰에게 취조를 받는다는 것은 "야수적인 폭력지배에 몸을 맡긴다는 것"으로서 "문답이 필요 없는 폭력과의 대결의 시간"이었다고 정의 내리고 있다.

당시 경찰은 취조과정에서 이소가야에게 태로 관계뿐만 아니라 '일본노동조합전국협의회(약칭 전협)'와의 관계도 캐물었다. 가택수색 과정에서 송성관으로부터 빌린 전협의 테제가 이소가야의 방에서 발견되었기 때문이다. 당시 특고경찰은 "홍남에 전협 계통의 아지트가 있는 것이라 확신"했으며, 그렇다면 '홍남좌익'의 일본인부 책임을 맡고 있던 이소가야가 그 핵심인물일 것이라 보고 전협의 아지트를 추궁하면서 더 강하게 취조했다. 1928년 조직된 일본 전협이 프로핀테른의 정식 가맹단체이기는 했으나, '홍남좌익'과 전협은 조직적으로나 직접적으로나 아무런 관계가 없었다.

이 전협 테제는 이소가야가 송성관에게 받은 것이었고 송성관은 장회건에게 받은 것으로 보인다. 후에 경성복심법원으로 항소심 재판을 받으러 가는 길에 이소가야는 장회건 · 송성관 · 박세영과 같은 기차를 타게 되었다. 이때 장회건과 송성관이 이소가야에게 이 문제는 중요한 것이 아니었고 염려하지 않아도 된다고 얘기해주었다. 하지만 이 말에 도리어 이소가야는 이로 인해 지금까지 자신이 겪은 고통이 무의미해지는 것처럼 느껴졌고, 그 허위와 배신감은 오랫동안 해소되지 않았다고 한다(磯谷季次 1980a, 28). 이소가야를 비롯한 관계자들은 1년 반이 넘도록 홍남경찰서 유치장에서 비인간적인 생활을 계속하고 있으면서도, 그 사이에 고문과 취조가 일단락되자 곧바로 서로를 단련하고 교양하는 쪽으로 관심을 기울였다. 다른 감방의 동지들과 비밀리에 연락을 취하면서 각 감방에서는 선배나 지도자를 중심으로 전문적 강좌나 연구토론회를 가졌다. 단 한 장의 신문이나 책도 없는 상황에서 교양사업을 한다는 건 결코 쉬운 일이 아니었다. 이 과정에서 이소가야는 자신이 얼마나 지적으로 빈곤한지를 깨달았다(磯谷季次 1949, 11~12). 이러한 열악한 조건 속에서 서로 논의하고 학습한 과정에 대해 이소가야는 다음과 같이 기록하고 있다.

> 그러나 장기간에 걸친 비인간적인 생활의 반면에는, 취조가 일단락되면서 우리의 관심은 학습과 자기교양으로 향하고 있었다. 조선혁명의 성질, 즉 조선의 혁명은 직접적으로 프롤레타리아독재를 지향할 것인가, 아니면 부르주아민주주의혁명을 급속히 프롤레타리아혁명으로 전화시키는 혁명일 것인가라는

전략의 문제, 또 그 혁명에 직접 관계된 농촌의 계급 분석, 농민과 노동자의 협동전선, 민족독립과 계급투쟁의 관계, 부인 문제, 혹은 러시아 사회주의 건설과 레닌의 이론, 변증법과 사적유물론, 노동 · 상품 · 잉여가치의 이론, 국제정세와 국내정세, 세계사라든가 미래사회로의 전망 등, 그러한 전위당으로서 필수적인 이러저러한 지식의 흡수를 위해 매일 학습을 게을리 하지 않았다.

각 감방에서는 각자 선배 · 지도자를 중심으로 한 전문적 강좌나 연구회가 이루어졌는데, 거기에서는 서로가 알고 있는 지식 · 경험에만 의지하게 되고, 정말로 공부해야하는 것과 그렇지 않은 것의 차이가 분명해졌다. 나는 그때만큼 내 자신의 지적 빈곤이라는 것을 통절히 느낀 적이 없었다. 거기에서는 나이가 많건 적건 일체가 되어 차례로 문제를 내어 토의하고 학습한다. 하나의 문제를 1주간이나 10일간 계속해서 토론한 적도 있었다. 가장 중요한 문제는 조직문제이다. 대중을 조직하고 교육하고 동원하는 것은 혁명운동의 출발점이며 다른 모든 문제와도 관련되어 있는 것이다. 노동자를, 농민을, 교육자를, 학생을, 그리고 부인이나 가능하다면 일본제국주의의 군대도 조직하는 것이 필요하다.

조선의 독립과 그 사회변혁을 위한 최대 과제는 토지문제였다. 토지문제를 제안한 것은 김복만(金福萬)이었다. 그는 조선 토지문제의 권위자로 불리는데, 결국 함흥경찰에 붙잡혔다. 김원묵을 병원에서 탈환, 도주, 그리고 죽음이라는 일이 있은 전후 김복만의 탈환도 마찬가지로 계획되었었다. 김원묵의 경우는 함흥의 많은 사람들이 참가한 것으로서 배까지 구입하여 준비 결행했던 것이고, 김복만의 탈환 계획은 단지 2명의 어린 소년에 의해 결행되어 실패로 돌아갔던 것이다. 김복만은 구류 중 매일 4시간씩 6개월간 텍스트도 없이 토지문제를 강의했는데, 그도 김원묵과 마찬가지로 매일 10잔, 15잔의 물을 마셔야 하는 고문과 싸우면서도 여전히 계속했던 것이다. 그 영웅적인 태도는 그의 가까이에서 직접 교육을 받은 젊은 동지들을 분기(奮起)시켰다. … (磯谷季次 1980a, 29~30)

참으로 어려운 환경 속에서 고군분투하던 혁명적인 조선인 항일투사들의 모습이 잘 드러나 있다. 당시 홍남경찰서 유치장에는 내로라하는 수많은 조선인 항일운동가들이 갇혀 있었다. 이소가야의 회고로만 보더라도, 같은 제2감방에 주치욱 · 이필하(李弼夏) · 이장균(李壯均) 등이 있었으며, 제1감방에는 임민호, 제4감방에는 송성관, 제5감방에는 이문홍, 제8감방에는 한사빈(韓士斌)이 있었다. 그리고 여성 감방이던 제6감방에는 똑 부러지는 성격에 미인 형이었던 이치숙(李致淑)과 주세죽(朱世竹)의 조카인 주영심(朱榮深)이 수감되어 있었다. 따라서 충분히 정세토론이나 이론학습 등이 가능한 상황이었던 것이다. 이소가야가 있던 제2감방에서는 늘 '4인 토론회'가 열렸는데, 문제제기의 중심인물은 '머저리'라는 별명을 가진 이필하였다.

평소 노동과 실천 활동이라는 이중의 생활로 늘 바쁘게 보내던 혁명운동가들에게, 교양과 단련을 할 수 있는 감방이라는 공간은 이들에게 보다 지적으로 정신적으로 단단해질 수 있는 시간을 제공했다. 일제강점기 감방생활에서 보이는 이러한 전통은 8.15 해방과 분단을 거치면서 이후 한국사회의 민주화운동가들, 통일운동가들의 감방생활에게로 계승된 전통이자 문화였다고 할 수 있다. 이소가야 역시 유치장에서의 학습과 훈련을 통해 자신을 단련시켰고, 이러한 과정은 그가 평생 동안 부조리한 사회와 인권 문제에 맞서 저항의 삶을 살아갈 수 있도록 하는 중요한 자양분이 되었다.

1933년 가을 어느 날 이소가야 등 '제2차 태로 사건' 관계자들은 홍남경찰서에서 함흥형무소로 이송되었다. 함흥지방법원 검사국에서 심리와 재판을 받기 위해서였다. 이소가야는 그해 10월 말경 유치장 내에서 떠도는 소문을 통해 "가까운 시일 내에 송치될 것"이라는 얘기를 들었다고 한다(磯谷季次 1949, 13). 당시 사법당국의 기록에 따르면, 그때까지 홍남경찰서에 수감되어 있었던 태로 관계자 135명은 1933년 11월 18~22일 사이에 사건이 수리(受理)되어 함흥지방법원 검사국으로 넘겨졌다(『思想彙報』 1, 44). 아래 신문기사를 보면, 이소가야 등 20명은 제일 먼저 11월 20일 오후에 함흥형무소로 송치되었음을 알 수 있다.

〈그림 16〉 함흥으로 송치된 이소가야 등의 관련기사

五百餘名檢擧햇든

太平洋勞組事件送局

爲先興南에서廿名을送致

咸興署送局도今明

※『朝鮮中央日報』 1933. 11. 22.

홍남경찰서 유치장을 떠나기 직전에 어떤 조선인 순사가 이소가야에게 새 공장복을 차입해주었다. 이소가야의 옷은 1년 반 전에 검거되었을 때의 옷 그대로라서 매우 낡은 상태였다. 잠시 주저하면서 망설이고 있는 이소가야에게 주치욱이 어서 받으라고 소리쳤다. 이소가야가 받기를 주저한 이유는 혹시라도 자신에게 호의를 베풀다가 그 순사가 피해를 입으면 안 된다는, 앞서 이용만 소년의 가족에게 보였던 것과 같은 배려의 마음 때문이었다. 이소가야는 허(許)라는 성 밖에 모르는 그 조선인 순사의 온정을 평생 잊을 수가 없었다.

허 순사가 준 새 옷을 입고 이소가야는 홍남경찰서 유치장을 나섰다. 출입구 쪽에 있던 제1감방의 임민호가 "마지막 끝까지 싸우자"며[27] 격자 틈으로 손을 내밀었고 둘은 굳은 악수를 했다. 바깥세상을 구경한지가 너무 오래되어서, 이소가야와 동지들은 하루빨리 형무소로 송치되기만을 기다리고 있던 상황이었다. 홍남경찰서에서 여러 대의 자동차에 나누어 타고 본궁평야를 좌우로 바라보면서 함흥형무소로 향했다. 1932~35년 무렵 함흥형무소에는 '태로 사건'뿐만 아니라 "공청(共靑), 공작회(工作會) 사건, 지방농조 및 개별적 당 일꾼들이 70~150명이" 수감되어 있었다.(정용욱 해설 1993, 372)

형무소에 도착한 이소가야 등은 다시 푸른색 수의로 갈아입고 계호과장(戒護課長)의 설교를 들은 후 몇 개의 조로 나뉘어 뿔뿔이 다른 감방으로 흩어졌다. 이소가야는 중앙감(中央監)이라는 부채꼴 모양의 건물로 들어가 다시 준수사항 등 설교를 들은 후 제29동 39방이라는 독방에 수감되었다. 중앙

27 이소가야의 최초의 회고록인 『植民地の獄』에는 이때 했던 임민호의 말을 이소가야가 한글로 '마지마긋카지싸우자'라고 기록하고 있다(磯谷季次 1949, 16).

감은 독방으로만 구성된 건물로서 한 쪽으로 방이 20개씩 늘어서 있었고, 각 독방은 가로 1.4미터, 세로 2.5미터 정도 되는 크기였다. 두터운 문이 등 뒤에서 덜컹하면서 닫혔을 때 이소가야는 비로소 혼자 독방에 갇혔다는 게 실감이 났다. 독방이 없던 유치장 생활, 즉 한 몸이 되어 서로 위로하고 충고하고 단련하며 살아온 나날들과는 많이 다를 것이 느껴졌다.

무엇보다도 여러 사람이 함께 하던 유치장은 겨울에도 그리 추위를 느끼지 않았지만, 독방은 혹한기가 아닌데도 너무나 추웠다. 취조 중의 유치장은 흡사 지옥과 같았지만 그 이후에는 좋아져서 왕성한 지적 욕구까지 솟구쳐 오르던 유치장이 그립기까지 했다. 이소가야는 "함흥형무소의 독방 생활자는 말하자면 냉장고 속에서 살고 있는 거나 다름없었다."고 회고할 정도였다. 일제강점기에 형무소에서 공식적으로 지급하는 수인복(囚人服)은 여름과 겨울은 상관없이 겉옷과 속옷의 구분만 있었다. 방한복이 별도로 지급되지 않았기 때문에 대부분 수인복 사이에 솜을 넣어서 누벼 입기도 했다(朴慶穆 2013, 77). 이소가야의 경우 처음에는 너무 고생을 하다가, 나중에 먼저 석방된 주인선이[28] 솜이 두툼히 들어간 방한용 조선옷을 차입해주어서 그나마 버틸 수 있었다.

이소가야는 그래도 경찰서 유치장이 아닌 형무소로 가게 되면, 제약은 있다 하더라도 자신의 취미인 독서가 가능할 것이라는 기대를 갖고 있었다. 오랫동안 너무나 활자에 굶주려 있던 상태였다. 그런데 형무소에서 볼 수 있었던 책은 매달 한 권의 관본(官本)과 교화적 내용의 월간잡지 『도(道)』, 그리

28 주인선은 1933년 6월 10일 석방되었다(「太平洋勞組事件 지난十일에도 朱仁璇孃釋放」, 『朝鮮中央日報』 1933. 6. 14).

고 『인(人)』이라는 주간신문뿐이었다. 『도』는 1924년 창간된 한글 · 일본어 겸용 월간지인데, 기본적으로 수감자나 출옥자들의 계도(啓導)를 목적으로 발행된 잡지였다.[29] 그나마 『인』은 약간 다양한 편이어서 간단한 세계뉴스나 「꿀벌 마야의 모험」과 같은 소설이나 수필도 실려 있어서 좀 나았다고 한다(磯谷季次 1949, 30). 하지만 문제는 한 사람씩 방으로 돌려보기 때문에 한 시간 정도밖에는 볼 수 없다는 것이었다. 그래서 도서목록에 있는 책 중에서 관심도 없는 『라디오의 조립』, 불교서적인 『탄이초(歎異抄)』 등을 빌려보았으나 역시 실망뿐이었다. 결국 이소가야는 형무소에 있으면서 독서라는 것에 완전히 환멸을 느끼고 말았다. 꿈속에서 가끔 도쿄제대 앞이나 간다(神田)의 헌책방 거리를 헤매면서…. 그러다가 1심 재판이 끝나고 나서 미지의 조선인으로부터 몇 권의 책과 일용품을 전달받았다.

편지는 한 달에 한 번만 쓸 수 있었다. 필기구도 전혀 없이 끝을 가늘게 깎은 대나무 젓가락을 잉크에 묻혀서 써야 했기 때문에 엽서 한 장을 쓰는 데도 매우 오래 걸렸다. 형무소에 있는 동안 이소가야가 꾸준히 편지를 주고받은 사람은 고향 시즈오카에 있는 누님뿐이었다. 그 외에는 이용만 소년이 한두 번 보낸 것뿐이었는데, 앞서도 언급했다시피 그 가족에게 피해가 갈까봐 그나마 한 번의 답장으로 끝내 버렸다. 일찍 여읜 어머니를 대신해 이소가야를 키워준 누님과의 서신 교환은 팍팍한 형무소 생활에서 그나마 큰 위안이 되었다. 누님은 늘 이소가야에게 나쁜 짓을 했다고 생각하지 않는다고 썼기 때문에 더 그랬다. 만약 당시 누님이 이소가야를 질책하는 내용으로 편지를

29 임경석 편, 『동아시아 언론매체 사전』(2010, 논형)의 '도(道)' 항목 참조.

보냈다면 아마 큰 상처를 받았을 것이다. 그런데 어느 날 편지에서 가끔 마을의 주재소 순사가 집을 찾아온다는 얘기를 듣고 마음이 편치 않았다. 나중에 조카에게서 들은 얘기로는, 후카자와 쇼기라는 그 순사는 누님이 혼자 집에 있을 때만 찾아와서 힐책했다고 한다.

이소가야를 비롯한 '제2차 태로 사건' 관련자들의 재판 과정에 대해 먼저 간략히 정리해두고자 한다. 이소가야와 송성관 등 12명에게는 1933년 11월 27일 함흥지방법원 검사국에 예심(豫審)이 청구되었다. 그리고 장회건 등 23명에게는 한 달 뒤인 12월 27일 예심이 청구되었다. 당시 검찰에서는 이소가야 등의 사건은 '적색노동조합 재건협의사건'으로, 장회건 등의 사건은 '혁명적 노동조합 조직운동사건'으로 분리해 심리하였다. 당초 사건이 수리되어 검찰로 넘겨진 총 135명 가운데 이 두 사건 관련자 35명을 제외한 나머지 49명은 기소유예, 32명은 '혐의 없음', 18명은 기소중지, 1명은 공소권 없음 처분을 각각 받았다. 이소가야 등의 사건과 장회건 등의 사건은 동일 사건으로 취급되어, 약 7개월이 지난 1934년 6월 5일 예심 종결과 함께 '병합'되어 공판에 회부되었다. 그리고 이들 35명은 그해 10월 2일이[30] 되어서야 함흥지방법원에서 제1심 재판을 받았다. 이 가운데 이소가야를 포함한 4명은 재판 결과에 불복하여 즉시 항소를 제기했다. 뒤에서 자세히 설명하겠지만, 이소가야는 1936년 6월 1일 항소를 취하했다.[31]

30 처음에 회고록에서 이소가야는 함흥지방법원의 제1심 공판 날짜를 1935년 10월 13일로 기록했다(磯谷季次 1949, 43; 磯谷季次 1980a, 51). 그러다가 1984년 『우리 청춘의 조선』을 출판할 때는 당시의 신문기사를 인용하여 1934년 10월 2일로 정정 기록했다. 이 책을 낼 때 이소가야는 자신의 기억에 다소 오류가 있음을 알고 여러 관련 서적들을 찾아보았던 것 같다.

31 이상의 예심 청구부터 사건의 병합, 1심 재판, 공소 제기와 취하의 과정은 『思想月報』 제3권 제10호(1933.1)부터 『思想彙報』 제9호(1936.12)까지 수록되어 있는 「朝鮮重大思想事件經過表」를 참조하

일제강점기에는 형사 피고인에 대해 정식으로 공판에 회부하기 전에 예비적으로 심사하는 예심제도가 있었다. 이 예심은 실제로 모든 '사상범'에게 공포의 대상이었다. 예심제도는 '사상범'의 사회적 격리를 주된 목적으로 한 식민지 조선의 최대 악법이었던 치안유지법이 운용되는 데 중요한 중심축으로 기능하였다. 법제상으로는 1912년 「조선형사령」으로 도입되었으나, 1925년 「치안유지법」 제정 이래 격증하는 '사상범'의 통제를 위한 대표적인 수단으로 남용되었다.[32] 이에 따라 '사상범'으로 불리던 항일운동가들은 검찰로 넘어간 후에도 형량과 상관없는 오랜 기간을 또 다시 형무소에서 보내면서 인권을 유린당해야만 했다.

어쨌든 이소가야 등도 1932년 4월 말 검거된 이래 거의 2년 반 만에 처음으로 재판을 받았다. 피고들이 '공개재판'을 강하게 요구했으나 가족에게만 방청이 허락되었고, 재판정 앞에는 시민들이 대거 몰려들었다. 딱히 방청을 하기 위해서라기보다는 재판받는 자들을 격려하고 응원하기 위해 모인 군중이었다. 법정에서는 장회건 등이 열변을 토하면서 법정투쟁을 전개했다. 1934년 10월 2일 열린 제1심 재판의 결과는 35명 가운데 1명만 공소가 기각되었고, 나머지 34명이 모두 유죄 판결을 받았다(『思想彙報』 1, 44). 이소가야와 같이 검거되었던 다른 일본인 동지 즉 마츠무라 기시오 · 하타노 유키하루 · 고노 도시이치 등 3인은 이미 불기소되거나 예심이 면소되어서, '제2차 태로 사건'으로 재판까지 가게 된 일본인은 이소가야 혼자뿐이었다.

이소가야는 검사로부터 이른바 '치안유지법 위반'으로 징역 6년을 구형받

여 정리하였다.

32 일제하 예심제도에 관한 자세한 내용은 申東雲(1986) 및 안유림(2009) 참조.

았고, 이는 1934년 10월 2일 제1심 재판에서 그대로 언도되었다. 장회건과 박세영은 징역 10년, 송성관은 징역 7년, 주선규는 징역 5년, 주인규는 징역 3년을 언도받았다. 이는 '제1차 태로 사건' 때와 비교해 보면 상당히 과중한 형량이었다. 게다가 이들에게는 미결구류일수를 120~150일 정도로만 인정하여 차감하도록 했다.[33] 정식 재판 이전에 유치장과 형무소에서 보낸 시간이 2년 반 즉 30개월, 900일이나 되었다. 함흥형무소로 이관된 후만 따져보아도 거의 11개월, 330일에 달했던 것에 비하면 말도 안 되는 처결이었다. 당시 사법당국은 이 '제2차 태로 사건'의 판결을 통해 식민지 노동운동 처벌의 본보기를 남기고자 했던 것 같다. 이 사건에 대해 당시 총독부 기관지였던 『매일신보(每日申報)』에서도 "그 내용은 극히 복잡하여 1심 판결문 170페이지에 이른 근래에 드문 사건"이라고 보도하였다.[34]

그런데 이소가야에게 부과된 '징역 6년'이라는 형량은 지금까지 일본인 '사상범'에게 부과된 형량 중 가장 높은 것이었다. 조선총독부에서 매년 편찬한 『통계연보』의 공식 집계에 따르면, 치안유지법이 시행된 1925년부터 1942년까지 이 법에 저촉된 일본인은 16명이 있었다. 조선인과 외국인 2명을 포함한 치안유지법 위반 전체 인원은 3,594명으로 집계되어 있다(송규진 외 2004, 311). 최근의 연구에 따르면, 1930년부터 1934년까지 금고(禁錮) 이상의 형을 받은 일본인 '사상범'은 아래 표에서 제시하고 있는 19명이 있었다고 한다.[35] 이 19명을 위의 3,594명에 비해 보면 0.53%에 불과하지만, 이들은

33 '1차 태로 사건'의 경우 미결구류통산일수를 400일 인정했다(「太平洋勞組事件 最高七年懲役言渡」, 『東亞日報』 1933. 3. 16).

34 「咸興太勞事件, 四名은 控訴, 1심 판결에 불복하고 공소, 內容이 複雜浩繁」, 『每日申報』 1935. 7. 16.

35 아마도 이 19명이 전부는 아니었을 것으로 보인다. 앞의 1장에서도 언급했다시피, 「일제감시대상 인

반전 · 반제 · 반자본을 목표로 조선인과 연대하여 식민지 조선에서 항일운을 주도하거나 참여했던 인물들이라고 할 수 있다.

〈그림 17〉 제2차 태평양노동조합 사건 관련자의 중형 구형 기사

太平洋勞組事件

各被告에 重刑求刑

最高는十年・最下는一年半

廿六日咸興法院서

※『朝鮮中央日報』 1934. 9. 27.

물카드」(국사편찬위원회 소장)가 작성된 이 시기 '치안유지법 위반'의 일본인 '사상범'은 총 31명이 있었다. 위 19명에 포함되지 않은 인물로는, '비밀결사 목요회 사건' 관련자 木村亮 · 井出允 · 深田秀雄 · 市川重保 · 伊藤政雄, '비밀결사 일상투쟁동맹 사건' 관련자 岡泉 · 緒方彌 · 矢野工 · 村井直彦, '경성제국대학 중심의 조선반제동맹 사건(위 조선반제동맹 경성지방조직준비위원회 사건)'의 松浦良行 · 岩崎富士男, '교육노동자조합 사건'의 菊池輝郎, '비밀결사 사회주의청년동맹 경성지구위원회결성준비회 사건(위 토요연구회 사건)'의 穗坂壽惠, '격문살포 사건'의 上野平雄 등 14명이 있다(이애숙 2015, 〈표5〉 참조).

〈표 2〉 일본인 '사상범' 19명

관련 조직/사건	이름	직업(연령)	형량	참고
경성제대 반제동맹 (1930~1931.10) 사건	市川朝彦	경성제대 법학과생(20)	징역 2년, 집행유예 3년 (1932.11.24)	
	櫻井三郎	경성제대 법학과생(20)	징역 2년, 집행유예 3년 (1932.11.24.)	
	平野而吉	경성제대 법학과생(21)	징역 1년 6월, 집행유예 3년 (1932.11.24.)	
제1차 태평양노동조합 (1930.9~1931.8) 사건	馬場正雄	조선질소공장 직공(30)	징역 4년 (1933.3.6.)	고베(神戶)에서 전협계 항만노조 활동
	守田哲郎	조선질소공장 직공(24)	징역 2년 6월	
대구학생결사 (1930.12~1932.1) 사건	佐佐木隆	인쇄업(21)	징역 1년 6월 (1932.12.2.)	대구공립상업학교 졸업
	瀨戶口茂	잠종업조합사무소 고원(20)	징역 1년, 집행유예 4년	대구공립상업학교 졸업
	木村義人	대구사범학교 학생(24)	징역 1년, 집행유예 4년	
제2차 태평양노동조합 (1931.3~1932.4) 사건	磯谷季次	조선질소공장 직공(28)	징역 6년 (1934.10.2.)	
평양전매지국 적화 (1931.8~1932.3) 사건	米川秋穗	평양전매국 고원, 신문기자(27)	징역 3년 6월 (1933.10.2.)	이바라키(茨城) 미토(水戶)중학 졸업, 재학 중 사상사건 연루
	山越瓏	평양부청 고원(23)	징역 2년	이바라키 미토중학 졸업
적위대 (1931.8~1932.10) 사건	大場景美	경성 전매국 직공(22)	금고 1년	경성중학교 졸업
토요연구회 (1932.5~9) 사건	日比野勇	총독부 경무국 고원(25)	징역 3년	경성상업학교 졸업
	宇都宮太郎	경성부 학무과 고원(23)	징역 2년	오이타(大分) 구니사키중학(國東中學) 중퇴, 서울 용산중학 중퇴
	執行裕	무직(23)	징역 2년	오카야마(岡山) 제6고 재학 중 학생자치회 사건으로 퇴학, 서울 용산중학교 졸업
조선반제동맹경성지방 조직준비위원회 (1932.10~1933.1) 사건	和田憲仁	궤도주식회사 직공(25)	징역 3년 (1934.12.20.)	서울 용산중학교 졸업, 니혼대학(日本大學) 중퇴, 전협계 일본공산당 외곽단체원
	橫山禮太	경성곡물조합 회계계 고원(26)	징역 1년 6월, 집행유예 3년	서울 용산중학교 졸업, 전협계 토목건축 및 일본인쇄노조 활동

	本田親男	경성제대 의학부생(25)	징역 1년 6월, 집행유예 2년	
미야케 교수 사건 (1934)	三宅鹿之助	경성제대 교수(35)	징역 3년 (1934.12.27.)	도쿄제대 졸업

※ 양지혜 2015, 349~354쪽의 표들을 참고하여 정리. 연령은 재판 당시의 나이

위의 표를 보면, 대체로 일본인 '사상범'은 학력이 높은 편이었음을 알 수 있다. 학생 신분이 아닌 경우 적어도 중등학교 이상의 교육을 받고 고원(雇員, 하급 사무원)이나 직공(職工, 정규직 노동자)으로 일한 경우가 대부분이었다. 19명 가운데 조선에서 교육을 받은 적이 있는 경우가 13명에 달하여 재조일본인 2세 출신이 많았음을 알 수 있다. 일본에서 사회운동에 참여했던 경력이 있는 인물은 5명에 불과했다(양지혜 2015, 352~355 참조).

그렇다면 위 19명 가운데 '일본에서 소학교 졸업'으로 학력이 가장 낮고, 일본이나 조선에서 과거 운동 참여 경력이 전혀 없으며, 조선 내 연고도 일체 없는 이소가야가 왜 징역 6년이라는 가장 높은 형량을 받게 되었을까? 사실 이 부분에 대해서는 현재로서는 정확한 이유를 알 수가 없다. 물론 1934년 당시의 정치사회적 분위기가 크게 작용하여 '제2차 태로 사건' 관련자들이 상대적으로 높은 형량을 받았던 것은 사실이다. 게다가 일제당국이 격리 수용하여 관리하던 '전향(轉向)'하지 않은 일본인 '사상범' 바바 마사오가 1933년 8월에 죽음에까지 이르는 사건도 발생했다.

당시 일본 내에서는 일본공산당의 대표적인 지도자였던 사노 마나부(佐野學) 등이 '사상 전향'을 발표한 이래 전향 바람이 거세게 일고 있던 상황이었다. 당연히 일제당국은 조선 내에서도 일본인이나 조선인을 막론하고 '전향'을 강요하던 분위기였다. 이에 앞의 표에서 보았던 19명의 일본인 가운데 이치가와(市川朝彦)나 와다(和田憲仁), 미야케(三宅鹿之助) 등 6명은 재판을

받기 전에 이미 전향을 표명했으며, 사사키(佐佐木隆) 등 2명은 판결 후에 전향을 밝혔다(양지혜 2015, 361). 따라서 '전향'을 강요받던 이러한 분위기 속에서 이를 따르지 않았던 바바의 말로나 이소가야의 중형 구형을 통해 그 본보기를 보여주려 했을지도 모르겠다.

어쨌든 이소가야 역시 자신이 부당하게 과중한 형량을 언도받았다고 생각하였다. 따라서 이에 대해 다음과 같이 불만을 토로하면서, 박세영 등과 함께 즉시 항소를 제기하였다.

> 재판은 예심종결서에 기초하여 심리 판결되었는데, 예심종결서가 거의 고문에 의해 만들어진 경찰의 조서를 기초로 하고 있었기 때문에 판결이 공정하다고 말할 수 없고, 또 다른 문화국가에서는 볼 수 없는 일본의 독특한 치안유지법이라는 악법의 부당한 행사는 특히 식민지에서 더 심해서 단지 노동조합운동에 참가했다는 것만으로 5년, 10년의 혹형(酷刑)을 부과했기 때문에, 나도 겨우 몇 개월의 조합조직 준비행위로 인해 6년의 형을 선고받았다. 이러한 것은 어쩌면 당시 일본 내에서도 만약 치안유지법이라는 악법으로 처단되어도 겨우 1년이나 1년 반, 그것도 집행유예라 되는 정도의 행위밖에 해당되지 않는 것이었는데, 당시 조선에서는 경찰에서부터 출옥할 때까지 구금기간은 10년이나 걸렸다. 장회건과 박세영은 10년, 송성관은 7년을 각각 선고받아서, 물론 우리는 판결에 불복(不服)했으므로 곧바로 공소(控訴)를 신청했다.(磯谷季次 1949, 44~45)

이소가야는 '제2차 태로 사건' 관계로 검거된 수백 명의 사람들 중 대다수는 이 사건과 아무런 관계가 없었으며, 식민지 조선에서 일본의 국가권력에 대항하여 반국가적·반권력적 행위를 하다가 '함정에 걸려들었던 사람들'이라고 보았다. 이소가야 자신도 예외가 아니라고 생각했던 것 같다. 사실상

태로 조직에 대해서는 잘 알지도 못했고 단지 노동조합운동을 했을 뿐이었는데, 이렇게 큰 규모의 조직사건으로 엮어서 과중한 형을 받게 되었으니 당연히 그렇게 생각되었을 것이다. 따라서 이를 받아들일 수가 없었던 이소가야는 판결 직후 중형을 언도받은 조선인 장회건·박세영·송성관 등과 함께 '재빨리' 항소를 제기했던 것이다. 그리고 1934년 11월 말경 항소한 4명은 서대문형무소로 이송되었다.

당시에는 함흥형무소에서 서울의 서대문형무소로 이송하는 데 기차를 이용하는 게 일반적이었다. 일반인이 볼 수 없도록 머리에 죄수고깔(深編笠)을 쓰고 수갑을 찬 채 광장에서 개찰구 쪽으로 이동하였다. 함흥역에는 장회건과 송성관의 가족

이 음식 등을 싸가지고 전송하러 나와 있었지만, 일본인 간수들이 접근하지 못하도록 다그치면서 내몰았다. 이소가야는 아마도 어젯밤쯤 이들에게 우호적이었던 간수 중 누군가가 가족들에게 연락했을 것이라고 짐작했다. 경성역에 도착한 후에는 택시를 타고 서대문형무소까지 달렸다. 이소가야는 과거 일본에서 운전수 조수로 일했지만, 사실 난생 처음으로 택시의 객석에 타본 것이었다.

서대문형무소에 도착한 후에는 다시 동지들과 분산 수감되었다. 당시 서대문형무소에는 2,000명 이상의 기결수(既決囚)가 수용되어 있었다. 일제강점기의 감옥은 미결수와 기결수가 수감되는 감방이 달랐을 뿐 아니라, 수인복의 색깔도 달랐다. 푸른색은 미결수, 붉은색은 기결수가 입었으며, 밖에서 차입한 경우나 환자의 경우는 검은색이나 흰색을 입기도 했다(朴慶穆 2013, 78). 이소가야는 20명 정도가 들어가는 방에 들어가 잡범들과 함께 지내다가,

신 구치감으로 옮겨져서 6~7명이 함께 지내는 방으로 들어갔다. 그곳에는 '간도공산당 사건' 관계 사형수인 박익섭(朴翼燮)만 허리에 쇠사슬을 감고 수갑까지 채워 움직이지 못하도록 하고 있었다. 당시 서대문형무소 신구치감에는 간도공산당 관계 사형수만 22명이 있었다고 한다. 얼마 후 이소가야는 3인 감방으로 옮겼는데, 그곳에도 간도공산당 관계 사형수 이동선(李東鮮)이 있었다. 그리고 이소가야가 수감되었을 당시 서대문형무소에는 경성제국대학의 미야케 교수 등 일본인도 다수 수감되어 있었다.

1935년 당시 이소가야 등 4인이 공소를 제기했음이 신문에 보도되기는 했으나, 항소심 재판 일정은 여전히 오리무중이었다.[36] '전향'이라는 타협과 복종의 길과는 달리, '공소' 즉 항소를 제기한다는 것은 당국이 내린 결정을 받아들이지 않고 저항한다는 의미를 담고 있었다. 앞서 살펴보았다시피 1930년대 초 검거된 일본인 '사상범'들은 대개가 판결 전이나 후에 '전향' 의사를 밝혔다. 그런데 전례 없이 '전향하지 않고 항소를 제기한 일본인'이 포함되어 있다 보니, 일제당국으로서도 사건의 처리 방향을 잡는 데 상당히 곤란을 겪을 수밖에 없었다. 매년 고생하던 말라리아가 재발해 건강도 악화된 1936년 들어, 이소가야는 일본인인 자신 때문에 항소심 재판이 빨리 열리지 않아 조선인 동지들에게 피해를 주고 있다는 생각이 들었다.

> 경성에서 공소한지 3년째 되던 해 나는 완전히 몸이 쇠약해져 버렸다. 말라리아가 다시 재발하고 매일 저녁만 되면 눈을 뜰 수 없을 정도로 눈곱이 많이 끼어서 눈을 깜빡이면 아래 위 눈꺼풀이 끈적끈적하게 들러붙어서 책도 읽을

36 「太勞事件關係 張會健等遂控訴」, 『朝鮮中央日報』 1935. 7. 16.

수 없게 되었다. 무엇보다도 손에 들고 있는 책이 몇 킬로그램이나 되는 듯이 무겁게 느껴질 정도였다. 나는 공의(公醫)에게 안약을 요구했지만, 영양실조로 특히 비타민A의 결핍이 근본적인 원인이기 때문에 안약을 넣어봤자 눈곱이 없어지지는 않았다. 나는 그 상태로는, 언제 시작될지 알 수 없는 공판까지 몸이 견디어내지 못할지도 모른다는 생각에 결국 하옥(下獄)하기로 하였다. 그 일을 세 사람에게 연락하고 싶었지만 그곳은 함흥과 달라서 그 일이 불가능했다.

나는 2심 공판이 길어지는 이유는 내 쪽에 있는 거라고 내심 생각하고 있었다. 나는 일본인인 내가 국가에 등을 돌린 비국민으로서 증오의 대상이 되고 있다는 사실을 알고 있었다. 때문에 일본인인 내가 없었다면 재판은 빨리 진행되었으리라고 생각했다.(이소가야 스에지 1988, 147)

이렇게 심신이 쇠약해진 상태에서 자신이 동료들에게 피해를 주고 있다는 생각에 시달리다가, 이소가야는 결국 항소를 포기할 결심을 했다. 이로써 처음 체포된 지 4년 이상이 지난 후인 1936년 6월 1일이 되어서야 이소가야는 비로소 미결수(未決囚) 신세에서 벗어나게 되었고, '징역 6년'이라는 형은 그대로 확정되어 버렸다. 그런데 이소가야를 더욱 분노케 한 것은 그가 항소를 철회하면서 미결기간의 형기(刑期)를 합산해주지 않았다는 것이다. 그래서 실제로는 징역 6년으로 함께 공소를 제기했던 3인보다 형량이 낮았음에도 불구하고 오히려 더 오래 감방에 있게 된 것이다.

이렇게 기결수가 된 이소가야는 다시 특별감 제3동의 독방으로 옮겨졌다. 특별감 제3동은 독방만 죽 늘어서 있는 곳이었다. 이소가야의 감방 뒤로 넓은 빈터가 있었는데, 그 맞은편에는 수천 명의 '사상범'과 애국자들의 목숨을 빼앗아간 사형집행장이 있었다. 기결수가 된 후부터는 이소가야도 붉은색 수의를 입고 근로작업에 동원되었다. 공장으로 나가서 일을 하는 게 아니라 독방 안에서 작업량을 채워야 하는 일이었다. 처음에는 장갑조, 그 다음은 그물 만들기, 또 그 다음은 봉투 만들기 등이었다. 경험이 없었던 이소가야로서는 도저히 채울 수 없는 할당량이 배분되어 실제로 한 번도 다 채운 적이 없었다고 한다.

특별감 제3동으로 옮기고 얼마 후 이소가야는 어느 간수로부터 장회건·박세영·송성관의 항소심 소식을 들을 수 있었다. 그는 자신의 예측이 적중했음을 느끼고 그것으로 충분하다고 생각했다. 이들의 항소심 재판은 1936년 9월 2일 경성복심법원에서 열렸지만 모두 기각되었다.[37] 이로써 '제2차 태로 사건' 관련자 전원에게는 원심대로 중형 선고가 확정되었다.

3인의 항소심 재판이 끝나고 겨울로 접어들 무렵 이소가야는 2년간의 서대문형무소 생활에 작별을 고하고 다시 함흥형무소로 이감되게 되었다. 서대문형무소로 올 때와 똑같이 장회건·박세영·송성관 3인과 함께 경성역에서 기차를 타고 함흥형무소로 갔다. 박세영과는 이것이 마지막 만남이었고 그 후로 소식도 듣지 못했다고 한다. 함흥형무소에서는 181번의 수감번호를 달고 15명이 함께 있는 방으로 들어갔다. 거기서 목공장에 부속된 도장공장(塗裝工場)에서 가구에 밑칠을 하고 래커를 칠하는 일을 했다. 이후 다시 독방에 배치되었으나 일은 계속 목공장에서 했다.

1937년 4월 중순경 이소가야는 단체로 실시한 예방주사를 맞고 폐렴에 걸렸다. 홍남경찰서에 있을 때부터 심한 고문과 유치장 생활로 건강이 나빠졌는데, 매년 3~4월이 되면 극도로 건강이 나빠졌다. 4월이라 해도 북부지방

37 「昭和9年刑控 第440·441號 判決文」, 1936. 9. 2. 京城覆審法院.

의 기후는 여전히 매서워서 눈이 내리기도 했으며, 특히 1년 중 가장 건조한 시기여서 '폐렴 계절'이라고도 불렸다. 이러한 때에 본인의 반대에도 불구하고 무리하게 예방주사를 맞았고 결국 고열과 각혈에 시달리게 되었던 것이다. 차가운 독방에서 20일 정도 투병하다가 끝내 병감으로 옮겨졌다. 얼마 후 공의(公醫)로부터 폐침윤(肺浸潤)이라는 진단을 받았다. 폐침윤은 결핵균이 폐 조직에 침입한 상태를 말하는데, 옛날에는 X-ray 상으로 폐결핵 증상이 보이는 것을 총칭하기도 했다(네이버 디지털한자사전). 증상이 조금 나아진다 싶더니, 이번에는 척추카리에스라는 병에 걸렸다. 이 병은 결핵균 감염 때문에 척추가 파괴되어 위축되고 농양이 생기는 병인데 심해지면 곱사등이 되는 병이다(네이버 일본어사전). 이소가야는 이러한 병들을 조선인 간병부들의 도움으로 이겨낼 수 있었다. 어쨌든 이렇게 해서 이때부터 형 집행을 마치고 출옥할 때까지 이소가야는 줄곧 병동에서 생활하게 되었다.

철창에 얽힌 인연들

이소가야가 검거 투옥된 1930년대 초 조선의 감옥은 넘쳐나는 '사상범'으로 인해 더 이상 수용이 어려운 상황이었다. 이소가야가 홍남경찰서에서 함흥형무소로 송치된 1933~34년 당시 함흥형무소는 그 어려움이 전국에서 가장 심했다.[38] 1932년 한 해에 함남지역에서만 '사상범'으로 검거된 인원이 무

38 「思想犯激增으로 咸興刑務所增築」, 『朝鮮中央日報』 1933.7.28; 「激增하는 囚人 咸興만 約千名 看守不足이 頭痛이라고」, 『朝鮮中央日報』 1934.10.10.

려 1,000여 명이나 되었다고 하니 충분히 짐작할 만하다.[39] 「일제감시대상인물카드」에 남아있는 서대문형무소 수감자 중에도 함경남북도 출신이 압도적으로 많아서, 무려 1,391명으로 31.3%에 달했다. 이는 서울 · 경기권보다 251명이 많은 수치였다(朴慶穆 2016, 81).

이러한 시기에 이소가야는 함흥형무소와 서대문형무소의 상황을 동시에 경험했다. 따라서 '사상범' 수감자들에 관한 잊지 못할 기억들을 가지게 되었고, 자신의 회고록을 통해 이에 얽힌 여러 일화들을 남겼다. 물론 감방 안에 있으면서 형무소 내외에서 일어나는 일들을 정확히 알기란 쉽지 않았다. 특히 형무소 밖의 세상 돌아가는 일에 대해서는 누군가가 전해주지 않으면 알 수 없는 상황이었다. 딱히 면회 올 사람도 전혀 없었던 이소가야는 형무소 내 우호적인 간수들이 알려주거나 수감된 동지들과의 통방(通房)이 아니고는 어떠한 정보도 접하기 어려웠다.

이소가야의 회고를 보면 함흥형무소나 서대문형무소에서 그에게 우호적으로 대했던 간수들에 대해 종종 언급하고 있다. 서대문형무소로 이감되기 전 함흥형무소에 있을 때, 그러니까 1933년 11월 말부터 1934년 11월 말까지 1년간 그는 3명의 평범한 조선인 간수 이하영(李夏榮) · 한석준(韓錫俊) · 이효명(李孝明)으로부터 '지대한 보호'를 받았고, 그는 그들을 '적(敵) 속의 동지'로 보았다. 또 서대문형무소에서 다시 함흥형무소로 옮겨간 후 병동에 있을 때는 한재한(韓在漢)과 이병진(李炳珍)이라는 간병부로부터 역시 '지대한 비호'를 받았다고 한다. 이소가야는 이들로부터 주로 형무소 내 동지들의 소

39 「咸南의 思想犯檢擧 昨年中에 千餘名」, 『朝鮮中央日報』 1933. 6. 30.

식이나 외부의 뉴스를 들을 수 있었다.

이효명은 김초밥을 싸와서 그에게 건네주기도 했고, 이하영은 본궁 주선규 집의 사정이나 그 집에 기거하던 처녀의 죽음 등의 소식도 전해주었다. 뿐만 아니라 이하영은 어느 날 운동을 시킨다면서 운동장으로 데리고 가서는 일부러 바바 마사오의 죽음과 옥사한 경위에 대해서도 상세히 얘기해주었다. 특히 '단천농민조합 사건'의 지도자 김재규(金在奎)가 자신도 폐결핵으로 고생하면서도 바바를 얼마나 극진히 간호했는지에 대해서도 상세히 들려주었다. 바바가 사망한 후 형무소 측에서는 이례적으로 김재규를 장례식에 참석시키고 분향을 허락했을 정도였다고 한다. 김재규는 당시 이소가야의 옆방에 수감되어 있었다.

서대문형무소 특별감 제3동에 있을 때는 과거 경성제대에서 미야케 교수의 제자였던 일본인 간수 가토 이치로(加藤一郎)로부터[40] 도움을 받았다. 가토 간수는 은사인 미야케에게 옥중에서는 사제(師弟)의 예를 드릴 수 없음을 사과했으며, 옥외작업에서 미야케에게 화초재배를 담당하도록 하는 등의 배려를 했다고 한다. 이소가야가 위장병으로 고생할 때 가토는 직접 복도에서 '강전식 정좌법'의 시범을 보여주며 가르쳐주었다. 『강전식정좌법(岡田式靜坐法)』(1917, 實業之日本社)은 1910년대부터 일본 내에서 수십 판을 찍을 정도로 유행했던 건강 서적이었다. 이러한 인연으로 이소가야는 오랜 감옥생활 동안 일본인 가운데는 유일하게 가토에 대해서만 따뜻한 기억을 가지게 되었으며, 귀국 후 1984년에 그를 찾아가기도 했다.

---

40 가토 이치로는 이후 인천소년형무소 간수장이 되었다(『職員錄』 1938~1941년판).

폐병으로 고생하고 있던 함흥형무소 병동에서도 한재한이 『폐병예방요양교칙』이라는 책을 건네주었다. 이 책을 읽고 이소가야는 그 동안 자신이 폐결핵 환자의 생활수칙을 잘못 알고 실행하고 있었음을 알게 되었다. 예컨대 열이 있을 때 일광욕을 하면 안 되는데 자신은 계속 반대로 하고 있었던 것이다. 이때부터 이소가야는 책에서 소개하고 있는 교칙을 최대한 지키며 생활하려 했고, 10개월 정도 노력한 결과 혈담이나 미열로부터 조금 벗어날 수 있었다. 이소가야는 공의나 약제사 등은 전혀 신뢰하지 않는다면서 한재한을 자신의 '생명의 은인'이라고 표현했다. 이후에도 한재한과 이병진은 이소가야가 아플 때마다 약을 구해다주고 치료법을 알려주고 척추에 뜸질까지 해주었다.

형무소나 유치장에서 이웃한 감방의 수감자들끼리 암호로 소통하는 것을 뜻하는 '통방'은 일제강점기 이래 독립운동가나 사회운동가들 사이에서 보편적으로 쓰이던 소통 방법이다. 감옥에 있던 항일운동가들은 통방을 통해 형무소 안팎의 각종 정보를 교환하는 게 일반적이었다. 통방의 방법은, 수감전에 미리 지정해둔 암호화된 단어를 사용하는 경우와 모스 부호(Morse Codes)처럼 벽을 두드려 그 수를 가지고 단어를 조합하는 경우가 있었다(朴慶穆 2013, 90~91).

전자는 '홍남좌익'을 조직해 활동하던 당시에 주인규가 제안하여 동지들끼리 이미 알고 있던 방식이었다. 주인규는 이소가야 등에게 나중에 감옥에 들어가면 '똥 먹어라'라는 말로 서로의 건재함을 확인하자고 제안했고, 실제로 홍남경찰서 유치장에서 이소가야를 포함한 동지들은 미리 약속된 '똥 먹어라'라는 암호를 외침으로써 서로를 확인시켰다. 1930년대에 서대문형무소

와 함흥형무소에서 사용되던 암호와 부호는 다음과 같은 것들이 있었다.[41]

〈표 3〉 형무소 수감자의 통방 암호

	조직	멤버	교양	연락원	전향자	공작	조직책임자
서대문형무소 (1937년 당시)	감방	세숫대야	소제	걸레	똥통		
함흥형무소 (1938년 당시)	신체	팔	걸레	다리	병자	치료	머리

** 정용욱 해설 1993, 377; 朴慶穆 2013, 91

모스 부호 등을 활용한 '타벽(打壁) 통보법'은, 한글 자음 14개와 모음 10개를 합해서 글자를 만드는 방법을 말한다. 일반적으로는 ㄱ~ㅎ을 딱 1~14회, ㅏ~ㅡ를 똑 1~14회를 쳐서 표시했던 것 같다. 자음은 얇게 '딱', 모음은 조금 두껍게 '똑'으로 벽을 두드려 통방했다는 것이다.[42] 그런데 또 다른 자료에는 '동무'라는 단어를 칠 때 딱 3번(ㄷ), 똑 5번(ㅗ), 따닥 2번(ㅇ), 딱 5번(ㅁ), 똑 7번(ㅜ)으로 사용했다고 한다. '따닥'이 들어감으로써 위의 방법보다 조금 진화된 방법이었던 것 같은데, 이것조차 시간이 너무 많이 걸려서 다음과 같이 바꿨다고 한다(정용욱 해설 1993, 376~377).

41 1930년대 함흥형무소와 서대문형무소 내 통방을 위한 암호를 알 수 있는 자료로 미국 워싱턴국립문서보관소에 소장되어 있는 노획문서군 중에서 발견된 자료가 있다. 1960년 11월 1일 평양에서 노획된 이 자료는 당시 감옥 내에서의 전향공작 등의 상황에 대해 사실적으로 흥미롭게 묘사하고 있다. 정용욱은 이 자료의 내용과 검거 및 수감 연도 등을 근거로, 함북 명천 출신인 이문홍이 8.15 이후 근로인민당 등에서 활동하다가 월북한 후 작성한 것으로 추정하고 있다(371쪽). 이문홍은 이 암호를 당시 북쪽에서는 허성택(許成澤)·한효삼(韓孝三)·최경덕(崔璟德)·한최욱(韓最旭) 등이, 남쪽에서는 정태식(鄭泰植)·최동근(?)·유축은(?) 등이 알 것이며, 자신의 기억 중 잘못된 부분도 있을 것이라고 기록했다(정용욱 해설 1993, 377).

42 '춘천중학교 독서회 사건'으로 검거된 학생 이란(李欄)이 1941년 서대문형무소에 수감된 후 배웠다는 방법이다(朴慶穆 2013, 92의 〈표 7〉 참조).

자음 : ㄱ(딱1), ㄴ(딱2), ㄷ(딱3), ㄹ(딱4), ㅁ(딱5), ㅂ(딱2+딱1), ㅅ(딱2+딱2+딱1), ㅇ(딱2+딱2), ㅈ(뚱1), ㅊ(뚱2), ㅋ(뚱3), ㅌ(뚱4), ㅍ(뚱5), ㅎ(딱 계속)

모음 : ㅏ(똑1), ㅑ(똑2), ㅓ(똑3), ㅕ(똑4), ㅗ(또똑2), ㅛ(또똑1+똑1), ㅜ(또똑3), ㅠ(또똑3+똑1), ㅡ(똑1+또똑1), ㅣ(똑 계속)

서대문형무소에 있던 2년 동안 이소가야의 기억에 가장 인상 깊게 남아있는 것은 '간도공산당 사건' 관련 사형수들과 그들의 사형 집행이었던 것 같다. 원래 '간도공산당 사건'이란 1927년부터 1930년까지 모두 3차에 걸쳐 진행된 간도의 조선인 공산주의자들에 대한 탄압 검거 사건을 말한다. 그런데 여기서 이소가야가 말하는 '간도공산당 사건'은 '간도 5.30 봉기'에 대한 탄압 사건을 말하는 것으로서 당시 '제4차 간도공산당 사건'이라고도 했다. 1930년 5월 30일 간도 두도구(頭道溝) 일대에서 조선인이 중심이 되어 일본영사관 분관이나 동양척식주식회사 간도출장소 등 일제 통치기관과 민회(民會) 등의 친일기관, 발전소, 철교 등을 파괴하고 습격한 사건이 일어났다. 이러한 활동은 인근의 연길(延吉)·화룡(和龍)·왕청(汪淸)·혼춘(琿春) 등으로 확대되어 그해 12월까지 봉기가 계속되었다. 이로 인해 일제경찰은 2,000여 명을 체포하여 서울로 이송했으며, 무려 400여 명을 예심에 넘겼다. 예심을 거쳐 272명이 정식 재판에 회부된 가운데 12명이 옥사하고 22명에게 사형이 언도되었다. 1936년 7월 20~21일 양일간 서대문형무소에서 이들에 대한 사형이 집행되었다(박찬승 2014, 4장 참조).

〈그림 18〉 신문 한 면을 꽉 채운 '간도공산당 사건' 관계자 명단

間島共産黨事件關係者
三百九十名의 住所氏名

※『中央日報』 1932. 12. 28.

그러니까 이소가야가 서대문형무소에 수감되었던 1934년 11월 말경부터 1936년 9~10월경 사이에 그는 '간도공산당 사건' 관련 사형수 2명과 같은 감방에 있던 적이 있었고, 실제로 이들의 사형이 집행될 때도 서대문형무소에 있었다. 앞서도 언급하였듯이 처음에 6~7명이 혼거하는 방에서는 박익섭을, 3인 방으로 옮겨갔을 때는 이동선을 만났다. 박익섭과 이동선은 모두 함경북도 명천군(明川郡) 출신으로서 간도로 이주하여 1930년대 초 항일무장투쟁을 했던 인물들이다. 참고로 이소가야가 서대문형무소에서 교류했던 이들이 어떤 인물인지 간략히 소개하면 다음과 같다.

〈그림 19〉 박성호(박익섭)

※ 일제감시대상인물카드 (1934년 3월 24일 촬영)

박익섭(朴翼燮, 1905~1936, 이명; 朴成鎬)

(재중국한인청년동맹원) 함북 명천 출신으로, 1928년 8월 재중국한인청년동맹에 가입했다. 1931년 8월 중국공산당에 입당하여 동만특위(東滿特委) 특무과 적색부원이 되었다. 그해 반일폭동에 참여했다가 일본경찰에 체포되었다. 1933년 12월 경성지법에서 사형을 선고받고 1936년 7월 21일 처형당했다. (강만길 · 성대경 엮음 1996, 205)

〈그림 20〉 이동선

※『朝鮮中央日報』 1936.6.19.

이동선(李東鮮, 1904~1936, 이명; 李東斌, 李業, 李崗斌, 李昌洙, 李光)

(조공 만주총국 당원, 全東滿폭동위 책임비서) 함북 명천 출신으로, 1910년 길림성(吉林省) 이도구(二道溝) 명암촌(明岩村)으로 이주했다. 1914년 보진학교(普進學校)에 입학했으나, 아버지 사망 후 중퇴했다. 1924년 겨울, 야학에서 사회주의사상을 수학했다. 그해 이도구청년회에 가입했다. 1927년 조선공산당 만주총독에 입당했고 1930년 1월 조공 만주총국(화요파)의 지도하에 '3.1운동 11주년기념준비위원회' 결성에 참여했다. 2월 연변(延邊)학생연맹, 재동만조선청년총동맹 간부들과 함께 반일시위운동을 주도했다. 3월 3.1운동 11주년기념준비위를 전동만폭동위원회로 개편하고 책임비서 겸 조직부 책임자가 되었다. 6월 중국공산당에 입당하여 장인강(長仁江)지부 책임자가 되었다. 7월 중공 평강구(平崗區)위원회 군사부장이 되었으며,

연화(延和)노농유격대를 건립했다. 9월 200여 명의 군중과 더불어 항일무장투쟁을 위한 무기를 확보하고자 화룡현 주둔 중국군 병영을 습격했다. 10월 평강구 혁명위원회를 건립하고 조직부장이 되었다. 11월 이도구에서 일본 경찰에 체포되어 1931년 봄 서대문형무소로 압송되었다. 1933년 12월 경성지법에서 사형을 선고받고 1936년 7월 21일 처형당했다. (강만길 · 성대경 엮음 1996, 326)

이소가야는 처음에 감방에서 쇠사슬을 칭칭 감고 있는 박익섭을 보았을 때에는 '강도 살인범'일지도 모른다고 생각했었다. 그는 몸집이 크고 억센 노동자 같은 풍채였지만 위의 사진에서 짐작되듯이 표정은 늘 부드럽고 온화했다. 누구보다 명랑하게 생활하던 그가 사형수라는 얘기에 깜짝 놀랐다. 3인방을 옮긴 후 만난 이동선은 사형 집행 며칠 전 이소가야에게 쪽지를 보내 자신과 옷을 교환하자고 제안했다. 운동할 때 셔츠를 담장에 걸쳐놓으면 서로 바꿔 입자는 것이었다. 그때가 6월 말 7월 초쯤이었는데, 이소가야는 그때까지도 여전히 함흥형무소에서 주인선이 차입해준 겨울옷을 입고 있었던 것이다. 그래서 이동선은 곧 교수대에 오를 자신의 새 셔츠를 이소가야에게 주려고 했던 것이다. 이소가야는 가슴이 벅차오르면서도 미안한 마음에 끝내 사양했다. 하지만 이동선은 며칠 뒤 운동시간에 정말로 이소가야가 벗어놓은 옷을 가져가버리고 새 셔츠를 던져주는 온정을 보여주었다.

이소가야는 말라리아가 여섯 차례나 발병하면서도 잘 낫지 않아 결국 1936년 7월 중순경 병감으로 옮겨졌다. 그래서 7월 20~21일에 있었던 이동선 · 박익섭 등의 사형집행 소식을 바로 알지는 못했던 듯하며, 나중에 그 소식을 전해 들었던 것 같다. 사형수 가운데 김응수(金應洙)는 형장으로 가면서 '적기가(赤旗歌)'를 불렀는데, 처음에는 한국말로, 나중에는 일본말로 불렀다고 들었다. 이소가야는 그가 일본어로 노래한 것은 미야케 교수를 비롯해 당시 서대문형무소에 있던 일본인 동지들에게 고별의 마음을 보낸 것이라고 해석했다. 오랫동안 고생하던 말라리아는 그해 가을경 '단천농민조합 사건' 관련자 권영대가[43] 몰래 차입해준 키니네를 먹고 나았다.

이 외에도 이소가야가 서대문형무소에서 만난 사람들 가운데 특별히 기억에 남는 인물들이 몇 명 있었던 것 같다. 박헌영(朴憲永)·미야케 사카노스케·이재필(李在弼)[44] 등이었다. 특별감 제3동에는 앞서 언급했던 단천농조의 김재규도 수감되어 있다고 들었지만, 이소가야는 그가 어디에 있는지 알 수 없었다고 한다. 박헌영 등 3명은 이소가야와 친하게 지냈다기보다는 그의 관심을 끌었던 인물이라는 편이 옳겠다. 이소가야는 어떤 연유에서 이들을 자신의 회고록에 기록하게 되었을까? 이를 이해하기 위해 이들과 이소가야와의 연관 고리에 대해 살펴보고자 한다.

'조선의 레닌'이라 불리던 박헌영은 몇 차례 멀리서 바라봤을 뿐이었지만 이전부터 단편적인 얘기들을 들어서 이소가야도 알고 있던 인물이라 관심이 갔을 것이다. 왜냐하면 같은 태로 관계자로서 홍남경찰서 유치장에 함께 수감되었던 주영심이 박헌영의 부인인 주세죽의 조카라고 들었기 때문이었다. 훗날 이소가야는 박헌영이 8.15 직후 조선공산당의 지도자였고 1950년대에 북한정권에 의해 숙청을 당했다는 사실 때문에 더욱 큰 관심을 가졌던 것 같다. 그래서 1949년 자신의 첫 회고록인 『식민지 감옥 – 혁명가의 경험적 기록』을 출판할 때 한 장의 제목을 '박헌영 등'이라고 붙였고, 1991년 북한정권

43 '태로 사건' 못지않게 1930년대 조선사회를 떠들썩하게 했던 '단천농조 사건' 관련자들 가운데 '권영대'라는 인물을 찾아보려 했으나 당시 재판기록이나 신문기사로는 확인할 수가 없었다. 아마도 이소가야의 기억에 약간의 착오가 있었을지도 모르겠다.

44 『우리 청춘의 조선』에서 이소가야는 그 동안 자신이 이재필의 한자명을 李在弼로 멋대로 썼다면서 李載弼로 정정한다고 했다(155쪽). 하지만 당시 신문기사에서 간혹 李載弼 등으로 기록한 경우는 있으나, 공적 기록에는 모두 李在弼로 표기되어 있어서 원래의 표기가 맞는 것이다.

에 대한 비판의식을 담은 『좋은 날이여, 오라』를 출판할 때는 아예 '비운의 혁명가, 박헌영'이라는 제목을 붙여 서술했던 것 같다.[45]

미야케 교수는 박헌영의 맞은편 감방에 있었다. 가끔 운동시간에 처마 밑에서 보았을 뿐이지만, 같은 일본인인 데다가 경성제대 교수가 '사상사건'으로 함께 복역 중이라고 하니 이소가야에게는 당연히 관심의 대상이 되었을 것이다. 또 가토 간수로부터 종종 얘기를 듣기도 했을 것이다. 참고로 오늘날 미야케 교수에 대해서는 다음과 같이 기록하고 있다.[46]

〈그림 21〉 미야케 시카노스케

※『朝鮮中央日報』 1935. 8. 24.

미야케 시카노스케(三宅鹿之助, 1898~?)

타이완에서 중학을 마치고 귀국, 1924년 도쿄제국대학 경제학부를 졸업하였다. 1년쯤 법정대학 강사로 있다가 1927년 경성제국대학 조교수로 옮겼으며, 1932년에 교수가 되었다. 1929~1931년간에는 미국·영국·프랑스·독일에 유학하였다. 교수로 있으면서 정태식(鄭泰植) · 이재유(李載裕) · 권영태(權榮台)를 포섭, 한국의 적화공작을 꾀하였다. 그는 1925~1928년의 5차례에 걸친 조선공산당에 대한 검거로 와해된 한국공산당을 재건하여 국제공산당의 승인을 받고, 나아가 1934년에 개최될 제7차 국제공산당대회에 정식으로 대표를 파견하려고 하였다. 그러나 그의 이러한 시도는 공산당의 재건동맹사건을 수사하던 경찰에 발각되어, 119명의 관련자들이 체포됨으로써 막을 내렸다. 이 사건은 일본경찰에도 커다란 충격을 주었지만, 119명의 관련자의 대부분이 20세 전후의 학생들이었다는 점에서 한국민족에도 적지 않은 상처를 주었다.

이소가야의 바로 앞방에 있던 정평농민조합의 지도자 이재필과는 식사 때 감방의 배식구를 통해 종종 마주치면서 인사를 주고받는 사이였다. 그런

45 『좋은 날이여, 오라』의 5장 '비운의 혁명가, 박헌영'은 『이정 박헌영 전집』 8(이정박헌영전집편집위원회, 2004, 역사비평사)에 번역 수록되어 있다.

46 두산백과(네이버지식백과 중)의 '미야케 시카노스케' 항목. 이 서술에는, 이재유 · 권영태의 포섭 등 다소 과장된 듯한 서술이 있지만 미야케의 활동에 관한 전반적인 이해를 돕고자 아래에서는 그대로 인용하였다. 1930년대에 서울을 중심으로 활동하던 이재유 · 권영태 · 미야케 등은 모두 대등한 관계에서 만났고, 서로 제휴하여 활동을 모색하는 입장이었다.

데 이소가야가 함흥형무소로 다시 옮긴 후 독방인 보통병동 제3감방에 수용되어 있을 때 이재필도 신축 중이던 '격리병동'에 수용되어 있었는데,[47] 얼마 후 그가 유리창 쇠창살에 목을 매어 자살한 사건이 일어났다. 때문에 이소가야는 평생 이재필을 잊을 수 없었던 것 같다. 서대문형무소에 있을 때 이소가야는 형무소장 미야자키(宮崎速任)가 이재필에게 전향을 하면 자신의 딸을 주겠다고까지 했다는 소문을 들은 적이 있었다. 1934년 검거된 이재필은 줄곧 당국의 전향공작에 시달려왔지만 끝내 전향하지 않았다. 참고로 이재필의 이력은 다음과 같다.

〈그림 22〉 이재필

※『朝鮮中央日報』1936. 1. 27.

이재필(李在弼, 1911~?, 이명; 李載弼, 血雨, 元京守)

(정평농조 재건운동 참가자) 함남 정평의 가난한 농가에서 태어나 서당에서 한문을 배웠다. 1929년 유학을 위해 간도에 갔으나 목적을 이루지 못하고 귀향했다. 1930년 2월 정평농민동맹에 가입해 장원지부 간부가 되었다. 6월 정평농민동맹을 정평농민조합으로 개편하고, 장원지부 집행위원으로 선출되었다. 1931년 1월 정평농조에 대한 일제의 탄압이 시작되자 검거를 피해 잠행하면서 장원지부 재건운동을 전개했다. 1932년 3월 초원(草原)보통학교 교사 정원 감축에 반대하는 격문을 제작 살포했다. 5월 한영윤(韓永允), 전정현(全楨鉉)과 함께 정평 농민운동의 지도기관 건립문제를 협의했다. 7월 정평농조재건준비위원회 결성에 참여하고 조직·교양·투쟁부 공동책임 겸 중부지역 책임이 되었다. 이후 하부조직을 결성하는 한편 기관지 『재건뉴스』, 『빈농』, 『빈농호회』와 각종 테제, 팸플릿, 격문을 출판했다. 1934년 5월 일본경찰에 체포되어 1936년 2월 함흥지법에서 징역 7년을 선고받았다. 복역 중 일제의 전향 회유를 끝내 거절했다. (강만길·성대경 엮음 1996, 367)

회고록에서 이소가야가 위의 여러 인물들에 대해 기록하고 있는 것은 자신의 기억에다가 훗날 들은 이야기, 책에서 본 것 등이 더해져서 다시 만들어

47 참고로 1938년 4월 현재 함흥형무소의 「감방배치표」를 보면, 병구(病區)는 격리병사(隔離病舍)와 보통병사로 나뉘어져 있었다. 이재필의 자살이 정확히 언제인지는 알 수 없으나, 당시 격리병사에는 3명, 보통병사에는 15명의 수용자가 있었다(「思想犯收容ニ關スル件」, 咸興刑務所長, 1938. 4. 5, 『戒護拘禁關係書類』, 法務局 行刑課, 1939, 국가기록원 소장문서 CJA0004245).

진 것이라고도 볼 수 있다. 하지만 그가 기록했던 위 3명은 앞에서 밝힌 이러저러한 개인적인 연유로 인해 이소가야가 충분히 관심을 가질 만한 대상들이었고, 따라서 이후 회고록을 집필하면서 관련 자료들을 찾아보았을 것이다.

1936년 말경, 항소가 기각된 3인의 동지와 함께 다시 함흥형무소로 이감된 후부터 1941년 1월 출옥할 때까지 이소가야는 계속 함흥형무소 내의 혼거방 · 독방 · 보통병감을 옮겨가며 지냈다. 이소가야는 회고록에서 이 시기 함흥형무소에서 있었던 몇 가지 일화를 전하고 있다.

앞서도 언급했다시피 이소가야는 함흥형무소로 이감된 후 오랜 형무소 생활에서 처음으로 실외 작업인 목공장의 도장일을 하게 되었다. 그런데 감방에서 공장까지 갈 때 수인(囚人)들은 모두 한겨울에도 옷을 완전히 벌거벗은 채로 작업장까지 뛰어가 그곳에서 세수와 식사를 하고 작업을 시작했다. 거기서 저녁을 먹고 다시 감방으로 돌아올 때도 마찬가지였다. 말하자면 이들이 혹시 뭔가를 숨기고 갈까봐 나체로 오가게 한 것이었다. 그런데 문제는 돌아올 때는 완전히 벌거벗긴 채 바깥으로 가로질러서 통로에 있는 '가랑이를 벌리는 막대기'를 통과해야만 했다. 개구리처럼 가랑이를 벌리고 구부정한 자세로 손바닥을 쫙 핀 채 양손을 들고 큰소리로 입을 벌려 자신의 번호를 외치면서 막대기를 타고 넘어야만 했다. 만약 구부정한 자세가 아니거나 번호 소리를 작게 외치면 크게 호통을 받고 다시 해야만 했다. 나체라 하더라도 혹시 입속, 항문, 손 등에 뭔가를 숨길까봐 하는 행동이었다. 매일 이런 비인간적인 꼴을 당하느니 차라리 독방에서 작업하는 게 더 낫겠다는 생각까지 들었던 이소가야는 결국 이에 대한 불평을 털어놓으면서 그 시정을 요구하기도 했다.

도장공장에서는 7~8명이 일했는데 그 중에 장등칭(張登慶)이라는 중국인이 있었다. 장등칭과 이소가야를 제외하면 나머지는 모두 평범한 잡범들이었다. 35살 전후로 보이는 장등칭은 군규법(軍規法) 다시 말해서 군기보호법(軍機保護法) 위반자로서 자신의 조국인 중국의 입장에서 보면 애국자였다. 그는 다른 2명의 동지와 함께 조선으로 들어와 정치적 · 군사적 기밀을 탐지하여 무선기로 중국에 송신하다가 체포되어 징역 8년을 언도받고 복역 중이었다. 이소가야가 일본인 '사상범'이라는 것을 알고 친근감을 갖게 되어, 휴식시간에는 늘 이소가야의 옆자리에 앉아 문자로 서로 의사소통을 하곤 했다. 그러다가 이소가야는 목공장 입구 간수의 감시대 바로 옆으로 배치되어 한동안 만나지 못했다. 이렇게 장등칭에게서 자신을 떨어뜨려 놓은 것은 함남 정평군(定平郡)에서 순사를 하다가 잡혀온 101번의 밀고 때문일 거라고 짐작하고 있었다.

이소가야가 장등칭과 함께 작업한 때가 정확히 언제인지는 알 수 없지만, 여러 정황상 아마도 1937년 7월 중일전쟁 직전 무렵이었을 것으로 추측된다. 이소가야가 병감으로 옮기기 직전으로 보이기 때문이다. 이 무렵부터 국경 근처에서는 소련계와 중국계의 첩보 · 모략 활동이 급증하기 시작했고, 이로 인해 검거되는 사건을 당시 일제당국은 '외첩(外諜) 사건'이라고 불렀다. 소련계 첩보활동에는 주로 조선인이 가담했던 반면, 중국계 첩보활동은 중국인이 직접 행하는 경우가 많았다. 이들은 주로 노동자나 점원, 야채행상 등으로 위장하고 들어와 일제의 군수산업시설을 파괴하는 등의 활동을 했는데, 중일전쟁이 가까워지면서 이러한 사례가 많아져갔다(변은진 2013, 199~203). 말하자면 당시 상황에서는 '항일'이라는 목표를 위해서는 조선인과 일본인이

연대한 것처럼, 중국인도 동일한 공통분모 위에서라면 동지적 연대감을 충분히 느낄 수 있는 상황이었다.

어쨌든 장등칭을 만나지 못하고 있던 어느 날 이소가야는 칼날을 갈려고 목욕탕으로 갔다가 우연히 그를 만났고, 숫돌질을 하면서 서로 필담을 주고받았다. 이소가야는 숫돌 위에 '만국의 노동자여 단결하라'고 썼고 그는 '일본제국주의 타도'라고 쓰고는 서로 미소로 화답했다. 그런데 이 일 역시 101번이 지켜보고 있었고, 얼마 후 장등칭은 결국 사라져 버렸다. 이소가야는 자신의 경솔한 행동으로 인해 몹시 쇠약해져 있던 장등칭에게 피해를 준 것 같아 계속 마음에 걱정으로 남았다. 그는 "한 사람의 일본인과 한 사람의 중국인과의 자그마한 그러나 잊을 수 없는 만남이자 이별이었다."고 기록하였다.

이 일로 이소가야는 101번에 대한 증오심이 잔뜩 부풀어 있었다. 그러던 어느 날 순사 출신의 101번과 자칭 권투선수 출신이라는 505번(鄭氏)이 싸움이 붙었다. 처음에는 몰랐으나 알고 보니 그 싸움의 원인도 자신 때문이었다. 101번이 '181번(이소가야의 수인번호)은 내지인(일본인)이면서도 사회주의 운동인가 뭔가를 했었다. 놈은 나라의 해충이다.'라는 말을 감옥 내에 퍼뜨리고 다녔다는 것이다. 이 말을 들은 505번이 '당신은 조선인이면서도 일본인 앞잡이가 되어 동포를 죽이고 있지 않은가?'라고 반박하여 결국 몸싸움으로 확대된 것이었다. 이 일로 505번은 1주일간 징벌을 받았고, 이소가야에게는 감옥 내에서 미안한 사람이 한 명 더 생겨 버렸다.

한편 이소가야가 함흥형무소 보통병동 제3감방에 있을 때 그 옆방인 제2감방에 김복만(金福萬)이 들어왔다. 앞서 이소가야의 회고록을 인용할 때에도 여러 번 등장했다시피, 김복만은 흥남경찰서 유치장에서 동지들과 함께 교양학습을 할 때 토지문제 전문가로 통하던 인물이었다. 연해주 출신인 김복만은 조선공산당 만주총국 위원, 고려공산청년회 책임비서 등을 역임하고 함남으로 들어와 공청재건운동을 전개하다가 검거되었다. 그가 반신(半身)에 화상을 입고 열흘 정도 이소가야의 옆방에 있었는데, 이때 이소가야는 김복만으로부터 토지문제에 관한 꽤 긴 초고와 7언 절구로 된 여러 편의 시를 받았다고 한다.

〈그림 23〉 김복만

※ 일제감시대상인물카드
(1935년 1월 17일 촬영)

김복만(金福萬, 1907~?, 이명: 金仁國, 金秀松, 金福突)

(조공 만주총국 위원, 고려공청 책임비서) 연해주 니콜라예프스크 출신으로, 연길현(延吉縣) 용정(龍井)에서 사상단체 문우회(文友會)에 참여했다. 1926년 고려공산청년회 회원으로서 그해 10월 조선공산당 만주총국 동만구역국(東滿區域局) 건립에 참여하고 위원이 되었으며, 1927년 5월 동만구역국 임시책임비서를 지냈고 10월 선전부장 대리로 내정되었다. 1928년 3월 조공 만주총국 위원 겸 고려공청 책임비서가 되었다. 그 후 모스크바 동방노력자공산대학을 졸업했고, 김조이(金祚伊)와 결혼했다. '함남공청 사건'으로 검거되어 1934년 12월 함흥지법에서 징역 6년을 선고받았다. (강만길 · 성대경 엮음 1996, 76)

식민지 감옥에서 경험한 전쟁과 인간

식민지 감옥의 병동에도 침략전쟁의 여파는 어김없이 밀려왔다. 이소가야는 1937년 5월경부터 출감할 때까지 병동에서 지냈기 때문에, 그해 7월 7일 중국 북경(北京) 교외의 작은 돌다리 노구교(蘆溝橋)에서 중일전쟁이 시작되었음을 잘 알지 못했던 것 같다. 그도 그럴 것이, 일상이 쳇바퀴처럼 돌아가고 봄 · 여름 · 가을 · 겨울의 변화에만 민감한 감옥생활에서는 누군가가 일부러 알려주지 않으면 세상 돌아가는 정보를 얻기가 쉽지 않다. 전쟁이 일어나고 얼마 지나서 감옥에서 볼 수 있었던 교화잡지 『인(人)』과 『도(道)』에 실린 짤막한 기사들을 통해 전쟁 소식을 접할 수 있었다. 이 기사들을 본 후 이소가야는 다음과 같이 불만을 토로하였다.

> 때는 바야흐로 이미 '대동아전쟁'이 시작되고 있었다. 중국본토에서 일본군은 침략행동을 제멋대로 하고 있었지만 잡지 『인』과 『도』에는 황군 무슨무슨 현 · 성 공격이라든가, 적대부대 섬멸이라든가, 황군 무슨무슨 방면의 공비 토벌이라든가, 아군 ○○방면으로 파죽지세의 진격이라든가, 무슨무슨 시 제압 등등 속이 빤히 내다보이는 글들이 넘치고 있었다. 그러한 기사를 볼 때마다 나는 밸이 꼴렸다. 일대 중국민중이 일본군에 대해서 도대체 뭘 잘못했다는 말인가? 중국이 일본으로부터 원한을 살 이유가 도대체 뭐가 있겠는가? 중국이 일본으로부터 무엇을 빼앗고, 일본의 어디어디를 파괴했다는 말인가? …. 군국주의 일본의 단말마적인 행동, 살인 · 방화 · 파괴 · 약탈 · 능욕 등등 그것들이 바로 악마의 짓거리가 아니고 무언인가. 나는 중국민중의 호곡(號哭) · 애원 · 비명 소리와 절규가 귀에 들려오는 듯했다.
>
> 또 이겼다, 이겼다고 말하자마자 화가 치밀어 올랐는데 이러한 글이 자연히 입과 입을 통해서 나오는 데는 나로서도 어찌할 수가 없었다(이소가야 스에지 1988, 176).

이소가야가 '대동아전쟁'이라고 한 것은 1937년의 중일전쟁을 말하는 것이다. 일반적으로 '대동아전쟁'이라 하면 1941년 12월에 일어난 미국과의 태평양전쟁을 일컫는 경우가 많지만, 태평양전쟁이 일어난 직후 도조(東條英機) 내각에서는 이른바 '지나사변(중일전쟁)'도 대동아전쟁에 포함한다고 공식 결정하였다. 따라서 사실상 '대동아전쟁'은 1937년 7월부터 1945년 8월까지 일본제국주의에 의해 자행된 침략전쟁 전체를 칭하는 말이 되었다. 물론 이 용어는 1945년 일본이 패전한 후 연합군최고사령부(GHQ)에 의해 '전시 용어'로 지정되어, 이후에는 태평양전쟁이나 아시아-태평양전쟁 등으로 불리게 되었다. 물론 오늘날까지도 굳이 대동아전쟁이라 일컫는 세력이 여전히 있긴 하다.

어쨌든 이러한 관점에서 보면 일본의 세계대전 시기는 유럽보다 앞선 1937년 7월부터였다고 할 수 있다. 제2차 세계대전은 흔히 1939년 9월 독일의 폴란드 침략을 기점으로 삼는 게 일반적이지만, 이는 유럽을 중심으로 세계사를 보던 시각에서 비롯된 것이라고 생각된다. 아시아지역까지 놓고 세계사를 바라보면 제2차 세계대전은 1937년 7월 일본의 중국 침략을 그 기점으로 봐야 할 것이다. 이렇게 보면, 흔히 20세기의 가장 끔찍한 세계사적 사건인 제2차 세계대전의 시작과 종결은 모두 일본에 의해 이루어졌다고 볼 수 있다.

위의 글을 보면 이소가야는 전쟁이라는 것을 철저히 중국민중의 관점에서 바라보면서 몹시 분통하게 여겼음을 알 수 있다. 그가 전쟁을 민중의 관점에서 보는 것은 이후 이 전쟁이 끝나고 일본인이 귀국할 때까지 지속되는 일관된 관점이었다. 전쟁이 장기화되면서부터는 중국민중뿐만 아니라 일제의 침략전쟁으로 고통을 받는 조선민중과 일본민중 역시 자연스럽게 그의 시야에 들어오면서 감옥 안에서나 출옥 이후에나 시종일관 비판적 태도를 견지하는 모습을 보였다.

또한 이소가야는 당시 일제당국자들이 자신들의 침략전쟁을 '성전(聖戰)'이라고 주장하면서 일제가 패망하는 마지막 순간까지도 끊임없이 '승전, 연승(連勝)'으로만 묘사하는 것에 대해서도 강한 불쾌감을 드러내고 있다. 이는 실제 사실(fact) 그 자체와 많이 달랐음에도 불구하고, '총력전'이라는 기치를 내걸고 조선과 일본의 전 '국민'을 '천황의 신민(臣民)'이라는 이름 아래 전쟁에 동원하고자 했던 일제당국의 입장에서는 전체 민중을 '승전 의식'으로 무장시켜야만 했던 것이다. 하지만 이러한 데마고기적인 선전 · 여론 정책이 민중들 사이에서 그대로 먹혀들어가서 그들의 의도대로 진행되어가지만은 않았던 것 또한 사실(fact)이었다. 특히 일제의 전쟁을 위해 목숨을 내놓아야 할 명분이나 이유가 전혀 없었던 식민지 조선의 민중들 사이에서는 일제가 패망하는 순간까지 끊임없이 크고 작은 저항의 움직임이 있었다. 또 일본인이라 해도 이소가야의 예에서 알 수 있듯이 모두 한마음 한뜻이 되어 '성전'에 참여했다고도 할 수 없었다.

중일전쟁이 일어난 후부터 감옥 내의 상황도 많이 달라졌다. 이소가야의 표현에 따르면, "그렇지 않아도 나쁜 형무소의 생활조건을 몹시 악화"시켜 '인내나 희생, 애국' 등의 정신을 강요했다. 병사(病舍) 옆에 있던 직물공장이나 목공장에서는 매일 아침마다 「황국신민의 서사(誓詞, 맹세)」를 제창하는 소리가 들려왔다. 이소가야는 이 「황국신민의 서사」가 함흥 근처에 있는 오로(五老)라는 곳의 한 일본인 소학교 교사가 처음 만들었다고 기록하였다(磯谷季次 1949, 110~111). 하지만 원래 「황국신민의 서사」는 1937년 총독부 학무국에서 조선인의 '국민정신'을 함양한다는 명목으로 만든 것이었다. 그러니까 일본인에게는 해당되지 않았다. 당시 학무국 촉탁이던 이각종(李覺鍾)이 문안을 만들고 사회교육과장 김대우(金大羽)가 실무를 집행했다고 알려져 있으며, 1937년 10월 2일 미나미 지로(南次郎) 총독이 공식 발표했다. 이때부터 학교를 비롯해 관공서 · 은행 · 회사 · 공장 · 상점 등 모든 직장에서 조회나 각종 회합에서 제창되었는데, 형무소도 예외는 아니었다. 「황국신민의 서사」는 원래 아동용과 성인용 두 종류가 있었으며 그 내용은 둘 다 대동소이하다. 당시 형무소 내 조선인 수인들이 제창하던 성인용의 내용은 아래와 같다.

1. 우리는 황국신민이다. 충성으로서 군국(君國)에 보답하련다.
2. 우리 황국신민은 신애협력(信愛協力)하여 단결을 굳게 하련다.
3. 우리 황국신민은 인고단련(忍苦鍛鍊)하여 힘을 길러 황도(皇道)를 선양하련다.

이와 같이 형무소 내에서까지 조선인의 사상을 총동원하기 위해 일제당국이 노력했지만, 실제로는 그 내에서도 심한 균열을 보이고 있었다. 예컨대 이소가야가 있던 함흥형무소에서는 1938년 7월 7일 '중일전쟁 1주년 기념식'을 거행했는데 '사상범'들이 합심해 저항한 사건이 일어났다. 계속 병동에 수감되어 있어서인지 몰라도 이소가야의 회고록에는 이 사건이 기록되어 있지는 않다. 하지만 중일전쟁 이후 함흥형무소 내의 분위기를 이해하기 위해 이에 대해 간략히 소개하고자 한다.

그해 7월 11일 함흥형무소장이 총독부 법무국장에게 보고한 바에 따르면, 당일 기념식은 '황거요배(皇居遙拜), 묵념(사회자 선언, 시간 1분), 훈화(訓話), 황국신민의 서사 제창'의 순으로 진행되었다. 그런데 함흥형무소 내 사상범 수형자 중 62명이 묵념에 따르지 않으면서 '불온'한 행동을 했다는 것이다. 형무소 측에서 주의를 주어 그 중 7명은 '반성의 뜻'을 내비쳤지만 나머지 55

명은 '문란'한 행동을 계속했다. 이에 형무소당국은 이들 55명에게 '문서 · 도서 열독(閱讀) 금지 2개월 및 질책'이라는 징벌을 내렸다는 내용이다.[48]

한편 중일전쟁 이후에도 함흥형무소 내 감방 부족 현상은 해소되지 않았다. 1938년 4월 현재 여전히 1,200여 명이 수감되어 있었으며, 서대문형무소에서 계속 '사상범'이 이감되고 있는 상황이었다. 인원 격증에 따라 형무소 내 작업도 증가하여, 형무소 측에서는 창고를 신설하고 계호위원을 보충하기도 했다.[49] 게다가 전쟁이 장기화되면서 식사 등의 환경은 더욱 열악해졌다. 이소가야가 출옥하기 직전 무렵인 1940년대 들어서는 오랫동안 야채가 배급되지 않아 병감에서는 괴혈병 환자가 속출하였다. 이소가야는 꿈에서조차 야채를 보곤 해서, 어느 날 운동장의 풀을 뜯어 먹었다가 탈이 나기도 했다고 한다. 간수가 규칙 위반이라고 질책하자 이소가야는 다음번에는 독이 없는 풀을 찾아 먹겠다면서 반항했다. 이 일이 있고 2~3일 뒤부터 형무소 측에서는 병동 건물 앞 빈터의 온실에서 콩나물을 길러서 환자들에게 조금씩 배급하기 시작했다. 이소가야는 자신이 형무소의 병감에 있던 4년 동안에만 100명이 넘는 사망자가 나왔다고 기록하고 있다.

중일전쟁이 시작된 이래 1937년 8월 13일 상해에서 중 · 일 양 군의 전투가 개시되고 12월 13일 일본군이 남경(南京)을 점령하여 대학살을 저지르는 등으로 확대되어가던 전쟁이 1938년 들어 점차 소강상태로 접어들었다. 그

48 「思想犯受刑者ノ動靜ニ關スル件」, 咸興刑務所長, 1938. 7. 11, 『戒護拘禁關係書類』, 1939, 法務局 行刑課, 1939(국가기록원 소장문서 CJA0004245). 함흥형무소장의 보고에 대해 법무국장은 7월 13일자로 보다 상세히 보고하라는 지시를 했으며, 8월 2일 형무소장이 다시 그때까지의 상황을 법무국장에게 보고하였다.

49 「思想犯收容ニ關スル件」, 咸興刑務所長, 1938. 4. 5, 『戒護拘禁關係書類』, 法務局 行刑課, 1939(국가기록원 소장문서 CJA0004245).

사이 일제당국은 일본 내와 식민지 등지에서 국민정신총동원운동 등을 통해 점차 전시파시즘을 정비해갔다. 이러한 상황에서 중국에 대한 원조를 강화해오던 소련과 일본의 군사충돌이 일어났다. 1938년 7월 11일 소련과 만주의 국경에 있는 장고봉(張鼓峰)에서 일어난 소・일 간의 국경분쟁 즉 '장고봉 사건'이[50] 일어난 것이었다. 중일전쟁이 소일전쟁으로까지 확대될 위기에 처한 것이었다. 이 사건은 병동에 있던 이소가야에게도 바로 알려졌다. 병감에 들어온 신입자들을 통해 회령의 부대가 전멸했다든지 전사자와 부상자를 실은 기차가 남쪽으로 와서 나남이나 함흥의 위수병원이 가득 찼다는 등의 소문이 들려왔다.

'장고봉 사건'이 일어난 다음해인 1939년 3월 23일, 이소가야가 있던 병동에 나남의 일본군 제19사단장 스에타카 가메조(尾高亀蔵)가[51] 방문하였다. 이소가야가 이 날짜를 정확히 기억하는 이유는 과거 홍남경찰서 취조실에서 장회건과의 관계를 불으라면서 가장 야만적인 고문을 받았던 날과 같았기 때문이다. 스에타카는 이소가야의 방 앞에 멈췄고, 형무소장이 고압적인 자세로 "일어나!"라며 소리를 질렀다. 우리 안에 갇혀 있는 동물을 구경하는 관

50 분쟁의 시발은 7월 11일 함북 경흥 바로 대안의 소만국경 장고봉에 소련병 20명이 진출하여 만주령을 침범하고 진지를 구축하고 있는 것을 발견한 데에서 비롯되었다. 일본군이 경비를 강화하던 중 7월 15일 용현헌병대(龍峴憲兵隊)의 마츠무라(松島) 오장(伍長)이 장고봉 동남방의 국경을 시찰하던 중 소련 측의 총격으로 사살되어 소련으로 넘겨지면서 사건은 더욱 확대되었다. 이후 29일 소련군의 장고봉 북방 2Km지점에 있는 사초평(沙草坪)의 점거로 인해 전투가 진행되었다가 8월 12일 양국 간의 정전협정으로 사건은 종결되었다. 일본 측 자료에 따르면, 이로 인한 일본군의 피해 상황은 사상자가 8백 수십 명, 보병포 3대, 중기관총 5정, 경기관총 30정, 소총 60정이 파괴되었으며, 소련군은 사상자 4,500명 이상에 달했다고 한다(朝鮮總督府 警務局 1939, 160~174).

51 김계일이 번역한 『우리 청춘의 조선』 181쪽에는 '오다까 가메조'라고 기록되어 있는데, 이는 잘못된 것이다. 스에타카는 1937년 3월부터 1938년 11월까지 제19사단 사단장을 역임했다.

중과도 같았던 그가 이소가야에게 말을 걸었다. 당시 오갔던 대화의 내용은 다음과 같이 기록되어 있다.

사단장, "자네는 전에 군대에 있었다고 그러는데 어디였지?"

이소가야, "나남입니다."

사단장, "아아 그래, 나도 나남이다. 그래 나남의 어느 부댄가?"

이소가야, "76연대 10중대입니다."

사단장, "그래, 그런데 오늘은 꼭 자네에게 듣고 싶은 것이 있는데…"

이소가야, "그다지 까다롭지 않고 간단한 것이라면 기꺼이 대답하겠으나 무리한 질문에는 대답하지 않겠습니다. 이야기하는 것이 힘들 테니까요."

사단장, "좋아, 그럼 간단한 것만. 자네는 지금 일본의 군대교육을 어떻게 생각하나?"

이소가야, "그 말은 곧 군대교육이 좋은가, 나쁜가 하는 물음입니까?"

사단장, "글쎄, 그렇게 생각해도 좋겠지…"

이소가야, "나쁘다고 생각합니다. 목적이 나쁠 테니까."

사단장, "절대 나쁘다고 생각하나?"

이소가야, "좋다는 것도 나쁘다는 것도 상대적일지 모릅니다. 결국 우리들 근로자에게는 나쁘지만 자본가에게는 반대의 답이 되겠죠?"

사단장, "도무지 모를 말인데?"

이소가야, "분명합니다. 자본가에게는 전쟁이 대단히 유리하겠죠. 이득을 안겨줄 테니까요. 그러나 근로자는 손해 볼 뿐만 아니라 죽기도 하고 다치기도 합니다. 그뿐입니다."

사단장, "좀 더 구체적으로 말해보지."

이소가야, "좋습니다. 전쟁을 전제로 하지 않는 군대교육은 없겠지요? 일본의 군대교육이 전쟁목적에 기초하여 이루어진다면 일본 전쟁은 곧 침략전쟁일 테니까요."

사단장, "나는 그렇게는 생각하지 않아. 일본의 전쟁은 어디까지나 정의를 위한 것이지."

이소가야, "전쟁은 정치의 연장이며, 정치는 경제의 집중적 표현이라는 것을 저는 잘 알고 있습니다. 현재의 자본가를 위한 경제, 자본가를 위한 정치에 반대하여, 이러한 곳에 들어와 있는 나에게서 군대교육이 좋은가 나쁜가를 들으려는 것은 무의미합니다."

사단장, "음, 그래? 그러면 그것은 그 정도로 해두고… 그래, 자네는 어디가 나쁜가?"

이소가야, "폐와 척수가 나쁘고 치질증세도 있습니다."

사단장, "그거 매우 안됐군. 하루빨리 회복하길 비네."

이소가야, "물론 낫겠지요."

사단장, "나으면 다시 군대로 갈 건가?"

이소가야, "나으면 갑니다."(이소가야 스에지 1988, 182~183)

위와 같은 대화를 나누었던 이소가야는 훗날 회고록에서 스에타카 사단장이 자신을 방문한 목적을 다음과 같이 추측하면서, 장기화한 전쟁 시기에 형무소 내 수인들이 얼마나 비인간적인 대우를 받았는지를 언급한 바 있다.

국가총동원령에 의해 언론도 사상도 완전한 통제 아래 두고 자신들의 지도원리는 부동(不動)한 것이라고 여겼던 그라 해도, 장기화한 전쟁에서 기반이 흔들리기 시작함을 느꼈을지도 모르겠다. 그때 그들의 박해에 의해 지하로 들어갔다 해도 거기서 인간 역사의 미래를 믿고 전쟁을 규탄하면서 국가의 사악함을 냉엄한 시선으로 보고 있는 사람들의 존재를 새삼 깨달아 그러한 사람들이 무엇을 생각하고 있는지를 알기 위해, 가장 가까운 장소로 형무소를 택했을지도 몰랐다. 목공장에, 직물공장에, 신발공장에, 기타 모든 직장에 요구만 하면, 그들이 하고자 하는 시도가 얼마나 어리석은 행위인지를 말해줄 인간은 얼마든지 있었다.(磯谷季次 1980a, 99)

스에타카 사단장이 형무소를 방문하여 특별히 이소가야와 대화를 나눈 이유는 다음 두 가지 정도로 추측된다. 하나는 이소가야의 사상 전향 가능성을 타진해보려 했을 것이며, 다른 하나는 아마도 당시 조선에 있던 유일한 비전향 일본인 '사상범'인 이소가야의 생각을 통해 전쟁 여론에 대한 뭔가의 정보를 수집하려는 의도가 있었을 것이다. 하지만 이소가야는 "전쟁은 정치의 연장이며, 정치는 경제의 집중적 표현"이라면서 자본가에게만 이득이 되는 일본의 전쟁을 '침략전쟁'이라고 주장했던 것이다. 그런데 마지막 부분에서 건강이 회복되면 다시 군대로 갈 수 있느냐는 질문에 이소가야가 그렇다고 대답한 것에서 스에타카는 그나마 '위안'을 느꼈던 것 같다. 하지만 이소가야는 자신이 '나으면 간다'고 한 말의 의미는 일단 가겠지만 총포를 어느 쪽을 향해 겨눌지는 알 수 없다는 뜻에서 한 말이었다고 기록했다. 이러한 인식은 당시 조선에서 반전 · 반제의 선진적 입장을 지닌 청년 · 학생들 가운데 다수가 지원병 등으로 전쟁터에 동원되더라도 거기서 훈련을 받아 결국에는 총구를 일본을 향해 겨누겠다는 생각을 가진 경우가 많았던 것과 같은 맥락이라고 할 수 있다.[52] 조선인뿐만 아니라 일본인 내에서도 이러한 생각을 가진 인물이 있었다는 점은 매우 주목할 만하다.

그런데 이소가야의 여러 회고록들에서 한 가지 특이한 점은, 체포와 투옥의 긴 과정을 보내면서 가장 큰 고민이 되었을 법한 '사상 전향'이라는 문제에 대해 깊이 다루고 있지 않다는 점이다. 회고록들의 행간에서 느껴지는 이

52 이러한 맥락에서 당시 청년 · 학생들이 중심이 된 조선의 소규모 비밀결사운동에서는 일제당국의 군사교련이나 군사동원정책에 대해 기본적으로는 거부의 입장을 견지하면서도 '일면 참여' 전술을 취하는 경우가 많았다. 이에 대한 자세한 내용은 변은진(2013), Ⅲ장 5-2) 참조.

소가야라는 인물의 성격을 보면, 인간과 사상의 문제에 대한 내면적인 고민이 깊은데다가 신중하면서도 따뜻한 성격이 느껴진다. 그런 그가 개별 인간들의 사상 전향이라는 문제, 더구나 유일한 일본인 비전향 '사상범'이었던 이소가야 자신에게도 당연히 강요되었을 '전향'이라는 문제를 가볍게 생각했을 리는 없다.

'전향'이란 원래 일본 내에서 공산당을 탄압하기 위해 나온 제도였는데, 1931년 3월부터 사건 처리 방법의 하나로 정식 채택되었다. 원래 '전향'이란, "이전에 반정부적인 과격분자였던 자가 자기비판을 행하여 국가를 지지하는 자로 회귀하는, 이데올로기상의 입장의 변경"을 뜻한다. 전향제도는 중일전쟁을 앞둔 1930년대 중반부터 더욱 철저히 실시되어, 일제당국은 '사상범'들이 '일본정신'을 전면적으로 받아들여서 '애국사상'을 적극적으로 증명하도록 강요했다. 1940년 일본의 한 지방재판소 판사의 말에 따르면, '전향'에 관한 적절한 기준은, 그 신민이 "천황폐하를 살아 있는 신으로서 예배의 대상"으로 삼느냐 그렇지 않으냐에 있다고 했다. 따라서 '일본사상'을 매일 실천에 옮겨서 일본문화에 근본적으로 동화되지 않는 부분, 가령 개인주의 · 자유주의 · 마르크스주의 등과 각종 종교사상은 철저히 버려져야 한다는 것이었다 (리챠드 H. 미첼 1982, 135).

이러한 전향제도는 태생적으로 '일본정신'을 갖고 있지 않은 조선인에게는 더욱 가혹하게 강요되었다. 일제당국의 입장에서 보면 '조선인'은 모두 외지인(外地人)으로서 대부분 민족적 성향을 지니고 있었고, 따라서 넓은 의미에서 그들이 파악하는 보통의 '일반인'과는 구분되는 존재였다. 당시 일본 고등경찰은 이른바 '요주의 인물'을 크게 네 가지 형태, 즉 지식인 · 종교인 · 조선인 · 일반인으로 구분한 바 있다(荻野富士夫 1984, 97). 이 중 앞의 셋은 '전향'의 대상이며 일반인은 '선도'의 대상으로 삼았다. 그 이유는, 전자는 유언비어를 만들고 전파하는 능력과 동기를 가진 주체적 계층이고 후자는 전자에 의해 오염되기 쉬운, 따라서 보호하고 지도해야 할 대상으로 파악했기 때문이었다. 이러한 설정에서 보면 조선인은 모두 '전향'의 대상이 되는 셈이다. 조선인은 대부분 내적으로 민족적 정서와 감정을 지니고 있으므로 이를 이른바 '일본정신'으로 바꾸어야 했던 것이다. 하지만 조선 내에서는 일제당국의 의도와는 정반대되는 현상이 계속 나타났다. 일본 내와 달리 '사상범에 대한 전향'도 조선인에게는 '진정한 의미의 전향'이 되지 못하여 이른바 '위장전향'하는 자가 많았으며, 민족운동 등으로 검거되는 자도 일제 패망 때까지 끊임없이 속출하였다.(변은진 2013, 50~53)

하지만 앞에서도 언급하였듯이 재조일본인 '사상범'의 경우 거의 전부가 재판을 전후하여 전향을 한 상태였고, 이소가야만 비전향 장기수가 되어 옥중에 있던 상황이었다. 게다가 이소가야와 함께 '태로 사건'으로 체포되어 실형을 언도받은 조선인 동지들 중에서도 어쩔 수 없이 '타협'의 길을 택한 자들이 적지 않았고, 특히 그와 가장 친분이 두터웠다고 할 수 있는 주선규와 송성관도 1939~1940년 사이에 전향을 표명했다. 1심 판결에서 이소가야와 함께 항소를 제기했던 송성관은 1939년 6월에 전향을 표명하여 형기만료일을 4개월여 앞둔 1940년 11월 10일 가출옥으로 석방되었다. 또 이소가야의 사우(師友)라고 할 수 있는 주선규도 송성관이 출옥한 1940년 11월에 전향서를 제출한 상태였다.(양지혜 2015, 364~365)

징역 5년을 선고받은 주선규가 송성관이나 이소가야보다 늦은 1943년 9

월 19일에야 가석방되었던 이유는 그의 건강 상태 때문이었다. 주선규는 이미 홍남경찰서 유치장에 있을 때부터 지나치게 병세가 위독하여 1933년 7월 28일 병보석으로 풀려난 바 있었다.[53] 이후 다시 수감되어 1심 재판에서 징역 1년을 받은 주선규는 1935년 8월 10일, 이소가야와 같은 폐침윤증에다가 급성신맹염(急性腎孟炎)·심장쇠약증까지 겹쳐서 결국 형 집행중지 처분을 받고 풀려났다. 당시 일제당국은 자택에서 요양 중인 주선규에게 끊임없이 전향을 강요했던 것으로 보이며, 그는 결국 전향서를 쓰게 되었던 것 같다. 그런데 전향 이후 주선규는 기르던 토끼 29마리를 함흥형무소에 '바치면서까지' 다시 복역하기를 희망하여 결국 1940년 11월 25일 재수감되었다. 이 말이 사실이라면, 당시 주선규가 왜 그렇게까지 다시 함흥형무소로 돌아가려 했는지에 대해서는 정확히 알 수 없다. 추측건대 형무소 밖에서 병약한 몸으로 일제당국의 정책에 저항하지도 못하면서 끊임없이 이용되느니 차라리 감옥에서 형기를 마치는 편이 낫다고 생각했을지도 모르겠다. 어쨌든 일제당국은 주선규의 전향을 '모범적인 전향 사례'라고 선전했고, 당시 언론에는 다음과 같은 기사가 실렸다.[54]

> 신병으로서 집행정지 중에 있던 사상범이 갑자기 전향하고서 황국신민으로서의 봉사를 하다가 다시 자진하여 입소를 청하는데 사법당국에서도 이 새로운 청년에게 따뜻한 인정의 손을 내밀게 되어, 그가 기르고 있던 토끼 29마리와

---

53 「自勞興南責任者 朱善奎入院 病勢危篤하다고」, 『朝鮮中央日報』 1933. 6. 29; 「朱善奎保釋 病勢危篤으로」, 『朝鮮中央日報』, 1933. 7. 31.

54 「保釋中의 被告에 愛兎를 同伴再入所許可-咸興刑務所內에 그려진 人情美譚」, 『每日新報』 1940. 11. 29.

함께 입소를 허락하여 사상전향을 싸고도는 꽃다운 미담을 전하고 있다.

이 화제의 주인공은 본적을 함흥부 사포정(沙浦町) 1정목에 둔 주선규(朱善奎, 33)로서 그는 일찍이 1932년 10월에 제2차 태평양노동조합의 간부급으로 활동하다가 (중략)

이에 대하여 함흥형무소 고이즈미(小泉) 소장은 다음과 같이 말한다.

이 청년은 보호관찰소장도 확실히 보증한다고 하였지만은 퍽 유망하고 또 유익한 황국청년이라고 믿습니다. 사상범이 일단 전향을 하면 보통청년보다도 더욱 황국신민으로서 힘찬 역할을 하게 되는 것은 일상 보는 바이지만, 특히 이 청년은 그 표본이라고 할 수 있을 것입니다.

물론 주로 독방에 격리되어 생활하던 이소가야는 형무소 내외의 정보들에 대해서는 다른 조선인 '사상범'들보다 접하기 어려웠을 수도 있지만, 조금 뒤늦게라도 송성관 등의 전향 소식을 들을 수 있었을 것이다. 1940년 11월 주선규의 전향은 형무소 밖에서 이루어졌고 그 시점은 이소가야가 만기출옥을 2~3개월 정도 앞둔 시점이었기 때문에, 만약 감옥에서 위의 신문기사를 보지 못했다면 잘 몰랐을 수도 있다. 어쨌든 이소가야는 자신의 어느 회고록에서도 사상전향을 표명했던 송성관이나 주선규를 비난하거나 서운해 하는 감정을 내비친 적이 없었다. 오히려 오랫동안 감옥에서 함께 고생한 동지의 시선으로 늘 따뜻함과 감사의 마음만 표하였다. 그는 훗날 주선규가 출옥하던 당일 상황에 대해 다음과 같이 기록하였다.

어느 날 주인규로부터 엽서 한 장이 날아들었다. 간단히 '선규 출옥'이라고만 적혀 있었다. 나는 그 편지를 받고는 재빨리 천내리(출옥 후 이소가야는 천내리 북선제강소에서 일하고 있었음—역자)에서 함흥으로 나왔다. 그때 주인규 일가는 황금동 뒷골목에 살고 있었다. 저녁 때 주인규의 집에 도착하여 밖에서

> 이름을 부르니 주인규와 선규가 동시에 방에서 얼굴을 내밀고 나라는 것을 알자 황급히 토방으로 내려와 양쪽에서 나를 껴안듯이 하여 방으로 데리고 들어갔다. 집 안에는 많은 동지들이 모여들어 주선규의 출옥을 축하하고 있었다. 내가 모르는 동지들도 꽤 있었다. 그날 밤 우리들 세 사람은 베개를 나란히 하고 이야기로 밤을 새웠다. 다음날 아침 나는 혼자서 다시 천내리로 돌아왔다. 주선규의 출옥이 나보다 늦어진 것은 그의 폐가 악화되어 몇 번씩이나 보석되어 좀 회복된 듯하면 다시 잡아들이기를 계속해서 만기출옥이 연기되었기 때문이다. (이소가야 스에지 1988, 193)

이러한 이소가야의 태도에 대해 최근의 연구에서는 "사법 당국이 제시한 타협과 비타협의 구분에도 불구하고, 이소가야는 마지막 회고를 기록하는 순간까지도 감정으로서의 연대를 계속 이어갔다."고 평하기도 했다(양지혜 2015, 366). 어찌되었건 이소가야 자신은 감옥에서 고생하던 조선인 동지들의 '전향'이라는 문제를 액면 그대로 받아들이지 않았음은 분명하다. 너무나 고통스러운 감옥생활과 최악에 달한 동지들의 건강상태에 대해 잘 알고 있었던 이소가야로서는, 인간으로서 죽지 않기 위해 어쩔 수 없는 마지막 선택으로서 '위장전향'한 것이라 보았을 것이고 따라서 공격의 대상으로 여기지는 않았을 가능성이 높다.

사실 전향을 표명한다고 해서 바로 석방되는 것은 아니었지만 일단 전향서를 작성하면 형무소 생활에서 일상적인 혜택들을 누릴 수 있는 범위가 늘어난다는 이점이 있었다. 특히 일제당국은 1937년 11월 9일부터 이전에 서대문형무소 수감자들에게만 적용되던 '누진처우'를 모든 형무소로 확대 적용하는 「조선행형 누진처우규칙」을 공표했다. 말하자면 '전향'을 표명할 경우 누진의 특전을 누릴 수 있는 대상이 되었고 그 급수에 따라 작업 상여금, 라디오 청취, 면회나 편지의 회수 등에서도 혜택을 받을 수 있었다. 뿐만 아니라 가석방 수속을 밟는 순서, 이야기를 나눌 수 있는 범위, 도서실에서 볼 수 있는 책의 범위, 수갑 착용이나 감방 수색의 범위 등 여러 면에서 차등을 두었다(장신 2014, 196~201). 이렇게 당근과 채찍을 겸하는 제도를 취하면서 전시체제기 들어서 일제당국은 '사상범'의 전향을 더욱 강요했던 것이다.

독방이나 병감에 수용되어 있던 이소가야에게도 사상전향의 강요라는 잔인한 칼날이 빗겨갈 수는 없었을 것이다. 병감의 담당 간수가 출옥한 비전향자들에게 어떤 조치가 취해지고 있는지를 수시로 이야기했다는 데서도 알 수 있다. 이러한 행위에 대해 이소가야는 이런 비열한 방법이 자신과 같은 환자들에 대한 매우 파렴치한 일이었음에도 불구하고 다소나마 '효과'를 거두고 있었고, 실제로 자신도 매일 그런 얘기를 들으면서 조금씩 리버럴한 분위기에 빠져드는 것을 느꼈다고 한다. 하지만 이소가야는 여러 회고록들에서 자신에게 가해진 '전향'에 얽힌 일화나 그 실상을 상세히 전하고 있지는 않다. 오히려 독방이나 병감의 일상생활에서 일어난 다양한 에피소드들을 전하면서 그 과정에서 인간 그 자체나 인간과 자연의 섭리 등에 대한 깊은 성찰의 시간을 보냈음을 드러내는 데 중점을 두었다.

3장
일제패망과 조선해방, 그리고 귀환

마침내 출옥, 해방전야와 8.15

1941년 1월 21일, 이소가야는 오랜 감옥생활을 마치고 풀려났다.[55] 출옥 당일 감방을 나오면서 이소가야는 몇 번이고 "천백 번 꿈을 꾼 이 방, 마지막으로 둘러본 나는"이라며 노래를 불렀다(磯谷季次 1980b, 115). 이소가야는 일제강점기에 일본인 '사상범'으로서는 가장 길게 형을 살은 셈이었다. 1932년 4월 27일 검거되었으니 거의 9년만이었다. 병동에서 병마와 싸우고 있던 1940년, 이소가야는 이른바 '황기(皇紀) 2,600년 은사(恩赦)'로 10개월 정도

55 이소가야의 출옥일은 그의 『植民地の獄 - 革命家の経験的記録』에 근거한 것이다(磯谷季次 1949, 118). 이후 그는 다른 글에서 자신이 함흥형무소에서 출옥한 것이 1942년 1월 21일 '레닌기념일'이었다고 서술하고 있다(磯谷季次 1982b, 113). 하지만 1949년의 『식민지 감옥』에서 구체적으로 '감형'의 근거에 대해 언급하고 있으므로 1941년 1월 21일 출옥이 정확하다고 판단된다. 『우리 청춘의 조선』 등에는 출옥 날짜가 명확히 나오지 않는다. 최근의 한 연구에서는 이소가야 스에지가 "1942년 1월 21일 만기 출옥했다"고 서술하고 있는데(양지혜 2015, 346), 이 역시 잘못된 것으로 보인다. 공식적으로 출판된 이소가야의 마지막 저서인 『良き日よ,来たれ—北朝鮮民主化への私の遺書』(1991, 花伝社)에 서문을 실었던 오가와 하루히사(小川晴久, 도쿄대 명예교수)는 이소가야가 1941년 10월에 9년 7개월 만에 출소했다고 기록하였다(3쪽). 이는 이소가야의 감형을 고려하지 않은 것이다.

감형(減刑)을 받았다. 이에 대해 이소가야는 '치안유지법 위반' 자체가 원래 죄가 아니기 때문에 전혀 '은사'나 '은혜'는 아니라고 기록하였다(磯谷季次 1949, 117~118).

여기서는 먼저 출옥 당일부터 1945년 8.15 즉 이소가야 입장에서는 '조국의 패망'을 맞이할 때까지 그의 간략한 행적을 정리해보기로 하겠다. 막상 감옥에서 나왔으나 갈 곳이 없었던 이소가야는 일제강점기 독립운동가나 유족들에 대한 후원단체였던 박인회(博仁會)[56]에 잠시 머물렀다. 박인회의 방들은 눈과 비만 겨우 피할 수 있는 돼지우리 같은 곳이었다. 그의 표현에 따르면 '형무소보다도 못한 시설이었지만 출입을 방해하는 자는 없었던 고급호텔'에서 2~3일 정도 묵은 후 내호(內湖)에 있는 송성관의 집으로 가서 신세를 졌다.

이때부터 이소가야는 송선관과 함께 다시 살아갈 수 있는 길을 모색했다. 처음에는 송성관의 매형이 자본금을 대어 함께 전등의 갓 대신에 전기의 밝기를 증폭시키는 광학기구인 프리즘 장사를 시작했다. 이소가야로서는 최초의 '장사' 경험이었을 것이다. 전력 절감을 주창하는 국가의 시책에도 부합하므로 수백 개의 전등을 사용하고 있는 함흥지방법원 등의 관공서를 공략하면 성공할 수 있으리라 기대했으나 실패하고 말았다. 이후 이력서를 들고 다

56 함흥 박인회는 1937년 1월 25일 부로 「조선사상범보호관찰령시행규칙」에 의한 '보호단체'로 지정되었다(『朝鮮總督府官報』 1937. 1. 25). 이후 전시체제기에는 '천황'의 '하사금'을 받아 운영되는 '사회사업단체'로 기능하였다(예컨대 「半島社會事業團體에 御內帑金을 御下賜-大御心에 恐懼感激-南總督 謹話-御下賜 金拜受-社會事業團體」, 『每日新報』 1941. 2.11). 그런데 원래는 "일제에 국권을 상실한 이후 독립투사들에 대한 후원 단체로 활동해오던 박인회(博仁會)는 3.1운동 이후 독립투사들의 투옥, 사망, 해외 망명 등으로 가장을 잃은 유족들을 비밀리에 도왔는데, 특히 유족 중 의지할 곳 없는 노인들을 충청북도 청주시에 집단으로 수용, 보호했다. 이것이 우리나라 노인 집단 수용시설의 시초"였다고 한다(이재운 · 박숙희 · 유동숙 2008, '양로원' 항목 참조).

른 일자리를 찾아다녔으나 '사상범'이라는 전력 때문에 쉽지가 않았다. 그러다가 어렵게 함흥과 흥남에서 멀리 떨어진 문천군(文川郡) 천내리(川內里)의 북선제강소(北鮮製鋼所)에 들어갔다. 북선제강소는 최초의 시멘트공장이었던 오노다(小野田)의 하청공장이었다.

하지만 오랜 감옥생활로 인한 병마의 후유증으로 인해 두 번이나 병원에 입원하는 바람에 북선제강소에서도 계속 버티지 못하였다. 이소가야의 기억에는 캐나다 장로회 계통에서 운영하던 함흥 제혜병원(濟惠病院)에 입원할 때마다 매번 누군가가 병원비를 내주었다고 한다. 이소가야는 그 인물이 주인규일 것이라고 추측하였다. 당시 주인규는 심영(沈影) 등과 함께 '고려'라는 이동극단을 조직하여 국내와 만주 등지로 순회공연을 다녔으며 함흥의 군영거리에 '로망'이라는 카페도 운영하고 있었다고 한다. 다시 함흥으로 돌아온 이소가야는 흥남질소비료공장의 자회사인 함흥합동목재주식회사에 들어가 본사와 본궁제작소(本宮製作所), 송흥연락소(松興連絡所), 장진강제재소(長津江製材所) 등으로 옮겨 다니며 근무하다가 장진강제재소에서 8.15를 맞이하였다.

출옥 후 이소가야는 함흥사상범보호관찰소의 감시를 받던 상황에서도 둘도 없는 동지인 주선규의 집에서 열리던 회합에 가끔씩 참석했으며, 함흥에 나가면 언제나 주선규·인규 형제 집에서 머물렀다. 어차피 한 달에 한 번씩은 보호관찰소의 호출로 인근 각지에서 출두 명령을 받은 '사상전과자들'과 함께 함흥지방법원 구내의 사상범보호관찰소 앞마당에서 이열횡대로 줄을 서서 황거요배(皇居遙拜)를 하고 「황국신민서사」를 외어야 했다. 그곳에서 송성관의 어머니로부터 그가 다시 검거 즉 '예방구금'되었다는 얘기나 함흥형무소 내에서 옥사한 동지들의 얘기를 전해 듣기도 했다. 주씨 형제도 언제 다시 구금될지 모르는 암담한 상황이 지속되었다. 훗날 일제패망 후에 임충석(林忠錫)으로부터 이소가야 자신도 「사상범 예방구금령」에 의해 1945년 8월 18일 일제검거의 대상에 포함되어 있었음을 전해 들기도 했다.

출옥 후부터 8.15 이전까지 이소가야가 가장 오래 근무하고 생활한 곳은 합동목재주식회사 장진강제재소였다. 당시 장진강제재소에는 일본인 소장 오가타(緒方)을 비롯해 제재업무와 그 처리 관계자만 100명 이상, 목재 관계 노동자만 1,000명 이상이 있었다. 이곳에서 이소가야는 제재 담당자로부터 제품을 인수받아 보관했다가 수송담당자에게 넘겨주는 일을 맡았다. 이곳은 함흥에서 약 20리 정도 떨어진 장진군 사수면(泗水面) 복동(福洞)의 개마고원 지대에 있었으며, 시수역이 제재소 구내에 있었다. 이곳에 대해 이소가야는 다음과 같이 설명하고 있다.

> 내가 일하고 있던 장진군의 사수(泗水)라는 곳은 함흥에서 신흥으로 약 20리 떨어진 고원지대로서 신흥철도(新興鐵道)의 종점이었다. 신흥철도는 함흥에서 성천강(城川江)을 따라 서쪽으로 5~6㎞ 떨어진 오로리(五老里)에서 분기하여 한쪽은 하기천(下岐川)을 지나 인라인으로 황초령(黃草嶺)으로 뻗어 그 고원 입구에서 고토리(古土里) · 하갈(下碣)을 지나 장진호반의 사수에 이르고, 다른 하나는 송흥에서 인라인으로 부전고원으로 뻗어 있었다. 양선 모두 하루 몇 차례씩 기차가 해발 천 수백 미터 되는 고원을 오르내리며 두세 대의 연결 화차와 객차를 끌고 고원에서 평지로, 평지에서 고원으로 느릿느릿 달리고 있었다. 또 황초령으로 통하는 험한 절벽에 면한 꾸불꾸불한 산길을 목탄으로 움직이는 버스가 헐떡거리면서 지나고 있었다.(이소가야 스에지 1988, 195)

침략전쟁을 수행하고 있던 일본으로서는 임업이 매우 중요했기 때문에, 사수가 매우 산골짜기에 위치했음에도 불구하고 하루에 몇 번씩 기차와 버스가 다녔음을 알 수 있다. 어쨌든 당시에는 함흥으로 가려면 반드시 장진호~사수~하갈~고토리~황초령에 이르는 좁고 긴 산간지역을 지나야만 갈 수 있었다. 이곳은 나중에 6.25전쟁 때 미군이 패퇴하여 산으로 도망쳐 내려가 홍남항(興南港)에서 탈출한 곳이었다. 당시 패주하던 미군은 홍남공장의 시설 전체를 엉망으로 만들어 놓았다고 한다.

8.15 직접 무렵 이소가야는 부업으로 함주군 상기천면(上岐川面) 오로리(五老里, 현 함남 영광군 소속)에서 사발을 굽고 있던 방치규에게 가서 그릇을 떼다가 화차에 싣고 하갈(下碣)로 와서 팔곤 했다. 방치규는 '제1차 태평양노동조합 사건' 관계자였다. 당시 일제당국의 공출로 인해 시중에 밥그릇 하나 구하기 어려운 실정이었으므로 조선인 잡화점 등에 그릇을 대주면 금방 동이 났다. 이문이 크게 남지는 않았어도 제법 잘 팔린 편이었다. 앞서 송성관과 함께 프리즘 장사에서 실패한 경험이 있었던 이소가야로서는 "태어나서 처음 혼자 힘으로 한 장사"에 기분이 좋았다고 한다. 드디어 장사에 맛을 들인 이소가야가 오로리로 가서 두 번째 물량을 화차에 가득 싣고 하갈로 오던 중 황초령과 하갈의 중간에 있는 고토리에서 종전을 맞이하였다. 그 충격에 당시 싣고 가던 사발들은 어디로 갔는지 그 행방은 전혀 기억에 남아있지 않을 정도였다.

한편 이렇게 장진강제재소에서 일하던 8.15 직전 시기에 이소가야는 종종 하갈로 나가 '임충석 그룹'의 모임에 참석하였다. 장진군의 유명한 항일운동 지도자였던 임충석은 1920년대 후반부터 함남 신흥청년동맹 간부를 역임하고 송성관 등과 함께 함남공산주의자협의회에서 활동하면서 1930년 신흥 지역 탄광노동자들 쟁의나 폭동을 지도했던 인물이다.[57] 이 '임충석 그룹'의 모임에는 여관 주인 정경문(鄭景文), 의사 위계련(魏桂連), 정미소 주인 김삼주, 8.15 이후 장진군 인민위원회 위원장이 되는 한요훈(韓堯勳) 등이 참석했는데, 이소가야는 특히 정경문 · 위계련 · 임충석과 친분이 두터웠다(이소가야 스에지 1988, 197).

이 시기 '임충석 그룹'의 존재와 활동은 일제패망 직전에 전국적으로 존재했던 수많은 항일비밀결사운동, 그 가운데서도 특히 공산주의자들의 소그룹 결성의 움직임과 같은 맥락에 있었다(변은진 2018a, 166/168). 이른바 대동아공영권(大東亞共榮圈)에 입각한 일본의 전쟁외교계획은 미드웨이해전을 계기로 1942년 여름경부터 흔들리기 시작했으며, 1943년을 고비로 '제한전쟁'은 소모전으로 전화되어 1944년 중반경 '사이판 옥쇄' 등이 알려지면서 더 이상 일본이 승전할 가능성은 없어져갔다(피터 두으스 1983, 243~250). 이렇게 일제의 패망이 확실시되는 가운데 국내외 항일운동진영의 당면과제는 주체적 역량을 하나로 모으고 강화하는 일이었다.

1937년 중일전쟁의 개시로 세계대전의 발발 가능성이 높아지면서 국내외 항일운동 진영에서는, 당면한 전쟁이 장기화하면 결국 일제는 경제력과 군사력이 부족하여 패망할 것인데 이렇게 일제가 패전 국면으로 치닫는 '결정적 시기'가 바로 조선이 독립을 쟁취할 수 있는 절호의 기회라는 인식이 점차

---

57 1930년 전후 임충석의 활동에 대해서는 당시의 신문기사를 보면 확인할 수 있다(「新興農組執行委員會」, 『中外日報』 1930. 1. 5; 「新興加平炭坑의 二百坑夫罷業眞相 罷業即時로 警官이 數名檢擧」, 『中外日報』 1930. 5. 8; 「長豐炭坑襲擊事件으로 百卅餘名을 檢擧取調 騷搖, 治維兩法으로 問罪」, 『中外日報』 1930. 7. 3 등).

일반화되어갔다. 이에 따라 독립의 방략은, 해외에서 무장력을 키운 독립군이 이 결정적 시기에 국내로 진격해오면 민중들이 이에 호응해 함께 무장봉기를 일으켜 일제의 권력을 몰아내고 자주적으로 조선을 해방시킨다는 것으로 통일되어 있었다. 이러한 인식은 국내외라는 지리적 여건, 사회주의 · 자본주의 등 사상 이념의 차이를 넘어 전쟁과 파시즘이 강화되는 정세에서 공통의 전략이자 전술로 자리 잡아갔다.(변은진 2013, 191~193)

이러한 배경에서 일제패망 직전인 1944~45년경에는 전국적으로 몇 개의 소규모 공산주의그룹들이 횡적인 연계를 취하고 있었다. 서울의 '공산주의자협의회', 청진의 '『자유와 독립』 그룹' 등이 비밀리에 서로 연락하면서 당면문제와 행동강령 등을 토의하고 '결정적 시기의 무장봉기' 방침을 실현하기 위하여 국외 항일운동세력과 연계를 시도하고 있었다. 함남 장진의 '임충석 그룹' 역시 이와 같은 맥락에서 활동하던 소그룹이었다. 이 외에도 부산과 거제도 일대의 '윤일(尹一) 그룹'과 '스탈린단', '조동호(趙東祜) 그룹' 등이 존재했다고 한다. 그리고 이러한 공산주의그룹과 청년학생 중심의 소규모 비밀결사들을 아우르는 민족통일전선적 조직으로서 여운형(呂運亨) 중심의 조선건국동맹(朝鮮建國同盟)이 결성되어 있었다.(변은진 2018a, 378~379)

이소가야는 '임충석 그룹'을 드나들면서 당시의 국내외 정세, 특히 전쟁정세의 변화와 패전 국면으로 접어든 일본의 상황에 대해 알 수 있었다. 그리고 동지들과 함께 정세 변화에 따른 조선의 독립과 해방, 당면한 혁명의 성격과 국가건설 구상 등을 둘러싸고 많은 고민과 논의를 했던 것으로 보인다. 이는 다음과 같은 그의 회고에서 잘 드러난다.

이미 우리들은 일본의 패전이 가까웠다는 것을 느끼고 있었기 때문에 종종 정경문의 집에 모여 장진군에서 앞으로의, 특히 일본이 패전할 경우의, 좌익 대책에 대하여 나름대로 의논을 하였다. 예상대로 조선이 곧 독립하게 될 것인지, 독립의 과정과 그 단계는 어떠할 것인지 나 자신도 암중모색하는 단계였다. 왜냐하면 일본이 패전하는 바로 그날부터 조선에 대한 통치능력을 완전히 상실할 것인지, 그렇지 않으면 어느 시기까지는 계속 무력을 행사하여 여전히 조선을 지배할 것인지, 여러 가지로 예상되는 사태에 따라 조선에서의 혁명의 성질이 달라지기 때문이다.

모든 것이 일본의 패전 양상과 조국독립을 목적으로 투쟁하는 조선민족의 주체적 역량의 상호관계에 의해 결 정될 것이다. 즉 조선이 일본의 패전을 계기로 곧바로 프롤레타리아혁명으로 나아갈 것인가, 아니면 민족자본민주혁명이라고 할 단계를 거친 뒤 그것을 급속히 혹은 서서히 프롤레타리아혁명으로 전화시킬 것인가 등등…. 그러나 설령 일본의 패전이 어떠한 경과를 거친다 해도 먼저 패전 시에 대비한 대책을 세우지 않으면 안 된다는 결론 하에 일종의 행동계획을 책정하였다. 경찰서의 점령과 경찰관의 무장해제, 교통·통신·운수·금융·행정기관의 접수, 이러한 것들의 임무수행에 필요한 행동대의 조직—노동자와 농민·학생·청년들의 교육조직—등에 대한 이야기가 주로 임충석의 주도하에 전개되었다.(이소가야 스에지 1988, 197)

위의 내용을 보면, 당시 '임충석 그룹'에서는 일제의 패망이 확실시되는 가운데 조선독립 이후를 준비하고 있었음을 알 수 있다. 일본이 어떤 형태로 물러날 것인지에 대한 전망과 그에 대한 대책, 새로운 조선을 건설하기 위한 방안 등에 대해 고민을 거듭하고 있었다. 물론 구체적인 결정을 내리지는 못한 채 일단 일제패망 시의 행동계획을 세워, 경찰관의 무장해제나 교통 · 통신 · 운수 · 금융 · 행정기관의 접수 등을 위해 행동대를 조직하자는 내용으로 논의를 모았다. 이러한 준비가 바탕이 되어 8.15 직후 전국 각지에서 자발적으로 치안대(治安隊) 등이 조직되어, 중앙의 건국준비위원회를 중심으로 발 빠르게 움직이면서 지방인민위원회를 건설해갈 수 있었던 것이다.

장진군의 경우, 바로 8.15 직전에 이소가야 등이 참여했던 '임충석 그룹'의 활동이 8.15 직후 인민위원회가 조직되는 데 중요한 역할을 했던 것으로 보인다. 장진군 인민위원회의 위원장 역시 '임충석 그룹'에서 활동하던 한요훈이 맡은 것만 보아도 짐작할 수 있다. 임충석은 송성관 · 도용호(都容浩) 등과 함께 1945년 8월 25일 소련군 사령관 치스차코프(Чистяков И.М.)를 만나 일본 측의 행정권 등에 대한 이양 교섭을 진행하였다. 그리고 다음 날인 8월 26일 흥남질소비료공장 노동조합장 자격으로 일본 측 대표 오이시 다케오(大石武夫)와 만나 흥남공장 접수서에 조인했으며, 같은 날 비료공장 · 금속공장 등을 차례로 접수하였다.(森田芳夫 1964, 169~170; 이소가야 스에지 1988, 198)

하지만 '해방전야' 다시 말해서 자기 조국의 패망을 눈앞에 둔 이소가야의 심경이 독립과 건국을 준비하는 다른 조선인 동지들과 같을 수만은 없었다. 조선인의 '해방'이란, 재조일본인 노동자로 살아온 이소가야의 입장에서는 이제는 '일본인'이라는 정체성을 가지고 본국으로 귀환해야 할 날이 다가오고 있음을 의미했다. 그리고 앞으로는 자신이, 패전한 일본사회의 또 다른 과제를 중심으로 한 생활에 적응하면서 새로운 삶을 출발해야 함을 의미했다.

1945년 8월 15일 이소가야는 단벌인 양복도 수선할 겸 해서 1시간 정도를 걸어서 하갈로 나갔다.[58] 그곳에서 가게주인으로부터 '중대 방송'이 있을 것

58 앞서 이소가야는 자신이 오로리에서 사발을 떼다가 火車에 싣고 하갈로 운반하던 중 황초령과 하갈의 중간 지점인 고토리에서 종전을 맞았다고 서술한 바 있다. 그가 종전 즉 일제패망의 소식을 접한 상황이 『우리 청춘의 조선』이라는 동일한 책 속에서 두 번 등장한다(이소가야 스에지 1988, 197/201). 어느 쪽이 정확한지는 잘 알 수 없지만, 다음 두 가지 정도로 유추해볼 수는 있겠다. 첫째

같다는 얘기를 듣고 모여든 사람들 틈에서 함께 라디오에 귀를 기울였다. 히로히토 '천황'이 아래와 같은 내용으로 세칭 「종전조서(終戰詔書)」를 낭독하였다.

〈그림 24〉 일본 '천황'의 이른바 「종전조서」

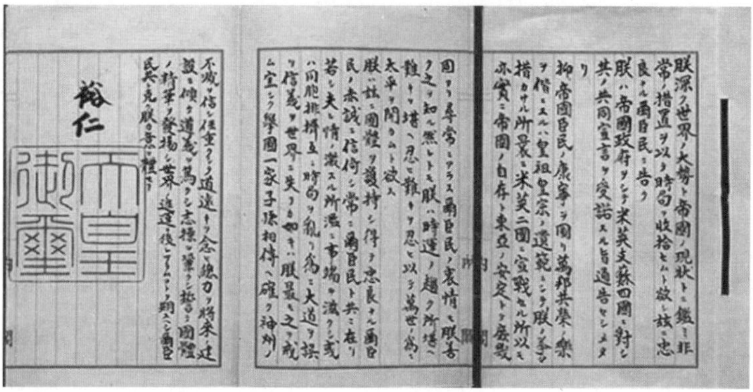
朕深ク世界ノ大勢ト帝國ノ現狀トニ鑑ミ非常ノ措置ヲ以テ時局ヲ收拾セムト欲シ茲ニ忠良ナル爾臣民ニ告ク

朕ハ帝國政府ヲシテ米英支蘇四國ニ對シ其ノ共同宣言ヲ受諾スル旨通告セシメタリ

抑々帝國臣民ノ康寧ヲ圖リ萬邦共榮ノ樂ヲ偕ニスルハ皇祖皇宗ノ遺範ニシテ朕ノ拳々措カサル所曩ニ米英二國ニ宣戰セル所以モ亦實ニ帝國ノ自存ト東亞ノ安定トヲ庶幾

固ヨリ尋常ニアラス爾臣民ノ衷情モ朕善ク之ヲ知ル然レトモ朕ハ時運ノ趨ク所堪ヘ難キヲ堪ヘ忍ヒ難キヲ忍ヒ以テ萬世ノ爲ニ太平ヲ開カムト欲ス

朕ハ茲ニ國體ヲ護持シ得テ忠良ナル爾臣民ノ赤誠ニ信倚シ常ニ爾臣民ト共ニ在リ若シ夫レ情ノ激スル所濫ニ事端ヲ滋クシ或ハ同胞排擠互ニ時局ヲ亂リ爲ニ大道ヲ誤リ信義ヲ世界ニ失フカ如キハ朕最モ之ヲ戒ム宜シク擧國一家子孫相傳ヘ確ク神州ノ

不滅ヲ信シ任重クシテ道遠キヲ念ヒ總力ヲ將來ノ建設ニ傾ケ道義ヲ篤クシ志操ヲ鞏クシ誓テ國體ノ精華ヲ發揚シ世界ノ進運ニ後レサラムコトヲ期スヘシ爾臣民其レ克ク朕カ意ヲ體セヨ

裕仁

天皇御璽

** 일본국립공문서관 소장

당일 방송을 들은 직후의 느낌에 대해, 이소가야는 자신이 함흥일본인위원회 위원장으로서 재조일본인의 귀국 활동을 추진하던 1946년 6월에 집필한 「북조선에서」라는 글의 첫머리에서 다음과 같이 밝히고 있다.

8월 15일 천황의 항복에 대한 라디오 방송을 장진군 산중에서 들은 나는, 2

는 이소가야가 종전 소식을 처음 접한 게 8월 15일 전날 정도일 가능성이다. 그래서 갑자기 단벌인 양복을 수선해둬야겠다는 생각을 했을지도 모른다. 둘째는 8월 15일 당일 아침 일찍 오로리로 가서 사발을 싣고 오다가 황초령에서 종전 소식을 접하고는 사발을 내팽개친 채 허둥지둥 사수의 집으로 돌아왔고, 다시 곧바로 1시간을 걸어서 하갈로 나가 정오 즈음에 있었던 라디오 방송을 들었을 가능성이다. 어느 쪽으로 유추해보아도 뭔가 석연찮은 점은 남는다.

년 전 이탈리아가 항복할 때부터 속으로 확실히 결론짓고 있었던 일본 패전의 현실을, 직접 우리의 생활 감정을 압도적으로 지배하는 사실로 경험했다. 그것은 조선인에게도 일본인에게도 그 사회·정치 생활상의 큰 전환점이었으며, 양 민족에게는 내용면에서 상호 대립되고 모순되는 것이었다. 그럼에도 일본인, 조선인 모두 갑작스런 그 생활 앞에서 뭔가 짓눌리면서 떠밀려가는 듯하게 느꼈다. 내 주위의 동포들은 아는지 모르는지, 패전하는 그 순간까지 '머잖아 이기리라, 이기리라'고 중얼댔지만, 이제는 바야흐로 자신들의 생활을 지배하고 있던 온갖 망상의 베일을 스스로 벗겨내야만 하게 된 것이다.(磯谷季次 1946, 371)

〈그림 25〉 히로히토의 「종전조서」 낭독을 청취하고 있는 일본인

** "2015년 일본 궁내청은 종전 70년을 맞아 히로히토의 태평양전쟁 항복선언을 디지털로 복원해 1일 공개했다."(도쿄 AP=연합뉴스)

위의 글을 보면, 이소가야는 '일제패망'을 경험하고 일본인과 조선인 모두 갑작스런 상황에 직면했으나, 사실상 이들 모두에게 큰 전환점이 된 8.15를

계기로 앞으로 양 민족이 서로 또 다른 형태의 모순과 대립을 겪을 것임을 직감하고 있었다. 이 날 느낀 감정에 대해 『우리 청춘의 조선』에서는 다음과 같이 여러 각도에서 비교적 상세히 서술하였다.

… 나는 천황의 항복 선언을 털끝만치라도 천황의 비극이라고는 생각하지 않았다. 물론 국민을 도발하여 전쟁을 획책하고는 자신은 전장에서 멀리 떨어진 가장 안전한 장소에 있으면서 애국을 떠들어대고 있던 군국주의자들의 비극이라고도 생각되지 않았다. 비극의 주인공은 다른 사람이 아니다. 바로 그들에 의해 살해되고 약탈당하거나 능욕당한 수백만, 수천만의 전쟁 상대국 인민이며, 천황의 이름과 군국주의자 손에 의해 전장에 휘몰리거나 후방에서 농락당하고 착취당한 아버지·아들·남편 혹은 형제들을 빼앗긴 국민인 것이다. 그런 사람들의 비극이라고 생각했다. 그래서 나는 천황의 말을 단순한 패전의 자인, 항복 선언이라기보다 무고한 민중을 학살한 데 대한 사죄로 듣고 싶었다.

(중략)

… 일본의 패전은 대만과 조선, 만주 그리고 새로운 식민지를 획득하려는 제국주의적 욕망을 끝없이 확대하려 한 데서 생긴 전형적인 침략전쟁의 귀결이며 자업자득의 비참한 말로였다. 패전은 하늘의 뜻이고 역사적 필연이었던 것이다. 그러나 나의 생각을 빼앗은 것은 그것만이 아니었다. 일본의 식민지지배, 특히 조선 지배를 총결산하지 않으면 안 되는 날이 구체적인 일정으로 다가왔다는 것을 느끼기 시작했던 것이다.

(중략)

'종주국 국민'으로 이 땅에서 공짜 특권을 누리고 있던 일본인은 실은 그들이 서 있던 위치가 정치적·사회적으로 얼마나 취약한 것이었는지를 이 패전을 통해 뼈저리게 느끼고, 자신들이 주입시키려고 했던 국가의 존엄, 전쟁의 정의, 천황의 신성 등이 결국 무엇을 초래했는지를 알게 되었다. 그것도 둘도 없이 귀중한 생명의 상실과 혹은 기아와 궁핍, 절망 속에서.

라디오에서 흘러나온 천황의 소리는 "모든 신민이여, 단단히 짐의 말을 듣

거라. 짐의 말은 모두에게 있어 신의 소리, 구원의 소리가 아니라 악마의 소리, 저주의 소리가 될 것이다."라는 뜻과 다름이 없었다.(이소가야 스에지 1988, 201~203)

이상에서 알 수 있듯이 이소가야는 일본의 패전과 '천황'의 항복 선언을 '전쟁 상대국 인민과 자국 국민의 비극'으로 느꼈다. 그리고 이러한 방송을 들은 후 그 자리의 어느 조선인도 슬퍼하지 않았는데, 이는 어느 누구도 식민정책에 대해 의식적인 협력자가 아니었기 때문이라고 설명하였다. 8.15라는 상황에 직면하여 '조선인'으로서의 정체성을 가진 사람들은 누구도 '비극'이라는 단어를 떠올리는 것 자체가 불가능했을 것이다. 하지만 식민지 조선의 독립과 해방을 바라면서 조선인 동지들과 함께 투쟁해온 이소가야였다 해도, '일본인'으로서 정체성을 가지고 있던 그로서는 당면한 상황을 일단 대다수 일본국민의 입장에서 상대화시켜 바라볼 수 있었던 것 같다.

그런데 당시 이러한 자신의 감상에 대해 이보다 앞서 출판된 『조선종전기』(1980)에는 다소 다르게 쓰여 있다. 아래에서 보듯이, 여기서 그는 당시의 '비극'을 '식민지 인민과 자국민의 비극'으로 서술하고 있어서, 앞의 글과 미묘한 차이를 보인다.

> 비극의 주인공은 바로 그들에 의해 약탈당하고 치욕을 당한, 살해된 무수한 식민지 인민이었다. 그리고 또한 그들에 의해 전쟁에 내몰려 생명을 빼앗기고 희생을 강요당한 국민이었다. 이러한 사람들의 비극이라고 생각했다. 비극이란 필시 부당한 희생의 다른 이름일 것이다.(磯谷季次 1980a, 113)

이소가야는 조용히 그 가게를 나오면서 '나는 분명히 패전국 국민'임을 느꼈다고 한다. "전혀 상상조차 할 수 없었던 일본인의 전 생활에 걸친 파경이 드디어 현실로 다가왔던 것"이었기 때문이다. 그리고 전쟁의 결과에 대한 자신의 예측이 적중했다는 것을 알고 고민에 빠졌다. 그에게는 "모든 동포의 모습이 갑자기 말라비틀어진 풀처럼" 느껴졌던 것이다(磯谷季次 1946, 371). 이와 같이 이소가야가 전쟁의 본질과 8.15의 진정한 의미, 일본의 반성 등에 대해 명확하게 알고 있었던 양심적인 일본인이었다고 할지라도, 패전국 국민으로서의 실의와 온갖 비난 속에서의 귀국을 앞둔 상황에서 그에게 '8.15'라는 역사적 사건은 '비극'이나 '파경'이라는 단어로 묘사될 수밖에 없었다. 아래 사진에서와 같이 온몸으로 '해방'을 만끽하고 있는 조선인의 감회와 같을 수는 없었던 것이다.

38도선 이북의 상황 변화와 이소가야의 역할

일제패망을 맞은 다음날인 1945년 8월 16일 이소가야는 제일 먼저 하갈에 있는 조선인 동지 임충석의 집을 찾아갔다. 그곳에서는 이미 장진군 내의 좌·우를 망라한 항일운동세력이 모여 서울에서 결성되는 건국준비위원회의 움직임에 즉각적으로 대응하기 위해 지방에서 어떻게 조직 활동을 전개할 것인가를 활발히 토론하고 있었다. 또한 아직 무장해제가 되지 않은 일제 경찰관에 대한 무기접수나 구금 등의 문제에 대한 토론도 이루어지고 있었다. 매일 밤늦게까지 끝없는 토론이 거듭되는 가운데 중앙의 상황을 파악하기 위해 2~3명이 함흥으로 파견되기도 했다. 이소가야가 살던 사수의 마을

에서도 어수선한 분위기가 계속되면서 모임이 이루어지고 있었다.[59]

〈그림 26〉 온몸으로 해방을 만끽하는 출옥 동지들(좌상)과 조선민중

※ http://blog.daum.net/gmania65/1485

이소가야는 8.15 직후에도 계속 장진군 산속에 남아 조선인 노동자들 사이에서 조직을 재건하는 일에 참여하였다. 그는 임충석으로부터 "우선 무엇보다도 먼저 장진군의 목재 관계자 조직을 세우라"는 연락을 받고 활동을 계속했던 것이다. 이소가야는 우선 제재공장 노동자인 윤계영(尹桂永) 등과 함께 자신이 일하고 있던 제재소와 그곳의 하청 노동자 약 300명, 오지의 수송

59 이하 8.15 직후 장진군과 함흥에서 이소가야의 활동에 대해서는 특별한 언급이 없는 한 주로 그가 1946년에 집필한 「北朝鮮にありて」(『朝鮮終戰記錄 資料編 第三卷』, 371~375)를 중심으로 하면서 『우리 청춘의 조선』 및 『朝鮮終戰記』(1980)의 해당부분을 참조하여 정리하였다. 아무래도 8.15 직후 귀환활동을 한창 추진하던 1946년에 쓴 글이 객관적 사실에 더 부합할 것이라 판단하기 때문이다.

벌채노동자까지 포함하여 조직화해나갔다. 이소가야가 청년 노동자들을, 윤계영이 중년 이상 노동자들을 각각 담당하여 교육과 조직 활동을 하기로 하였다. 함경남도인민위원회에서는 이미 제재소 등을 적산(敵産)으로 접수하고 관리위원회를 조직하여 '노동자의 공장'으로 새롭게 생산 활동을 개시시킨 상황이었다. 장진강제재소에서도 생산관리위원회와 노동조합이 조직되어 신속하게 생산이 재건되었다. 사실상 공장은 8월 15일부터 약 1개월 정도만 중지되었던 것이다.

8.15 직후 함흥에서도 곧바로 도용호를 위원장으로, 방치규 · 이증림(李增林) 등을 위원으로 건국준비위원회가 결성되었다. 이러한 분위기를 좀 더 정확히 파악하기 위해 이소가야는 8월 18일경 함흥으로 가서 주인규의 집에 머물면서 동향을 파악하였다. 이소가야와 주씨 형제 집안은 어머니 · 여동생 · 부인 · 아이들까지 모두가 가족과 다름없이 지내던 사이였다. 그날 밤 송성관 · 주치욱 · 주인규 · 주문정 · 주계섭 · 문회표 · 장회건 등 15~16명이 모인 회합에 그는 옵저버 자격으로 참석하였다. 이 자리에서 주치욱은 이소가야가 일본인이니까 헌병대로 가서 무장해제와 항복을 권하고 오라는 반 농담 섞인 말을 하여 그를 당황시켰다. 송성관이 어차피 일본군은 조만간 도망칠 것이라며 만류하여 그냥 해프닝으로 넘어갔다. 송성관과 함께 함흥시내 여관에서 하루 밤 머물면서 회포를 풀었는데, 막걸리 한 잔에도 혼절할 정도로 술을 못 마시는 이소가야는 한 방울도 입에 대지 않았다. 다음날 이소가야는 개인적으로 도용호 · 이증림 등의 집을 방문하여 그들의 정치적 견해를 들었다. 이렇게 함흥에서 좌익 계통의 운동이 상당히 활발히 진행되고 있음을 확인한 이소가야는 주인규 집에서 하루 밤 더 묵은 후 다시 장진의 산속 마을로

돌아왔다.

8.15 이후 이소가야의 활동을 본격적으로 살펴보기에 앞서 먼저 『우리 청춘의 조선』 등을 토대로 8.15 직후 38도선 이북지역의 상황을 살펴보도록 하겠다. 이소가야는 8.15를 계기로 가장 어려움에 처한 것은 바로 38도선 이북에 있던 사람들, 특히 함북과 함남의 사람들과 만주에서 간신히 함흥에 도착한 수만의 피난민이라고 보았다. 8월 8일 일본에 공식 선전포고를 한 소련군은 8월 9일 곧바로 웅기 · 나진을 공습했으며 동북선 국경으로 진공하였다. 8월 11일 그 일부가 함북 경흥 방면에서 회령으로 진격을 개시하였다. 해군은 나진과 웅기에 약 3,000명을 상륙시키고 8월 13일 청진 상륙을 감행했다. 일본 정부는 8월 10일 '국체호지(國體護持)'를 조건으로 포츠담회담 선언의 수락을 연합국에 신청했으며, 8월 15일 종전조칙(終戰詔勅)이 내려졌다. 이미 8월 9일에 중국 신경(新京, 현 장춘)에서 한반도 북부로 첫 피난열차가 출발했으며, 8월 14일 성진(城津)의 피난민 열차가 처음으로 함흥역을 거쳐 남하한 것을 시작으로 계속 피난열차가 내려왔다. 8월 15일 당일 함북도청 간부들은 모두 청진을 떠나 피난길에 올랐다.(森田芳夫 1964, 987)

정전명령과 동시에 38도선 이북과 만주의 일본인은 한순간에 유망민(流亡民)이 되어버렸다. 기차는 군인 · 경찰 · 관료의 가족만 이용할 수 있었기 때문에 일반 피난민은 기차를 이용할 수도 없었다. 패전국민으로서의 '피난, 철수'라는 말로는 설명되지 않는, 실제로는 "더 이상 파렴치할 수 없는 도주, 실종, 현기증 나는 행위"로 묘사할 수밖에 없는 상황이었다. 종전 이전에 아오지인조석유공장 공장장을 지낸 시바타 겐조(柴田健三, 1912~2004)가 『일본질소사의 증언』에서 "관리 · 군인 등의 독선적인 태도가 마지막까지 일반 동포에게 재앙을 불러일으켰다. … 이리하여 뒤처진 일반국민은 아무도 이끌어줄 사람이 없이, 황야에 버려진 양떼들처럼 우왕좌왕하다가 우르르 남쪽으로 밀려들기 시작해 함흥으로 흘러들어온 것이다"라고 서술한 데서 잘 드러난다.

함흥의 조선인 동지들의 움직임도 활발해졌다. 8월 16일 함흥형무소에 수감되었던 200여 명이 모두 석방되었다. 석방된 송성관 · 김재규 · 박경득(朴庚得) · 문회표(文會彪) · 최호민(崔浩敏) · 주치욱 · 한지복(韓祉福) · 주종순(朱鐘淳) · 주계섭(朱啓燮) · 김호철(金浩哲) · 주문정 등이 그날 밤 곧바로 회합하여 가칭 '함경남도인민위원회좌익'을 결성하였다. 이들은 조선독립을 위한 제반 조건이 갖춰졌다는 선전문을 여러 곳에 붙이고, 단천 · 북청 · 홍원 · 정평 · 영흥 · 문천 · 고원 · 원산 등 함남 각지의 동지들을 규합하기 시작했다. 그 결과 2~3일 만에 함흥에서만 100명 정도가 결집했으며, 위 조직은 '함경남도공산주의자협의회'로 발전적으로 해소되었다. 이들은 곧바로 흥남화학노동조합 · 함흥지구금속노동조합 등 대중조직의 재건에 착수했으며, 함흥 근처의 농촌에는 농민위원회를 조직하였다.

소련군은 8월 23일부터 신속히 무장해제를 실시하여 8월 24일에는 이미 38도선 이북의 군사력을 완전히 장악하였다. 이러한 분위기는 함흥을 중심으로 한 지역의 정치적 움직임도 크게 변화시켰다. 8월 23일 위 함남공산주의자협의회의 송성관 · 임충석 등 4인과 건국준비위원회 함흥지부의 도용호 · 최명학(崔明鶴) 등 2인 등 총 6인의 대표가 통역을 대동하고 소련군 제25군관사령관 치스차코프를 찾아가 협의를 진행하였다. 이 자리에서 '함경남도 임시인민위원회' 구성이 결정되어, 과거 일본의 여러 기관을 인민위원회로 위양한다는 내용의 포고문을 통달하였다. 위 협의회 측과 건준 측이 각각 11인씩으로 총 22인의 위원을 구성하여 이들의 협의 아래 접수 등 제반 업무를 처리하기로 하였다. 그리고 그날 밤 치스차코프의 명으로 함흥천주교회당에서 도용호·송성관·최명학 등 3인의 인민위원회 대표, 치스차코프 대장과 샤닌 소장 등 23명의 소련측 인사, 기시(岸) 지사 이하의 부장·과장이 참석한 가운데 인민위원회가 기시 지사로부터 정권위양서를 넘겨받았다.

〈그림 27〉 소련군에 의해 무장해제 당하는 일본군

** https://blog.naver.com/jinta653/50156913248

8.15 직후부터 공장의 가동이 중지되었던 1개월 사이에 장진군에서도 처음으로 '인민대회, 대규모 데모, 노동자의 조직화, 노동자에 의한 생산 수송 관리, 경찰관이나 그 외의 관리의 추방' 등이 진행되었다. 또 좌·우가 서로

암살계획을 세우는 등으로 대립하고 있었다. 실제로 이소가야가 임충석의 집을 방문한 어느 날에는, 장진군 인민위원장 한요훈을 비롯해 인민위원 위계련·박두순(朴斗順) 등이 모여 그날 밤 이들 5~6명에 대한 암살계획이 있을 것이라는 소식에 그 대책을 세우느라 분주했다. 임충석은 이소가야에게도 함께 방위에 참가해달라고 요청했다. 이소가야는 서둘러 산속으로 돌아가 제재소에서 함께 사회과학연구회를 만들어 학습하던 청년 동지 2~3명을 데리고 다시 하갈로 갔다. 밤 8시쯤 구 경찰서에 가 보니 50~60명의 동지가 암살단에 대한 역습을 계획하고 급히 6~7명씩 무장행동대를 편성하였다. 10시경 각 방면으로 행동대가 일제히 출동하여 암살을 계획한 자들을 속속 붙잡아왔다.

이소가야는 위계련 등과 함께 경찰서 수비대로 남아 총을 들고 입구에서 경계를 서는 역할을 맡았다. 그런데 이소가야를 제외한 조선인 동지들은 모두 총 쏘는 법을 몰라서 유일하게 군대를 다녀온 이소가야가 직접 가르쳐줘야만 했다. 국외의 항일무장부대에 참가하거나 일제의 지원병·징병에 응하지 않은 이상 조선의 청년들은 한 번도 근대적인 군사훈련을 받아본 경험이 없었고 총을 잡아본 적도 없는 게 보통이었다. 그래서 중일전쟁 이래 청년학생들 가운데 일부는 학교의 교련 교육이라도 열심히 받아서 근대적인 군사훈련의 경험을 쌓으려 했고, 또 일제패망 직전 징병·징용·학병 등을 거부한 청년들이 항일비밀결사운동에 참여하여 산속에서 목총·목검 등을 만들어 군사훈련을 하면서 일제가 패망할 결정적인 순간에 대비하고 새로운 국가를 건설하는 데 힘을 보태고자 했던 것이다.(변은진 2018a, 6장 3절 참조)

붙잡혀온 자들 가운데는 과거 이소가야를 마을에서 내쫓으려 하는 등으로 안면이 있는 사람도 있었다. 이들이 밤새 취조 받는 동안 이소가야는 '반동분자'의 역습에 대비해 경비를 좀 더 엄중히 할 필요가 있다고 판단하고 제재소 청년 20명을 소집해 경계를 강화하였다. 밤이슬에 젖은 대지를 보면서 밤새 총을 들고 보초를 섰던 이소가야는 그날의 심정을 다음과 같이 밝혔다.

> 지금 이 땅에서 새로운 세계가 탄생하여 한 시대가 막을 올리려 하고 있다. 그것은 창조를 지향하는 민족의 진통인 것이다. 바로 지금 시작된 이 진통은 분명히 새로운 자기를 실현하기 위해서 대지의 고뇌를 알리고 있다. 예전엔 그 위에서 한 민족이 타민족의 폭력에 학대당하고 쓰라린 고통을 당한, 또 그 위에서 문화의 싹이, 민족 산업이 유린되고 억압당한 똑같은 대지에서 말이다. 그러한 고통, 상처, 그리고 굴욕으로부터 벗어나기 위해서 피투성이의 싸움을 계속해 온 조선, 그러나 조선은 앞으로 더 싸워나가지 않으면 안 된다. 그것은 혹은 외적일지도 모르고 또 내부의 사람들과의 투쟁일지도 모른다. 그러나 어쨌든 조선의 새로운 생명력은 그 투쟁에서 승리할 것임에 틀림없다. 그 뒤에 비로소 조선 땅 위에 정의로운 것을 사랑하고 자신을 나누어 가질 수 있는 사람들의 공통된 빛으로서 하나의 '태양'이 빛나는 것을 볼 수 있을 것이다.(이소가야 스에지 1988, 217)

1945년 10월 초순경 이소가야는 그 동안 장진군 산속에서 담당하고 있던 목재 관계 노동자 조직을 마무리 지었다. 마침 그 즈음 함경남도 검찰부장으로 일하던 주인규로부터 일본인 피난민 구제를 위해 하루빨리 내려오라는 전화를 받고(磯谷季次 1982a, 12), 마침내 산속 생활을 정리하고 함흥으로 왔다. 조국의 패망에도 동요하지 않고 마지막 순간까지도 조선의 해방을 위한 자신의 책임, 조선인 동지들과의 약속을 지키기 위해 최선을 다했던 그의 모습을 엿볼 수 있다. 그리고 이제부터 이소가야는 '일본인'으로서 자신에게 당면한 현실과 주어진 역할을 위해 끝까지 노력하는 삶, 즉 자국 동포의 무사 귀환을 위해 또 다시 마지막 순간까지 최선을 다하는 삶을 살게 되었다.

장진강제재소 생활을 청산하고 하산해보니 겨우 1개월 만에 함흥 일본인의 생활은 참으로 격세지감을 느낄 정도로 심각하게 변해 있었다. 그 사이에 함흥거리는 온통 만주와 함경남북도, 그것도 북부나 고지대 혹은 변경지구에서 도망쳐 온 피난민들로 가득 차 있었다. 일제패망 직전에 8,000명 정도였던 인구가 불과 1개월 사이에 그 10배인 8만 명으로 늘어났고, 이들은 집도 직장도 없이 함흥 시내를 떠돌았다. 함흥의 일본인 마을은 완전히 아수라장에 기아의 마을로 변해 있었다. 그가 함흥 도착한 당일 제일 처음 목도한 광경은 이상한 거적에 쌓인, 아사와 병사로 죽어간 일본인 시체를 실은 짐수레가 계속 시외로 옮겨지는 것이었다. 이소가야는 "이런 일본민족의 광경을 예전에는 어느 누구도 보지 못했을 것"이라면서 다음과 같이 기록하고 있다.

> 땟국에 전 국방복을 걸치고 다 떨어진 구두를 신은 남자들, 머리카락도 수염도 제멋대로 자라게 내버려둬 덥수룩한 얼굴에서 생기라고는 조금도 찾아볼 수 없는, 얼빠진 눈이 슬쩍 비치고 있는, 대부분 함경북도나 혹은 만주에서 간신히 함흥에 도착했을 것으로 생각되는 그 삶들은 '종전' 후 내가 처음으로 두 눈으로 똑똑히 본 '패전국민'을 상징하는 일본인의 모습이었다.(이소가야 스에지 1988, 222)

> 함북지방으로부터의 피난민은 당시 함흥의 구 유곽 터에 집단적으로 수용되어 그 생활상태는 그야말로 지옥생활을 방불케 했기에 하루도 그대로 방치해 둘 수 없는 상태였다. 그들은 모두 거의 무일푼인데다가 12월 17일까지 배급된 쌀 한 톨조차 얻지 못했었기에 그 빈궁은 그야말로 비참 그 자체였다.

> 더구나 9월쯤부터 이 집단피난민의 이주구역이던 구 유곽을 중심으로 극심한 전염병이 창궐하였다. 이로 인해 점차 피난민이 죽어나가, 9월 한 달에 984명, 10월에 1,104명, 11월에 1,170명, 12월에 1,149명으로 점점 수를 늘려, 이 4개월 동안 4,407명, 하루 평균 36명의 사망자를 내어, 일본인 전체가 그야말로 대중적 사활의 문제에 직면해 있었다.(磯谷季次 1946, 374)

함흥에 도착한 이소가야는 곧바로 옛 함흥지방법원 건물인 도검찰부로 주인규를 찾아갔다. 주인규는 이소가야에게 이미 함흥일본인구원회 즉 함흥일본인세화회(咸興日本人世和會)가 만들어져 있지만 간부들이 모두 종전 이전에 '국가주의자들'이다 보니 조선인 측에서 그들과 일본인 문제를 진지하게 논의하기 어렵다고 토로하였다. 그러니 당장 회장을 맡지는 않더라도 이소가야가 함께 일해 준다면 공산당이든 인민위원회든 협력할 수 있을 것이라고 했다.

함흥일본인세화회의 기구는 "본부에 재정부 외 6부를 두고, 말단으로의 연락기관으로 종래의 정회(町會) 제도를 활용하여 시내를 21방면(方面)으로 나누어 활동력 있는 유망한 인재를 배치하여 방면위원으로 위촉"하고 활동을 개시하였다(北鮮戰災者委員會本部 1946, 305). 하지만 이소가야가 함흥에 도착했을 당시 세화회 회장은 전 함흥부윤이었던 니와세 노부유키(庭瀨信行)였다가 공석인 상태였다. 8월 29일 조직된 함흥일본인세화회의 초대회장은 전 함흥상공경제회 회두(會頭)였던 이노우에 기요시(井上清)였다가 3일 만인 9월 1일에 니와세로 교체되었다. 국사편찬위원회에서 제공하고 있는 조선총독부 직원록 DB를 통해 조사해보면, 니와세는 1920년대부터 오랫동안 조선총독부 내무국 지방과 촉탁으로 지내다가 8.15 전에는 함흥부윤까지 지냈던 전형적인 관료 출신이었다.

이렇게 짧은 기간에 회장이 두 번이나 교체되었고 이소가야가 함흥을 찾은 10월 초에는 다시 공석이 된 것만 봐도, 8.15 직후의 분위기에서 일제패망 이전에 경제인이나 관료를 지낸 지역의 유지가 일본인의 무사 귀환을 위한 '세화(世和, 세와)' 활동을 한다는 것 자체가 무리였음을 알 수 있다. 아래 현황을 보면 8.15 직후 초기에 함흥일본인세화회의 회장이 얼마나 자주 교체되었는지를 잘 알 수 있다(변은진 2018b, 213/222).

명칭	설립	지역	회장	참고
함흥일본인 세화회	1945.8.29	함흥부	井上清(1대, 8.29, 경제인) 庭瀬信行(2대, 9.1, 관리) 土谷惟一(3대,10.8,관리·경제인) 林良作(4대, 10.10, 경제인)	- 준비회합(8.24), 발기인회(8.27) 거쳐 조직 - 사무소는 永島治幸 자택

이름	소속 및 지위	분류	일제강점기 대표경력
이노우에기요시 (井上清, ?~?)	함흥일본인세화회대표위원, 초대회장	경제인	함흥상공경제회 회두
土谷惟一 (1881~?)	함흥일본인세화회대표위원, 사무국장 / 3대 회장(10.8)	관리 경제인	육군수의학교 졸업, 조선주둔군 수의부 근무, 함경남도경찰부 위생과 촉탁. 함흥시장주식회사 사장. 함흥재향군인 분회장, 함흥지방재향장교 회장, 함흥상공경제회 사무국장
하치야 겐지 (八谷賢次, ?~?)	함흥일본인세화회 서기장	언론인	북선매일신문사 편집국장, 함남신보 편집장
니와세 노부유키 (庭瀬信行, ?~?)	함흥일본인세화회 2대 회장 (9.1)	관리	조선총독부 내무국 지방과 촉탁, 함흥부윤
하야시 료사쿠 (林良作, ?~?)	함흥일본인세화회 4대 회장(10.10)	경제인	林商店 사장, 丸は精米주식회사 사장, 함경남도 양곡주식회사 이사

함흥에 도착한 이소가야는 함흥일본인세화회가 직면한 상황을 금방 파악할 수 있었다. 그리고 자신의 역할에 대해서도 곧바로 충분히 느꼈던 것 같다. 당시 파악한 함흥일본인세화회의 상황에 대해 이소가야는 다음과 같이

정리한 바 있다.

> 함흥일본인세화회는 패전 직후 함흥 재주 12,000 일본인의 물심양면에 걸쳐 구제와 질서유지를 위해 설립된 것이었다. 패전에 의한 정권 및 경찰권의 조선 측으로의 이행은 스스로 일본인의 무정부 상태를 초래해 방치하면 수습할 수조차 없는 혼란에 빠지는 것은 명백했다. 새롭게 수립된 조선인에 의한 행정기구는 확고한 기초를 가지지 못해 그 힘은 아직 약하고 일본인은 자신들의 구제와 생활질서 유지를 스스로의 힘으로 행해야만 했다.
>
> 이러한 목적에 의하여 8월 27일 발기인회를, 29일에는 전 함흥상공경제회장인 井上清, 동 사무국장인 土谷惟一를 대표자로 한 함흥일본인세하회를 설립한 것이다. 그런데 그때부터 함북지방에서 물밀 듯이 함흥을 향해 쇄도하는 피난민의 구제가 결정적인 사명이 됨에 따라, 그 사명을 다하기 위해, 부단히 그 활동력을 강화할 필요에 직면하여 9월 1일에는 庭瀨信行 전 부윤을 회장으로 앉힌 것이다. 그러나 함흥시내의 일본인 문제가 점점 복잡 곤란한 정도를 더해 조선 측 행정기관과의 절충이 빈번하게 됨에 따라 세화회의 성격이 그 구성분자인 구 관리, 구 국가주의적 존재라서 날카롭게 비판당해 사업 진행이 원활히 이루어지지 않아, 9월 28일에는 庭瀨 회장이 곧바로 퇴진하고 土谷이 다시 대표가 되었지만 2주 후에는 林良作이 회장이 되었다.(磯谷季次 1946, 374~375)

그런데 38도선 이북지역에서 세화회 등 일본인 귀환단체가 갖고 있던 이러한 한계는 비단 함흥에만 국한된 것은 아니었다. 사실상 8.15 직후에 북쪽에서 귀환단체를 이끌면서 귀국을 주도했던 일본인의 절대 다수가 경제인과 회사원, 관리에 집중되어 있다. 또 이들은 대부분 일제강점기에 도회 · 부회 · 면협의회 · 학교평의회 등에서 활동한 정치인이기도 했다. 기존에 '식민자 사회'의 상층을 구성했던 경제인과 관료 집단 즉 기존의 지방유지로 불리던 일본인이 자신들의 귀환활동을 주도하고 있었던 것이다. 이러한 점은 사실상 한반도 남쪽과는 상당히 다른 조건에 처해있던 북쪽의 일본인 귀환을 더욱 어렵게 만드는 요소로 작용했다.

이 때문에 1945년 8~9월 38도선 이북에서는 귀환단체 간부들이 군 당국 또는 조선인 측과 '마찰'을 일으켜 구금되는 사례가 각지에서 빈번히 발생하였다. 예컨대 1945년 8월 20일 조직된 안악일본인세화회는 조선인과의 마찰로 인해 곧바로 안악중학교 교장으로 회장이 교체되었다. 황해도 해주일본인회는 조선인 측에 회장의 전직 경력이 문제시 되어 자주 경질되었다. 평북의 구성일본인세화회(龜城日本人世和會)는 북조선 정부에 반항하여 자연 해소되었다가 소련군 당국의 명으로 1946년 2월에 재건되었다. 이러한 상황을 일본인 측에서는 대부분 '오해'에서 비롯된 일로 기록하고 있지만, 조선인 측에 '반항'했다는 등의 이유를 들고 있는 점으로 유추해볼 때 반드시 오해로만은 볼 수 없는 일들이 자주 벌어졌을 것이다. 그래서 귀환단체에서는 초기에는 대부분 고위관료나 경찰 출신으로 간부진을 구성했다가 얼마 후 경제인이나 교육자 등의 민간 유력자들로 간부진이 교체되는 사례가 많아졌다.[60]

그런데 이러한 상황과는 달리 함흥지역의 경우 과거 식민지인의 항일운동을 지원했던 노동운동가 출신인 이소가야 스에지나 그의 동지 마츠무라 기시오가 함흥일본인위원회의 간부를 맡으면서 새롭게 활동의 전기를 마련하였다. 38도선 이북에서 과거 '식민자 사회' 상층의 인사들이 귀환활동을 주도하려 했던 초기의 상황과는 완전히 대비되는 모습이다. 당시 일본인 귀환

60 여기서 마찰이나 교체의 사례를 일일이 거론할 수는 없다. 이에 대해서는 森田芳夫의 『朝鮮終戰の記錄: 米ソ兩軍の進駐と日本人の引揚』(1964)에 수록된 소련군 점령지역의 사례들을 참조하기 바란다.

단체 활동에서는 간부 개인의 역할이 매우 중요하게 작용했다. 뒤에서 자세히 살펴보겠지만, 이들은 직접 조선공산당 당원으로 참여해 옛 동지들과의 사적인 관계망까지 동원하여 3자 간의 '소통'과 공식·비공식적인 '협력'을 이끌어내면서 '집단탈출'을 성공시켰다. 물론 이소가야나 마츠무라 같은 인물은 다른 일본인과 똑같이 '고난의 탈출'을 경험했음에도 불구하고, 귀국 후 일본사회 내에서도 '피해자 인식'에만 갇혀 있지 않고 가해자 일본을 비판했던 드문 케이스에 속하는 인물들이다.

잘 알려져 있다시피 8.15 직후 38도선 이북의 상황은 이남과는 많이 달랐다. 첫째는 사회주의 정책을 지향하는 소련이 점령군으로 진주하고 있었으며, 둘째는 8.15 직후 각지에서 결성된 조선인의 지방인민위원회 및 공산당 활동을 소련군 당국이 인정함으로써 상대적으로 사회혼란은 덜한 편이었다. 셋째는 무엇보다도 만주와 중국대륙으로부터 수많은 일본인 군인·군속을 비롯해 민간인 피난민까지 대거 유입되었고 당국은 이들을 격리 수용한 상황이었다. 물론 소련점령군 당국이 초기에 이들을 전쟁포로나 전리품과 같이 취급하여 기본적으로 '귀환 금지' 정책을 펼쳤던 것이 일본인의 귀환을 어렵게 한 배경으로 작용했다. 하지만 이러한 상황에서 소련군 당국과 조선인민위원회나 공산당, 그리고 일본인 귀환단체 즉 소련-북조선-일본인 3자간의 관계를 조정하면서 순조롭게 이끌어갈 만한 '인물'도 부족했던 게 현실이었다.(변은진 2018b, 229~230)

한반도에 진주한 미·소 점령당국은 모두 해외 거류 일본인의 귀환과 잔류의 선택권을 인정하지 않았으며 재산권 행사도 금지시켰다. 귀환의 시기·순서·방식 등도 점령당국이 결정하였으며, 기술자 등 전문가 집단에 대해서는 주요 인적자원의 공백을 메우기 위해 점령당국과 현지인에 의한 '유용(留用) 정책'이 실시되기도 했다. 이와 같은 유사성에도 불구하고 미·소의 일본인 귀환정책은 상당히 달랐다. 미국은 군인·군속을 우선순위로 하여 전체 일본인을 무조건 귀환시킴으로써 식민지와 식민모국을 철저히 단절·봉쇄시키는 정책을 취했던 반면, 소련은 38도선 이북지역을 비롯해 만주·사할린·쿠릴열도의 일본인 이동을 기본적으로 금지시키는 정책을 취하였다. 그러다가 1946년 10월 중순경 소련군 당국이 북조선 일본인의 정식 '인양(引揚, 히키아게)'을 발표했고, 12월 19일 「소련점령지구 인양에 관한 미·소 간 협정」이 체결되어 공식적으로 일본인 귀환의 법적 근거가 마련되었던 것이다(李淵植 2009a, 8~10). 미국 영향 아래 있던 중국 본토나 타이완 등에서도 대부분 1946년 6월 이전까지 공식적으로 일본인의 귀환이 이루어진 것과 비교해보면, 38도선 이북의 일본인 귀환은 상대적으로 늦게 진행되었음을 알 수 있다.

따라서 38도선 이북 일본인의 귀환, 특히 1946년 말 이전에 일본인이 처한 상황과 귀환의 과정은 지역과 시기에 따라 많은 역경을 수반했다. 소련군 당국은 군인 · 관료 · 경찰 등 대략 6~7만 명 정도의 일본인을 주로 평양지구·함흥지구·고무산지구 등에 억류했으며, 일부는 작업대로 편성해 캄차카반도 등지로 보내기도 했다. 또한 만주와 중국본토로부터 유입된 군인·군속과 민간인이 늘어나면서 38도선 이북의 일본인은 극심한 빈곤과 위생상황, 역송(逆送)과 억류, 강제노동과 살상 등을 경험해야만 했던 것이다. 1945년 8월부터 1946년 10월경까지 민간인 사망자 수만 대략 22,805명(함북 815명, 함남 12,408명, 평북 2,171명, 평남 7,107명, 황해 304명)에 달하였다.[61] 한반도 북쪽 일본인의 귀환과 관련한 주요한 상황 변화를, 먼저 아래 연표를 통해 개략적

으로나마 살펴보고자 한다.[62]

날짜	38도선 이북지역 일본인 귀환 관련 주요사항
1945.8.8	소련, 일본에 선전포고
8.9	소련군 웅기·나진 공습 / 동북선 국경으로 진공 / 중국 신경에서 북한으로 피난열차 출발
8.10	일본 정부, 國體護持 조건으로 포츠담회담 선언 수락을 연합국에 신청
8.13	소련군 청진 상륙, 격전 전개
8.15	소련군 古茂山 전투 / 終戰詔勅 내림 / 함북도청 간부, 피난을 위해 청진 출발
8.16	소련군 길주·나남 폭격
8.19	나남사관구 사령관 정전명령 수령
8.20	함흥에 함경북도피난민회 결성
8.21	소련군 원산 상륙 / 일본군 일부, 연길에서 소련군과 정전협정
8.23	소련군 개성 진주
8.24	소련군 평양 진주 / 평양에 만주소개민총본부 결성
8.25	함북지사 이하 체포, 함흥의 장관 5명 소련 억류 / 조선민족함경남도집행위원회 결성 (8.30. 인민위원회로 개칭)
8.26	평양에서 소련군과 정전협정 / 평안남도인민정치위원회 결성(평안남도인민위원회로 개칭)
8.28	조선군관구군, 38도선 분할 공표 / 평양의 장관 7명 소련 억류 / 일본 정부, 연합국군사령관에 북조선 치안유지 요망
8.31	평안북도인민정치위원회 결성 / 평양에서 이바라(井原) 참모장, 사닌 소장과 협정
9.1~4	북한으로 온 滿鐵 직원과 가족 2만 명, 만주로 돌아감
9.2	미주리 선상에서 항복문서 서명 / 연합국군 총사령부 지령 제1호로 재조선 일본군은 38이남은 미군, 38이북은 소련군에게 항복 지시 / 황해도인민정치위원회 결성
9.4	황해도인민정치위원회 총사직, 筒井 지사에게 황해도 행정 넘어감
9.6	일본 정부, 스웨덴에서 북한의 사태 개선을 소련에 전달 의뢰
9.7	일본각의에서 「外征部隊 및 거류민 귀환 수송 등에 관한 실시 요령」 결정
9.9	일본 정부, 연합국군 총사령관에 북한의 사태 개선 요망 / 일본 외무성 가메야마(龜山) 참사관, 서울 거쳐 북한행 기도 / 항복문서 조인식
9.12	함흥의 함북 피난민 약 4,500명, 철원에서 남하를 저지당해 逆送
9.13	황해도인민위원회 결성 / 일본 정부, 적십자 국제위원회 본부에 북한의 사태 개선을 요망
9.15~23	흥남에서 社宅 이동
10.6	적십자 국제위원회 쥬노 주일대표, 서울에서 북한행 기도
10.8	북조선5도인민위원회 대표자대회
10.12	소련군 제25군 사령관 성명 발표

61 森田芳夫 1964, 894에 있는 〈표 95〉의 수치를 합산한 것임.

62 이 연표는 森田芳夫 1964, 987~999에서 38도선 이북지역과 관련된 사항들을 중심으로 추출했으며, 여타 자료들을 참조하여 부분적으로 첨삭을 가했다.

10.16	연합국군 총사령부, 「점령지역 일본인 인양 방침」 지시
10.26	연합국군 총사령부 '조선총독부' 명칭 사용 금지
10.말	함북 피난민 함남 집결 수 : 함흥 약 17,000명, 흥남 약 9,800명, 원산 약 7,500명
11.7	소련군, 수풍발전소 제3·4·5호기 해체 착수
11.19	북조선행정국 성립
11.말	흥남공장의 조사기획부에 일본인 기술자 16명 들어감
12.2	함흥시인민위원회, 함흥 피난민 3,282명 부평으로 이동 지시
12.3	함흥일본인세화회, 함흥일본인위원회로 개조(임원진 개편)
12.31	延吉 수용 일본인 약 1,000명 석방
1946.1.말	소련군, 북한(함남·평남) 일본인 피난민에게 쌀 특별배급 개시
2.8	북조선임시인민위원회 성립
2.말	황해도 집단탈출 개시
3.15	함흥의 집단탈출 개시
4.1	함흥에 北鮮戰災者委員會 결성
4.5~9	평양의 만주 피난민 1,100명, 龍岩浦·北中·府羅·楊市로 이동
4.10	해주 탈출 종료
4.12	秋乙의 2,700명, 진남포 이동
4.20	평양 龍山墓地에서 위령제, 비석 세움
5.12	평양 철도 관계자 2,615명 남하
5.22	진남포 이동 개시
5.27	흥남 610명, 캄차카로 출발
5.30	함흥 354명, 캄차카로 출발
6.초	소련군, 일본인 남하 금지 지시
6.초~8.초	소련지구에서 일본군 포로, 북한으로 逆送
6.4	소련군, 함흥에서 일본인 남하 이동 금지
6.5	소련군, 평양에서 일본인 남하 이동 금지
6.15	평양의 소련군 사령관, 일본인 노동의 자유, 38이북 여행의 자유 인정
6.25	평안북도일본인연합회 결성
6.26	對日理事會에서 소련점령지구 일본인 인양 문제 토의
7.16	평양에서 약 2천 명 이동, 해주에서 저지당해 억류
7.23	서북선지구 일본인이동위원회 결성
8.초	栗里·市邊里의 탈출코스 개시
8.10	'산업·교통·운수·체신·은행 등 국유화에 관한 법령' 공포
8.22	신의주에서 船團으로 2천 명 남하
8.말	성진에서 배로 남하 재개
9.중~말	진남포 이동 재개
9.18	함흥에서 船團으로 2천 명 남하
9.26	연합국군 총사령부, 소련점령지구 일본인 인양에 관한 성명 발표
10.12	북조선공업기술총연맹 일본인부 결성

10.중	나진·웅기 등에서 船團으로 남하 / 소련군, 북조선 일본인의 정식 인양 발표
10.말	安東에서 船團으로 약 6천 명 남하
12.16	인양선 흥남 출항
12.18	인양선 永豊丸 원산 출항
12.19	소련점령지구 인양에 관한 미·소 협정
12.24	소련군, 형기 2년 이내의 일본인 석방, 형기 2년 이상은 재심사 명령
1947.1.13	古茂山 일본군인수용소 폐쇄
2.17	도·시·군인민위원회 대표자대회에서 토기개혁법령 등 승인
3.22	인양선 大安丸 흥남 출항
5.27	인양선 丸加丸 西湖津 출항
6.3	인양선 信洋丸 흥남 출항
8.4	연합국군 총사령부, 「연합국·중립국·적국 및 특수지위국 등의 정의」에 대한 각서(조선은 특수지위국에 포함)
11.8	인양선 宗谷丸 흥남 출항
11.19	연합국군 총령부, 「일본인과 내연관계에 있는 조선인 및 기타 외국인의 일본 입국」 각서
1948.2.14	북조선공업기술총연맹 일본인부 해산 명령
7.4	인양선 宗谷丸 원산 출항
9.9	조선민주주의인민공화국 성립
1949.3.11	북한 미귀환자 인양 촉진을 '애타게 기다리는 마음의 모임' 발족
10.24	캄차카에서 4년 계약 완료 어업노동자 45명, 청진 도착(10.26. 13명 남한 경우 일본 귀환)
1950.5.26	북한에서 13명 남하 인양
1951.7.25	일본 외무성 「인양백서」 발표(북한 사망확인자 수 27,728명)
1953.9.중	유엔 포로특별위원회에서 소련지구 미귀환자 수 발표(북한 사망자 32,750명)
11.28	소련적십자, 북한 잔류 일본인의 인양 교섭은 조선적십자로 연락한다고 회답
1954.1.6	일본적십자, 적십자 국제위원회에 조선적십자로 연락 의뢰
2.9	적십자 국제위원회, 소수의 일본인이 북한에 있다고 통보
8.19	일본적십자, 조선적십자에 잔류 일본인 인양 교섭
1955.4.10	뉴델리의 아시아국가회의에서 일본대표가 북한대표에게 잔류 일본인 인양 교섭
1955.5.18	조선적십자, 잔류 일본인의 인양에 회답
5.30	일본적십자에서 조선적십자에 일본인 인양 경로 제안
10.24	일본국회의원단, 북한에서 인양희망 일본인명부 가지고 귀국
1956.2.1	평양에서 일본·조선적십자회담 개시
2.27	조·일적십자회담에서 일본인 귀국에 대한 코뮤니케 / 조선적십자, 잔류 일본인 소식 통보
4.21	遮湖에서 인양선 고지마마루 출항

위 연표를 보면, 1951년 일본외무성이 『인양백서(引揚白書)』를 통해 공식 발표한 사망확인자 수는 27,728명, 1953년 유엔 포로특별위원회에서 발표한

사망자 수는 32,750명에 달한다. 위의 1946년 10월경까지 민간인 사망자 수가 22,805명이었음을 고려하면, 38도선 이북 일본인 사망자의 절대다수가 민간인이었음을 알 수 있다. 이 점만으로도 그들에게 닥친 비극적인 상황은 충분히 짐작이 가능하다.

38도선 이북지역의 이상과 같은 상황을 감안해보면, 이소가야와 같은 경력과 인품을 지닌 인물은 당시 일본인 귀환활동에서 매우 소중한 존재일 수밖에 없었다. 조속히 무사 귀국을 추진해야 한다는 최종목표를 이루기 위해 이러한 인물의 역할이 중요했을 뿐만 아니라, 더욱 시급하게는 당장 귀국하기 전까지 조선 내에서 일본인의 생존을 지키고 최소한의 생활여건을 확보하면서 살아남기 위해 더더욱 필요했던 것이다. 사할린과 함께 소련군 점령지역이 된 38도선 이북의 일본인은 조선총독부나 '조선군' 사령부가 주도하던 과거의 식민지배 네트워크가 해체되고 부동산을 포함한 사유재산의 접수와 경제활동 제한 등의 조치로 인해 생활환경이 급격히 변화해갔다(李淵植 2008, III장 참조). 이러한 상황에서 앞서 언급했던 조선-소련-일본이라는 3자간의 이해와 조정을 해나가면서 최소한의 생존권이라도 확보할 수 있을 만한 일본인의 역할이 절실히 필요함을 깨달은 주인규가 이소가야를 함흥으로 불러들여 일본인 귀환단체 활동에 참여하도록 했던 것이다.

주인규는 곧바로 이소가야에게 도검찰부에서 발부하는 신분증명서를 만들어주었다. 여기에는 "이 증명서를 지참하는 자는 우리의 동지이며 각 기관은 필요에 따라 충분한 편의를 주어야 한다."는 문구가 기재되어 있었다. 이어서 이소가야는 옛 동지 마츠무라 기시오로부터 그 동안의 상황을 듣고 함께 세화회 간부를 만나 앞으로 협력하겠다는 뜻을 피력하였다. "제국주의자를 위해서가 아니라 전쟁희생자를 위해서" 세화회 일을 돕겠다고 생각했던 것이다(이소가야 스에지 1988, 224~225). 과거 노동조합운동 사건으로 함께 검거되었던 마츠무라와는 15년 만에 재회한 것이었다. 당시 소개받은 세화회 간부는 『북선매일신문(北鮮每日新聞)』 편집장이었던 하치야 겐지(八谷賢次), 전 함흥철도국장 도도로키 겐지로(轟鎌次郎), 『오사카마이니치신문(大阪每日新聞)』 지국장을 지낸 라쿠신(樂愼) 등 4명이었다.[63]

이때부터 이소가야는 마츠무라의 권유로 군영거리의 잡화상 대판옥(大阪屋, 오사카야) 안쪽 방에서 그 가족들과 함께 생활하게 되었다. 함흥시 당부(黨部)나 도 당부 모두 함흥의 일본인과 피난민의 구제에 몰두할 여력이 없었기 때문에 자신의 하산을 청했음을 알게 된 이소가야는 이후로는 일본인 문제에 전력을 기울여야겠다고 결심했다.

소통과 중재의 달인으로 거듭나다

8.15 직후 조선총독부 식산국장을 지낸 호즈미 신로쿠로(穗積真六郎)나 아사히신문사 서울지국장 이쥬인 가네오(伊集院兼雄) 등이 조선총독부에 일본인 단체의 필요성을 역설한 후, 1945년 8월 18일 '경성내지인세화회'를 시작으로 각지에서 원호단체 성격을 띤 세화회가 결성되었다. 이 명칭은 일제 패망 후 조선총독부가 공식적으로 나설 수 없었던 상황에서 민간 일본인 차

63 『우리 청춘의 조선』에는 이 일본인들의 인명 독음이나 직업 등이 다소 다르게 기재되어 있는데, 여러 자료들을 참조하여 수정했음을 밝혀둔다.

원의 상호부조 이미지를 드러내기 위해 사용되었다. 하지만 38도선 이남에서 세화회는 순수한 민간단체라기보다는 주로 총독부와 일본군의 지원, 미군정당국의 비호 아래 활동하였다.(최영호 2013, 12)

이 세화회란 명칭은 초기에는 38도선 이북에서도 그대로 통용되었고, 심지어 소련군 당국이 직접 기존의 단체를 세화회로 변경하라고 지시한 사례도 확인된다. 하지만 이후 38도선 이북에서는 '세화회'라는 명칭 자체에 문제를 느끼고 '일본인회' 등으로 명칭과 조직을 변경한 사례가 많이 있었는데, 앞으로 이소가야가 주도적으로 귀환활동을 전개하게 될 함흥지역이 대표적이다. 1945년 말 현재 함흥에는 재주자와 피난민을 합해 35,000명에 달하는 일본인이 있었다. 세화회가 당면한 많은 문제들 즉 의료, 식량, 주거, 피난민 구제, 조선 측 제 기관으로부터 명령받은 대규모 근로동원의 편성 등 여러 현안을 해결하기 위해서는 현재의 세화회에 더 강력한 실천력을 부여할 필요가 생겼다. 이에 함흥일본인세화회의 기구를 근본적으로 재편성하여 '함흥일본인위원회'로 바꾸고 "함흥 일본인의 사활을 걸고 강력한 운동으로 돌입"하기로 했다(磯谷季次 1946, 375).

함흥일본인세화회가 함흥일본인위원회로 정식 개조된 것은 1945년 12월 3일이었다. 사실상 개조라기보다는 완전히 새로운 조직의 발족이었다. 기존 세화회의 방면위원회도 '지구위원회'라는 명칭으로 개칭하였다. 함흥일본인위원회는 소련군 당국, 도・시인민위원회, 조선공산당 모두의 지지와 승인을 거친 공인단체로 활동할 수 있게 되었다(北鮮戰災者委員會本部 1946, 306). 위원회 사무실은 이소가야와 마츠무라가 거주하던 대판옥 바로 옆에, 이소가야의 표현대로라면 '엎어지면 코 닿을 데'에 위치하고 있었다.

〈그림 28〉 이소가야가 작성한 함흥일본인위원회 조직표

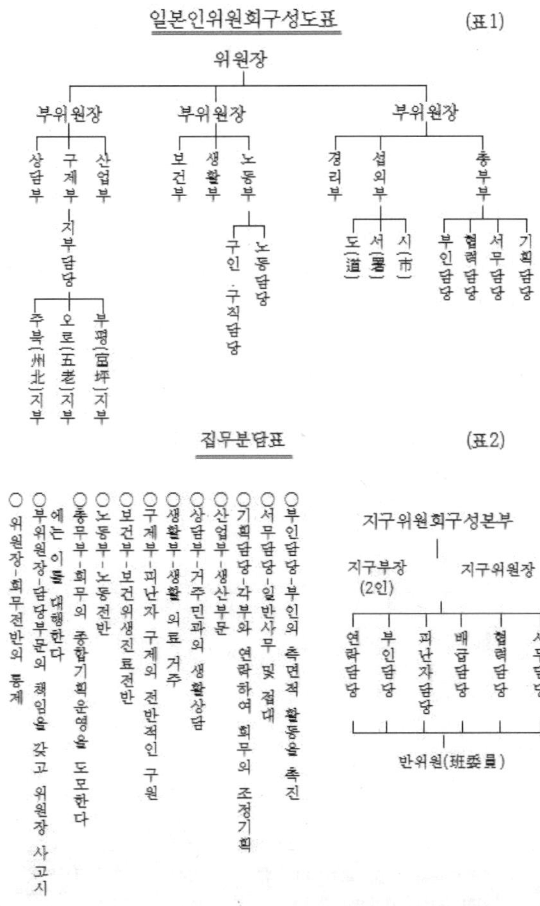

※ 이소가야 스에지 1988, 249

함흥일본인위원회의 초대 위원장은 일본에서 아키타광산전문학교를 졸업하고 광산 관계 실무에 종사하다가 일제 말에는 함흥에서 된장 · 간장공장을

경영하던 효도 데츠조(兵頭鉄蔵)가 맡았다. 그가 1~4대 위원장을 맡았고, 이후 5~6대 위원장은 이소가야가 맡았다. 이때부터 이소가야는 효도와 함께 귀환활동을 추진하면서 아주 가깝게 지냈던 것 같다. 이소가야는 그를 "섬세하고 인정이 많은 동시에 권력에 굴하지 않는 정의파"라고 묘사했으며(이소가야 스에지 1988, 228), 그에게 중매를 부탁하여 결혼까지 골인한 데서 알 수 있다. 여러 자료들을 종합하여 함흥일본인위원회의 현황과 위원장·부위원장을 비롯한 간부진에 대해 먼저 정리해두고자 한다(변은진 2018b, 213/222~ 223).

명칭	설립	지역	회장/대표	참고
함흥일본인위원회	1945.12.3.	함흥부	兵頭鉄蔵(1~4대) 磯谷季次(5~6대)	선언·강령·취의서·규약 작성 / 간부진 이소가야와 마츠무라가 조선공산당 함흥시당부 일본인부에 당원으로 참여하여 인민위원회·소련군 당국과 교섭하면서 활동 / 기관지 「新生」과 「북선전재현지보고서」 등 발행

이름	소속 및 지위	분류	일제강점기 대표경력
효도 데츠조(兵頭鉄蔵, ?~?)	함흥일본인위원회 1~4대 회장 / 북선전재자위원회 위원장	경제인	秋田광산전문학교 졸업, 종전 당시 된장·간장공장 경영(양조업)
하치야 겐지(八谷賢次, ?~?)	함흥일본인위원회 부위원장 / 북선전재자위원회 부위원장·사무국장	언론인	북선매일신문사 편집국장, 함남신보 편집장
도도로키 겐지로(轟謙次郎, ?~?)	함흥일본인위원회 부위원장 / 북선전재자위원회 부위원장	관리	조선총독부 철도국 기사·주임·계장, 함흥지방철도국 기사, 함흥철도국장(?)
近藤時次郎	함흥일본인위원회 부위원장 / 북선전재자위원회 부위원장	경찰	함북도경찰부 청진경찰서 청진피난민단장, 청진경방단장 * 함북 대표로 유도대회 다수 출전, 수상
라쿠신(樂愼, ?~?)	함흥일본인위원회 총무부장 / 북선전재자위원회 위원	언론인	오사카마이니치 지국장, 매일신보 함흥주재원(?)
鹽田績(1914~?)	함흥일본인위원회 위원장부 / 북선전재자위원회 사무차장	회사원	원산중학 졸업, 咸南合同電氣會社·北鮮合同電氣株式會社 근무
다카츠키 료타(高月亮太, ?~?)	함흥일본인위원회 東병원장	의료인	

平本直來	함흥일본인위원회 고아수용소장	종교인	포교사, 原州本願寺, 眞宗本願寺派 북청포교소·흥남포교소 등
나가야 도시오 (長屋俊雄, ?~?)	함흥일본인위원회 섭외부장 / 북선전재자위원회 위원	경제인	철물상(金物商)
貞宗秀夫	함흥일본인위원회 산업부장 / 북선전재자위원회 위원	관리 경제인	토목청부업, 함경남도 내무부 토목기수, 합자회사 정종공업 사장, 함흥흥업주식회사 이사
浜田芳雄	함흥일본인위원회 구제부장	경제인	청진에서 酒類食料雜貨店, 청진피난민단
上野謙吉	함흥일본인위원회 보건부장 / 북선전재자위원회 위원	관리	총독부 철도국 서기, 교통국 제1근로과장
德田實	함흥일본인위원회 생활부장 / 북선전재자위원회 위원	경제인	토목청부업, 함흥토석판매주식회사 이사, 합자회사 덕전상회 사장
森政市	함흥일본인위원회 근로부장 / 북선전재자위원회 위원	경제인	토목청부업, 반전상점주식회사 이사, 흥아목재주식회사 사장
川口仁作	함흥일본인위원회 상담부장	경제인	藥種商
大垣三郎	함흥일본인위원회 경리부장 / 북선전재자위원회 위원	관리 경제인	식산은행 지점장 대리
須藤芳壽	함흥일본인위원회 부평일본인회지부(1945.12) 2대 지부장	미상	
이소가야 스에지 (磯谷季次, 1907~1998)	함흥일본인위원회 위원장 (1946.4.1)	회사원	일본질소비료공장 노동자, 함흥합동목재회사 준사원 * '태로 사건'으로 투옥
마츠무라 기시오 (松村義士男, ?~?)	함흥일본인위원회 위원	회사원	西松組 사원 포비행장 등 댐 건설현장에서 중국인·조선인 노동자 관리, 나남주둔 일본군 이등병 * '태로 사건'으로 투옥 * 소련군 포로가 되어 고무산 이동 중 도주
川和田秋彦	함흥일본인위원회 부평일본인회지부 제6분회 분회장	관리	평북 의주군 屬, 함북 내무부 屬
本田親人	함흥일본인위원회 부평일본인회지부 제6분회 부분회장	관리	총독부 산림부 기수, 중강진영림서·임업시험장 기수
村尾勳	함흥일본인위원회 부평일본인회지부 제7분회 부분회장	미상	
前原準	함흥일본인위원회 부평일본인회지부 제9분회 분회장	경찰	북청서·호인서 경부보

이소가야가 함흥으로 내려온 10월 초부터 세화회가 함흥일본인위원회로 재탄생한 12월까지 이소가야는 세화회나 위원회에 간부로 참여하지는 않았다. 다만 오로지 일본인 조직과 "조선 측 각 기관을 연결하는 파이프 역할"에

주력했다. 세화회가 위원회로 재탄생하여 효도 위원장이 직접 진두지휘를 하면서 당면한 일들에 진지하게 임했지만, 여러 난관을 해결해가기는 일이 결코 쉽지 않았기 때문이다.

> 종래의 정치 및 사상적 형편상 일본인위원회 간부의 의지가 충분히 상대에게 철저하지 않아 위원회의 중요한 일인 섭외 관계에서 자주 곤란한 문제에 봉착하게 되었다. 일본인위원회 간부는 8월 15일 이전까지는 다수가 상당한 사회적 지위에 있던 자들이어서, 이러한 사람들에 대한 상대 각 기관의 감정이, 일반 일본인 특히 피난민에 대해서는 동정하면서도 결코 무조건적인 관대함을 갖지 못하는 것은 당연했다.
>
> 적어도 부평(富坪) 문제 등을 전기로 하여 일본인 문제에 대한 조선인의 정당한 입장이 정치적으로 토의되어 규정되기까지는 보안부 관계자와 도위원회, 시위원회 간부들의 일본인위원회에 대한 태도는 준엄했으며 때로는 냉담했다.
>
> 나와 마츠무라 기시오는 온갖 곤란한 조건을 무릅쓰고 일반 재주자의 생존권 옹호와 피난민 구제에 고군분투하는 일본인위원회의 전위(前衛)가 되고 측위(側衛)가 되고 때로는 후위(後衛)로서의 역할을 수행하게 되었다. 나는 다행이랄까, 일찍이 조선의 해방운동에 종사하여 전전(戰前) 및 전중(戰中)의 약 10년간 조선인 동지제군과 함께 함흥 및 경성서대문형무소에 구금되어 있었던 탓에 일본 항복 후 각 기관의 중요한 지위에 오른 인물들 가운데 많은 벗과 지인이 있었다. 따라서 일본인위원회와 조선 측 사이에 존재하는 심리적 장벽을 중재하는 일에 적임이었으며 또한 당연히 해야 하는 의무라고 생각했다. 또 도 검찰부장인 주인규 군이 나에게 하산을 청한 것은 그가 일본인에 대한 동정을 갖고 이러한 나의 역할을 고려했기 때문이라고 믿었다.(磯谷季次 1946, 381~382)

위 글을 보면, 당시 조선인 측이나 일본인 측 모두에서 이소가야의 역할에 대한 기대가 상당히 컸음을 짐작할 수 있다. 앞서도 언급했다시피 주인규가 그를 함흥으로 불러들인 것도 파이프 즉 중재 역할에 적임이라 여겼기 때문이었고, 이소가야 스스로도 자신의 소임을 너무나 잘 알고 있었다. 이에 이소가야는 일본인위원회 간부들에게는 '새로운 정치적 자기교양'을 체득시킬 수 있도록 노력하는 한편, 조선인 측 각 기관에 대해서도 현실을 이해시키려고 노력했다. 조선인 측의 설득에 노력한 내용은, 과거의 지도층은 거의 숙청을 당해 실제로 함흥지구에서 "미증유의 비극이 일어나는 한복판에 있는 것은 노동자 · 하급관리와 일반 부녀자 · 노인 등"으로서 이들은 전쟁피해자로서 인도적 차원에서 충분히 동정 받을 만하다는 점을 강조했다. 또 마츠무라와 함께 쌀 한 톨도 배급되지 않던 일본인을 위해 시 당국 등에 탄원서를 내어 미곡 150석을 받아내는 성과도 거두었다. 하지만 이소가야의 표현에 따르면 이러한 것들은 '언 발에 오줌 누기'와 같아서, 일본인이 당면한 식량 · 의류 · 취직 · 의료 등 구제 사업에 더욱 더 정력적으로 임하지 않을 수 없었다.

8.15 직후 함흥 일대 피난민과 조선 · 소련 측 사이의 불협화음으로 인해 벌어진 가장 끔찍한 역사적 비극은 위 이소가야의 글에도 언급된 '부평(富坪) 문제'였다. 이 사건은 이소가야가 장진의 산속에 있던 9월부터 이미 시작된 일이었다. 함흥의 일본인 문제를 조금이나마 완화시키기 위해 집단피난민을 대량 소개하는 정책을 취한 것이었는데, 이는 비단 부평만은 아니었다. 도위원회나 시당국에서는 홍남에 3,410명, 오로에 약 1,000명, 부평에 3,282명의 이동을 강행했는데, 가장 심각한 상황을 초래한 곳이 부평이었던 것이다.

이소가야가 함흥에 온 후 세화회로부터 가장 먼저 요청받은 '임무'도 바로 피난민을 부평의 육군병사로 이동시키려는 계획을 중지시켜달라는 것이었다. 1945년 11월 20일 함흥시인민위원회는 일본인세화회 측에 "내일 저녁 발기차로 함흥의 일본인 3,282명을 부평으로 이동하려 하니 즉시 준비하라"는 명을 내렸다. 하루 만에 준비를 마치고 3천여 명을 동원하는 것은 곤란하다고 판단한 세화회에서는 이소가야에게 조선인 측을 설득하고 교섭해줄 것을 요청했던 것이다. 이소가야로서는 이 일은 단지 함흥시인민위원회의 결정이 아니라 도인민위원회나 소련군 당국이 개입된 일본인 소개(疏開) 대책일 거라는 생각이 들어 결코 쉽지 않다고 느꼈다. 하지만 나서볼 수밖에 없었고 결국 실패하고 말았다.

이소가야는 일단 구 함흥교통주식회사 건물 2층에 자리 잡은 함흥시당부로 가서 위원장 문태화(文泰和)와 서기 이달진(李達進)을 만났다. 이들에게 먼저 도움을 청할 생각이었다. 함흥 출신의 문태화는 '간도공산당 사건'으로, 함남 성주 출신의 이달진은 '제2차 태평양노동조합 사건'으로 옥고를 치른 인물이었다.

문태화 · 이달진 · 주인규와 함께 이렇게 넷이서 함께 구 함흥시청 건물에 있는 함흥시인민위원회를 방문하였다. 위원장은 메이지대학 출신으로서 홍남에서 노동조합운동을 하던 한홍정(韓鴻霆)이었다. 말라리아에 걸려 40도를 넘나드는 고열에도 수건으로 머리를 동여매고 일하는 그의 첫 모습을 보고, 이소가야는 "정말 목숨을 걸고 있다"는 생각이 들었다고 한다. 어쨌든 이소가야는 그에게 주어진 소임 즉 피난민이 모두 극도로 쇠약해져 있어서 강제로 이동시키면 다수가 죽게 될 것이라며 중지해줄 것을 요청했다. 하지만 이 계획은 소련군 당국과 도인민위원회와 3자 간의 결정이기 때문에 변경이 어렵다는 대답이었다. 30분 동안 한홍정과 주인규가 격론을 벌였다. 인민보호국 소속인 도검찰부는 조선인민뿐 아니라 일본인민도 도와야 하는 입장이라고 강변하는 주인규의 모습에서 이소가야는 너무나 고마움을 느꼈다. 물론 이소가야는 한홍정의 입장도 충분히 이해가 되었다. 이 문제를 둘러싼 이들의 생각이 다른 이유는 인간에 대한 애정의 깊이나 정치적 입장의 상이함 때문이 아니라, 각자가 맡은 일의 차이 때문이라고 해석되었다.

〈그림 29〉 문태화

※ 일제감시대상인물카드(1936년 8월 3일 촬영)

〈그림30〉 이달진

※ 일제감시대상인물카드(1930년 12월 10일 촬영)

어쩔 수 없이 함흥시인민위원회를 나선 이소가야는 주인규와 함께 다시 도인민위원회 위원장 도용호를 찾아갔다. 이소가야와도 전부터 알고 지내던 도용호는 주인규와는 처남 매부 사이였다. 하지만 도용호 역시 이미 2개월 전부터 3자 간에 절충을 거쳐 어렵게 결정된 것이라서 어쩔 수 없으니 소련 군사령부와 직접 교섭해보라고 했다. 주인규와 이소가야는 소련군 당국의 함흥지구 사령관 스쿠바(Скуба)를[64] 찾아가볼까 하다가 시간이 너무 늦어서 그만 두었다.

이들과 헤어진 후 이소가야는 설득에 실패한 사실을 세화회에 보고하고 사과하였다. 이소가야가 너무 늦게까지 돌아오지 않자 상황이 절망적임을 깨달은 위원회 측에서는 피난민지구의 위원들을 소집하여 이미 부평 이동 준비를 지시해놓은 상태였다. 이소가야는 3,000여 명의 피난민 모두가 함흥역사로 들어가는 모습을 새벽까지 지켜보았다. 이로써 이후 몇 달 사이에 예상대로 부평 이관 피난민의 절반 이상이 사망하는 끔찍한 참극이 초래되었다.

이소가야는 1946년 6월 작성한 글에서 "내가 지금부터 시도하는 함흥 및 부평에서의 집단피난민의 역사적 비극에 대한 보고는, 일본 동포에게 전쟁범죄자로서 범했던 행위의 소산인 비극의 실상을 직시하여 받아들이도록 하여 다시는 전쟁이라는 어리석은 행위에 대한 국민적 반성을 마음 속 깊이 한 번 더 서로 되새겨야 한다고 생각했기 때문이다."라면서 직접 「집단피난민의 역사적 비극」이라는 제목으로 그 내용을 정리하였다. 그 일부를 소개하면 다음과 같다.

> 함흥 및 부평에서 집단피난민의 수난 비극은 그들이 함북지방에서 백수십 리의 여정을 온갖 박해를 무릅쓰고 겨우 함흥에 도착한 때부터 시작되었다. 그것은 그들이 그때까지 천신만고 끝의 피난행과 조금도 줄어들지 않은 비극의 연장이었고, 오히려 아마 상상조차 해보지 못했을 새로운 불행의 시작이기도 했다.
>
> 9월 12일 · 13일 이틀에 걸쳐 4천 수백 명의 피난민이 문자 그대로 콩나물시

64 당시 소련 측 인명이나 직위는 다소 불분명한 듯하여 '한국학진흥사업 성과포털'에서 제공하는 「러시아문서보관소 소장 해방 후 한국사회 관련자료의 수집 번역 및 주해(1945~1950)」 사업(2013~2016, 동국대학교)의 최종결과물에서 확인 후 기재하였다. 이하의 인명도 모두 동일한 방식으로 확인을 거쳤다.

루 상태로 화차에 타고 경성을 향해 출발했다. 그런데 철원에 이르자 다시 원산으로 역송(逆送)되었고 다시 함흥에 돌려보내졌다. 어디를 가도 미교육의 보안대, 일반군중에 의한 폭행, 약탈, 때로는 강간 등이 피난민에게 가해져 절망의 구렁텅이에 빠져 함흥에 도착했을 때는 그들은 거의 실신 상태였다. 그들은 성진(城津)에서 반쯤 죽은 상태로 함흥에 도착한 다른 피난민과 함께 역 앞 광장에 집합되었는데, 이윽고 총검을 빼든 보안대가 와서 이번에는 즉시 함흥 시외로 도망치지 않으면 총살하겠다고 협박했기 때문에 불쌍한 수천 명의 군중은 그 지점인 함흥에서 시외로 8km의 신중리(新中里)까지 비틀거리며 도달하였다. 하지만 그곳에는 숙소는 물론 식량도 없었다. 그래서 어떤 자는 마을의 묘지에, 어떤 자는 길가에서 머물게 되었다.

그 즈음 때마침 우기였기 때문에 그들의 생활은 말로 할 수 없는 비참함을 더했다. 비 오는 밤, 그들은 쌀도 없고 또 밥 지을 도구도 없이 머나먼 조선인 부락에서 피어오르는 저녁연기를 바라보며 서로 부둥켜안고 울었다. 운명은 실로 옥리(獄吏)보다도 더 차갑게 그들 혹은 그녀들의 곁에서 사랑하는 자들을 서서히 빼앗아갔다. 그리고 그들은 시체를 덮을 상포(喪布)도 관도 없었다. 어떤 어미는 외동딸을 끝까지 죽음으로부터 지키기 위해 싸웠지만 결국 죽게 하고 말았다. 그녀는 죽은 딸의 푹 젖은 기모노만이라도 바꿔주고 싶다며 어느 조선인 집에 옷을 갈아입을 장소를 요구했지만 무심히 거부당했다. 피압박민족의 적개심이라는 것은 보통은 그런 것일지도 모른다.

몸에 걸칠 것이라곤 피난 때 걸치고 있던 단벌 옷 또는 한 장의 겹옷뿐, 잘 곳도 없이 굶으며 노숙하는 그들을, 내리는 비가 더욱 불행하게 했다. 배고파 우는 아이들, 병들어 금세라도 죽을 것 같은 아이를 안고 있는 부모들, 동고동락한 아내나 남편을 살리기 위해 발버둥치는 자들에게 달 밝은 밤은 얼마나 춥고 비 오는 새벽은 얼마나 싸늘하게 느껴졌을까.(磯谷季次 1946, 375~376)

위 글을 보면 한창 어렵게 '고난의 탈출'을 추진하는 와중에 작성했음에도 불구하고, 일본피난민이 처한 아래와 같은 어려운 현실 앞에서도, 이소가야는 이들을 곤경에 빠트린 조선인을 원망하기에 앞서 일본인의 '국민적 반성'을 먼저 언급하고 있다. 이러한 점이 바로 여타 일본인과는 차별성이 있는 그의 남다른 면모를 보여주는 것이라 하겠다.

이소가야를 비롯한 세화회 측의 요청에도 불구하고 11월 21일 부평 이관이 감행되었고, 결국 수많은 목숨을 앗아갔다. 이에 1946년 1월 10일 도검찰부 정보부장 이상북(李相北)이 부평 이관 일본인의 생활실태를 조사하러 갔다. 그리고 그 비참한 실상에 놀라서 면밀히 조사한 후 장문의 「부평이관 일본인 상태 조사보고서 및 의견서」를 작성하여 인민위원회와 당 보안부, 소련군 당국 등에 제출하기에 이르렀다. 이 글은 모리타 요시오(森田芳夫)의 책에 그 전문이 수록되어 있으며(森田芳夫 1964, 450~456), 이소가야도 『우리 청춘의 조선』에 이를 다시 수록하였다. 부평 이동 이후 피난민의 처참한 상황에 대한 보다 자세한 내용은 이를 참조하기 바란다. 이소가야는 이상북의 보고서에 대해 "민족적 편향은 철저히 배제하고 사회민주주의를 목표로 하는 사람의 정치적 · 도덕적인 모럴과 사랑의 실천을 구한 내용"이라고 높이 평가했다(이소가야 스에지 1988, 267).

이상북의 보고서를 접한 관계기관은 충격에 빠졌고 이는 '중대한 파문'을 불러일으켰다. 이에 이전까지는 골칫거리로 취급당하거나 미지근한 태도로 일관해온 일본인 문제에 대한 태도에서 벗어나 "처음으로 진지하게 일본인 문제가 재검토"되었다고 한다(磯谷季次 1946, 381). 어쨌든 이 보고 이후 부평의 집단피난민에게 실질적인 많은 변화가 이루어졌다. 주식 배급량이 1일 1인 2홉에서 3홉으로 증가했으며, 다량의 소금에 절인 생선과 의류 1,300여 점이 지급되었다. 또 의료설비도 개선되었으며, 전염병 예방을 위해 차단되었던 외부와의 교통금지도 해제되었다. 그럼에도 불구하고 3,200여 명의 피난민 가운데 이미 12월에 372명, 1월에 528명이 사망한 상태였으며, 이후에도 2월에 252명, 3월에 191명, 4월에 34명 등으로 총 1,431명이 사망하였다. 도망자 400여 명을 제외하면 절반이 넘는 피난민이 목숨을 잃었던 것이다. 위의 월별 사망자 수치 변화에서 쉽게 드러나듯이, 당국의 여러 개선책은 급증해가는 사망자 수를 줄이는 효과는 거뒀다. 하지만 이는 너무 늦은 조치였다는 점도 알 수 있다. 결국 이소가야의 표현대로 "부평은 일본인에게 있어 북조선 최대의 묘장(墓場)이 되었던 것"이다. 1946년 5월 5일에는 이들 사망자에 대한 합동위령제가 진행되었다.

이소가야는 『우리 청춘의 조선』에서 부평의 참극을 소개하면서 피난민 가운데 아이를 잃은 모리모토(森本)라는 여성의 회고를 길게 소개하였다. 그 이유는 그녀가 훗날 「잊을 수 없는 부평의 악몽」(『季刊望鄕』 5호, 1980)이라는 회고에서 아이를 빼앗은 것은 일본의 군부와 정치가들이라고 한 데에 큰 감명을 받았기 때문이다. 이소가야 역시 "피난민에 대한 최대의 가해자는 침략과 타민족 압박을 일삼아온 일본제국주의"인데 그동안 피난민들이 자신들의 분노를 조선인과 소련병사에게만 돌린 것에 대해 비판하면서, 모리모토와 같은 '예리한 지성'이 필요하다고 강조하였다. 그는 "패전 후 함흥과 흥남으로 들어온 수십만의 일본인 전재피난민은 새로운 조선에 있어서 사실이지 초대받지 않은 손님들"이었다면서, 중대한 업무가 산적해있는 조선민족의 입장에서 보면 피난민은 사실상 '훼방꾼'에 불과하다고 일본인을 향해 냉정하게 꼬집어주었다. 이러한 피난민에 대한 구제는 당연히 그 재앙을 가져다준 원흉인 일본의 전쟁책임자들이 수행해야 하는 것이었는데, 이들은 손가락 하나 돌아보지 않았다는 것이다. 그리고 그러한 일본 측을 대신하여 피난민이 기댈 수밖에 없었던 것이 바로 조선민족과 소련군이었고, 조선 측은 허락되는 최대한의 범위에서 일본인을 도왔다는 것이 이소가야의 관점이다.

이소가야는 1946년 8월 30일자 자신의 일기를 통해 하나의 에피소드를 소개하고 있다. 함남의 오지인 갑산으로 들어온 피난민 여성이 그곳에 도착 직후 사망하자 그녀의 아이 셋이 졸지에 고아가 되었는데, 이 아이들을 9~10개월 동안이나 갑산보안서(甲山保安署) 회린면분주소(會麟面分駐所)에서 돌보다가 아이들이 귀국을 원하자 1,500원의 자금까지 염출하여 함흥일본인위원회로 보낸 일을 들고 있다. 이소가야가 직접 나서서 도 인민위원회 등에게 갑산보안서, 회린면분주소, 회린면 인민위원회 앞으로 표창장을 줄 것을 의뢰했으며, 일본인부 및 일본인위원회 명의로도 감사장을 보냈다. 해방공간에서 12번이나 백색테러를 당하다가 결국 1947년 암살당한 여운형이 조선인에게 '자중 자제'를 부탁한 마음, 이상북이나 갑산보안대원들이 보여준 복수나 은혜를 초월한 인간애를 일본인을 잊지 말아야 한다고 강조했다. 38도선 이북 일본인의 귀환과정에서 비롯된 일본인의 '피해자 인식'에 대해 일침을 가하면서 피난민들이 '고난의 탈출'에 대해 올바로 이해할 필요가 있음을 촉구하고 있는 것이다.

구 유곽 등을 중심으로 한 집단피난민 수용지역을 계속 드나들며 밤낮으로 활동하던 이소가야는 결국 발진티푸스에 걸려 50일 정도 고생했다. 당시 유곽 한 채에 900명 정도가 수용되어 다다미 1장에 4명이 기거하는 상태였으니 그 혼잡과 불결은 이루 말할 수 없는 상황이었다. 결국 유행병과 발진티푸스 · 재귀열 등이 만연하여 약 5개월 사이에 구 유곽을 비롯한 여러 곳에서

5,000명 이상이 죽어나갔다. 많은 날에는 하루에 80~100명 가까이 쓰러져 나갔다. 사망자는 거적에 쌓여 들쳐나가져서 짐짝처럼 짐차에 산처럼 쌓여져 교외의 공동묘지로 운반되었다. 당시의 구 유곽 내부는 말 그대로 비참 그 자체였다. 이소가야는 "거기 살고 있었던 것은 죽음의 날개에 가리우고 침묵에 지배되는, 절망으로 짓뭉개진 한 무리의 사람들이었다."라고 묘사하였다(이소가야 스에지 1988, 239).

> 시험 삼아 한 채의 구 유곽에 가보자. 복도의 약간 넓은 곳에 거적에 쌓인 긴 것들이 쌓여있다. 시체이다. 옆에는 전문적인 시체 포장인이 다른 불행한 인간의 시체를 감싸고 있으며, 조금 떨어진 곳에는 역시 싸여진 시체가 5~6구 불규칙적으로 늘어져있다. 그리고 오늘의 시체처리 인부가 내일은 시체가 되어 자신의 몸도 마찬가지로 처리되는 것이었다. 각 방마다 피골이 상접한, 생기라곤 눈곱만큼도 없는 새까만 인간이 10명 정도씩 동물처럼 웅크리고 있으며, 그 외의 사람들은 쭈글쭈글한 면 이불 한 장을 뒤집어쓰고 자고 있었다. 방 안팎의 불결함과 악취는 잠시 근처로 다가가기만 해도 어지럼증을 느낄 정도였다. 이 상태를 방치하면 구 유곽지구의 피난민 약 4천명은 전멸을 피할 수 없으리라. 사태는 절정에 달해 있었고 그야말로 중대한 그리고 결정적인 인도 문제로 되고 있었다.(磯谷季次 1946, 378)

이소가야는 마츠무라와 함께 식량의 무료배급 탄원서를 모든 기관에 제출하였다. 또 주인규 · 이달진 · 한효삼(韓孝三) 등을 찾아가 일본인 모두가 전멸하고 말 것이라고 경고하기도 했다. 피난민뿐만 아니라 원래부터 함흥에 거주하던 일본인의 생활도 점점 궁핍해져갔다. 상황이 이 지경에 이르자 결국 도 검찰부에서 소련군 당국을 설득하여 11월 19일부터 줄곧 조선인만 이용하던 제혜병원(濟惠病院)을 일본인에게도 개방하였다. 제혜병원은 캐나

다인인 모리 부인이 경영하던 곳으로서 일제패망 전에 이소가야도 호흡기 질환에 걸려 두어 번 입원한 적이 있었는데, 당시 일본인이 입원한 것은 거의 처음이라 모두 신기해했다고 한다. 종전 무렵인 1944년부터는 함흥의학전문학교로 사용되던 제혜병원을 이제 소련군 당국과 일본인세화회가 공동으로 운영하게 된 것이다. 이곳에서 소련군 의사와 간호사의 전면적인 지원을 받으면서 일본인 환자를 구원하는 게 가능해졌다. 이어서 주인규나 이상북 등의 노력으로 기존의 도립병원도 11월 29일부터 '일본인 출입금지'라는 팻말을 떼게 되었으며(北鮮戰災者委員會 1964, 315), 부립(府立) 회춘병원(回春病院)도 일본인에게 개방되었다.

〈그림 31〉 1941년 개조 준공된 제혜병원 요양소의 모습

※『每日新報』1941. 10. 6.

그러던 중 이들을 돌보던 제혜병원의 페트로프(Петров) 군의소좌와 미친(Мúтин) 군의중위마저 발진티푸스에 감염되어 사망하기에 이르렀다. 특히

제혜병원의 임시병원장이었던 내과의사 페트로프는 일본인 전염병 환자들의 수용부터 조치에 이르기까지 일체의 사무에 전력을 다함으로써 일본인 사이에서도 존경받던 인물이었다. 당시 제혜병원 부원장이었던 벨렌스 소좌의 통역을 전담했던 시마스에(嶌末稔)는 페트로프에 대해 다음과 같이 회고한 바 있다. 시마스에는 만주국립대학 하얼빈학원에서 러시아어를 전공하고 일제패망 후 함흥으로 들어온 인물이다. 당시 함흥일본인세화회에는 러시아어 통역이 3명 있었는데, 모두 하얼빈학원 출신의 학생이었다. 페트로프의 전담 통역사는 시마스에의 선배인 다야(田谷榮近)였다.[65]

> 병원장으로 내과의였던 페트로프 소좌는 순수한 공산당원이었는데 사상·인종을 초월한 인도주의자로서, 함흥지구에서 발진티푸스의 박멸을 위해 정의롭게 목숨을 걸고 싸웠던 인물이다. 병원 개설 초기에는 강인한 수법으로 물자의 조달이나 인력의 모집을 행하여 소련군의 상급사령부로부터 야단을 맞기도 했지만 일본인에게는 신과 같은 존재로서, 부하에 대해서도 일개 병사에 이르기까지 그때까지 보아온 소련군과는 다르게 규율이 엄정하여 병원장을 중심으로 한 무리가 되어 사명 달성을 위해 죽을힘을 다하였다.(嶌末稔 1998, 333~334)

페트로프의 활약에 대해서는, 18세의 나이로 러시아어 통역을 담당했던 다도코로 요시미(田所喜美)가 1982년 그에 대한 존경과 추모의 염을 담아 『페트로프 군의소좌』라는 책을 출판하기도 했다.[66] 다도코로 역시 1944년 하

65 『우리 청춘의 조선』 248쪽에는 아동문학가 나카무라 도키오의 글을 인용하여 "북조선을 여행 중이었던 학생 마야는 특기인 어학실력을 인정받아 진주해온 소련군의 통역으로 격리병원장 페트로프 군의소좌 부속으로 임용된다."라고 인용하고 있는데, 여기서 '마야'는 '다야'의 오기로 보인다.

66 원 저서명은 『ペトロフ軍医少佐』(講談社出版サービスセンター, 1982)이다.

얼빈학원에 입학하여 주전공으로 러시아어, 부전공으로 중국어와 몽골어를 전공했다. 일제패망 후 함흥으로 귀국하여 함흥일본인세화회에서 통역으로 일했는데, 이 일로 인해 그는 일본으로 귀국하자마자 소련군 감독자와 교섭했다는 이유로 붙잡혀 취조를 받고 100일 이상 형무소 신세를 져야만 했다 (田所喜美 2009, 310/319~320). 다도코로 역시 훗날 회고를 통해 함흥 병원에서의 활동에 대해 다음과 같이 전하고 있다.

… 함흥일본인세화회에서는 통역이 없어서 곤란했다. 나는 남하를 중단하고 통역으로 일하기 시작했다. 소련군과 일본인 사이의 트러블 때문에 소련군 사령부에 대한 진정 등 여러 문제가 있어서 매우 바빴다. 보안부(도청)의 통역에도 동원되었다.

시내에는 일본인 피난민이 계속 들어왔다. 신사나 절을 비롯해 회사의 기숙사나 유곽은 피난민으로 가득 찼다. 패전병(敗戰病)이라고도 불리는 발진티푸스가 만연하여 얼마 안 있으면 조선인에게도 병이 전염될 것으로 보였다.

11월 들어서는 조선군의 야전병원이 격리병원으로 되어 일본인 의사 · 간호사 · 취사부 · 잡역부가 일본인세화회에서 파견되었다. 야전병원에서 러시아서 통역 한 사람을 요청하여 사령부에 진정했을 때에는 회장과 동행하는 조건으로 내가 파견되었다. 야전병원은 원래 일본군의 육군병원이었는데 약탈 때문에 병원으로서의 기능이 사라져버렸다. 우선 하드웨어를 만들어야만 해서 병원장과 나는 자재를 모으느라 동분서주해야 했다.

1주일 동안 분주하게 움직여 그럭저럭 병원은 환자를 수용하기 시작했다. 과로로 내가 먼저 쓰러져 약 1개월 간 입원생활을 했다. 내가 회복되자 이번에는 병원장이 병이 났다. …(田所喜美 2009, 318~319)

이소가야가 발진티푸스에 걸려 앓아누워있던 사이에 세화회가 함흥일본인위원회로 개편되었고, 동지 마츠무라의 노력으로 조선공산당 함흥시당부에 '일본인부'가 만들어졌다. 이 일본인부가 만들어짐으로써 "기아와 전염병, 추위 등으로부터 지켜줄 주거를 알선"하고 "옷가지 등을 지급하고 의료를 베풀고 또 철수를 촉진하는 따위의 일"을 하는 데 중요한 전환점이 마련되었다. 그리고 이때부터 조선공산당 일본인부는 함흥일본인위원회와 표리일체가 되어 활동하게 되었다. 당시 일본인부 사무실로 이소가야를 방문한 일본인은 대부분 식량문제 등 궁핍한 생활을 타개할 방도와 탈출 방도에 대해 논의해왔다. 일제패망 전에 조선인에게 부당한 행위를 했다가 개인적인 보복을 당하고 있으니 제발 살려달라고 매달리는 경우도 있었다. 이런 경우 이소가야는 그를 데리고 조선인을 찾아가서 대신 사죄한 적도 있다고 한다.

이소가야는 마츠무라와 함께 '조선공산당 함흥시당부 일본인부'의 정식 당원으로 일하면서 이 지위를 활용하여 함흥일본인위원회 활동을 본격적으로 추진해나갔다. 사실상 과거에 자신도 마츠무라도 단 한 번도 공산당원이었던 적이 없었기 때문에 그는 일본인부 간판을 보는 순간 복잡한 기분이 들었다고 한다. 왜냐하면 정작 처음으로 공산당원이 된 상황에서 자신의 급선무는 "일본인의 의식혁명보다도 한 사람이라도 더 죽지 않게 하고 하루라도 빨리 일본으로 돌아갈 수 있게 하는 것"이었기 때문이다. 그는 "이 간판 아래서 정치적 · 인간적 양심에 따라 활동하여 조선공산당의 이름을 욕되게 하지 않게 행동하자"고 결의를 다졌다.(이소가야 스에지 1988, 236~237)

훗날 이소가야가 집필한 저술들 곳곳에는 이 당시 조선공산당 함경남도 당부 및 함흥시당부의 유연한 태도와 주선규 · 이달진 등 몇몇 동지들의 헌신적인 협력, 그리고 스쿠바 사령관 등 소련군 당국의 협조에 대한 감사의 마음이 잘 묻어나 있다. 특히 이달진에 대해서는 남다른 고마움을 갖고 있었다.

의료 관계에서는 소련군이 적극적인 구원의 손길을 보내왔기에 급속히 개선되어 사망자도 전염병 및 다른 요인을 더해 11월은 1,170명, 12월은 1,249명이었으나 1월에 들어서 감소의 경향을 보여 1월 22일 현재 540명이다.

식량도 피난민에게는 12월 17일까지 쌀 배급이 없었던 것이 그 후 소련군의 적극적인 알선으로 차차 개선되어, 현재는 조선인 1명에게 2홉(合) 5작(勺)임에도 불구하고 피난민은 특별히 4홉의 배급을 받기에 이르렀다.

이와 같이 의료나 식량 문제에 대해 소련군 특히 스쿠바 사령관이 일본인을 위해 다한 노력은 높이 평가되어야 한다. 나는 소련군에 대한 감사와 함께 조선공산당 함흥시당부 선전부장 이달진 군, 도검찰부의 주인규 · 이상북, 그 외의 제군들이 일본인을 위해 다해준 온갖 노력에 대하여 함흥재주 일본인을 대표해 사의를 표명하고 싶다.

또한 조선공산당의 주체적인 힘이 해방직후의 사회적 · 정치적 혼란 중에 아직 미숙하고, 민족파시스트의 정치적 반역에서 당의 정당성을 방위하기 위해, 또 민족통일전선 문제를 위한 여러 과제를 달성하기 위해 내셔널파시스트 및 민족파시스트들로부터 민족반역자라고 잘못된 낙인이 찍히지 않도록 하기 위해, 일본인 문제로부터 짐짓 외면하듯이 하는 많은 당원들 속에서 진정한 공산주의자로서 인류애의 정신을 몸소 실천해준 것은 이달진 군이었다. 마찬가지로 도검찰부의 제군들 즉 주인규 · 이상북과 그 외의 제군들도 그러했다. 이달진 군 및 도검찰부의 제군들은 도 · 시위원회의 내부를 잠식하고 있던 일부 파시즘적 분자들로부터 친일분자 또는 친소파(親蘇派)로까지 불렸다. 그리고 이들의 존재가 마치 조선에서 민족통일전선 결성을 저해하는 반동적 요소인 듯한 인상을 민중에게 부여하려고 하는 기도로부터 자신의 당적인 정당성을 지켜나가면서, 일본인위원회 및 우리 조선공산당 함흥시당부 일본인부의 일을 통해 혹은 직접적으로 함흥재주 일본인 및 일반 일본인 피난민을 위한 구원을 마지막까지 계속해주었다. 나는 따로 정리하고 있는 일지 속에 그들의 활동을 기록하고 있다. 그것은 적어도 나 한 사람만이라도 자기 생애의 기억 속에 그들의 일본인을 대한 우정과 헌신을 후세에 남기고 싶다고 생각했기 때문이다.(磯谷季次 1946, 383~384)

종전 후 인민위원회의 통치가 안정되기까지의 혼란기에는 조선 측에도 무절제한 행동이 있었다는 점은 사실이다. 그러나 그 혼란기에서부터 철수에 이르는 오랜 기간에 걸쳐 일부 민족파시스트들로부터 '친일분자'라는 중상을 받으면서도 처음부터 끝까지, 그것도 공공연하게 일본인 피난민의 입장에 인간적 동정과 정치적 이해를 갖고 일본인을 비호해준 것은 조선공산당 함흥시당부와 도검찰부의 사람들이었다.(이소가야 스에지 1988, 250)

몇몇 조선인 동지 가운데 진정으로 진으로서 우리 일본인을 위해 온힘을 다해 진력한 것은 누구보다도 이달진 뿐으로서, 진실로 군은 귀중한 벗이다. 얼마 전 군은 3·1사건 데모 때 일부 학생 및 반동분자가 던진 돌에 구타를 당해 머리에 상당한 부상을 당했는데도 자기를 돌아보지 않고 반동분자의 폭력으로부터 다른 보안대원을 옹호하여 사람들로부터 칭찬 들었다. 군이야말로 칭찬이나 비방을 초월하여 자기 양심에 따라 행동하는 진정한 의미의 볼셰비키라고 할 만하다.(磯谷季次 1980a, 178)

1946년 12월 함흥일본인위원회와 북선전재자위원회(北鮮戰災者委員會)가 공동으로 그간의 활동내용을 보고서로 작성하여 서울의 일본인세화회장 호즈미 신로쿠로에게 보낸 「북선전재현지보고서(北鮮戰災現地報告書)」에는 아예 '조선공산당 도 · 시당부의 적극적 활동과 소련군의 이해심 있는 원조'라는 항목을 따로 설정하여 이들에 대한 감사의 마음을 다음과 같이 표하였다.

격랑 속에 내팽개쳐졌지만 아직 확실히 나아갈 방향을 잡지 못하고 있던 함흥일본인세화회 즉 전 재류동포에게 분명한 나침반이 된 것은 조선공산당의 중추간부였다. 발족한지 1개월이 된 세화회가 조선 측 행정당국의 시책에 전폭적으로 협력하는 것이 동포가 살아남을 유일한 길이라는 모토 아래 계속해온 노력도 자칫하면 당사자의 편의주의에 무시되곤 해서 의식적으로 세화회 자체의 존재마저 사라질 뻔했던 위기도 종종 있었다.

세화회 간부가 점점 혼미한 심연에 빠져 죽음 속에서 살길을 찾고 있던 찰라, 아직 때를 얻지 못하고 묻혀 있던 이소가야 스에지 · 마츠무라 기시오 두 사람이 드디어 '동포를 위해' 일어나 측면에서 강한 지원을 표면화하기에 이르러 비로소 세화회의 앞날에 서광이 비치기 시작한 것이다. 그 즈음 조선공산당의 조직망은 이미 전도(全道)에 완비되어 공고한 지반 위에 서서 행정기관은 물론 모든 부문에 확고한 추진력을 발휘하여, 함남도당부는 정달헌(鄭達憲) 씨를 책임비서, 함흥시당부는 책임비서 한효삼 씨를 배치하고 이달진 · 문태화 씨 등 일류투사를 선정하여 눈부신 활약에 돌입했다.

당원의 활동은 모두 너그러운 인류애에 입각하여 엄숙한 당의 규율에 기초를 두고 있었다. 그리고 이소가야 · 마츠무라 씨의 지도력이 크게 반영됨과 함께 세화회를 향한 이해는 점차 깊어져 도 · 시당부와 함흥검찰소(전 도검찰부)의 실권을 잡은 주인규 · 이상북 씨 등의 행동은 매사에 재류동포에 대한 따뜻한 구원의 손길로 펼쳐져서 갑자기 눈앞이 트이는 듯 했다. 악성 유행병의 소굴이었던 유곽지대의 참상으로 구 제혜병원의 개설, 회춘병원 및 구 도립병원의 일부가 개방된 것을 비롯하여 구제용 의류의 알선, 제한된 범위에서 재주일본인의 기업 허가, 피난민에 대한 양곡 배급 실시, 노인 · 아이 · 부녀자 및 나병환자에 대한 온정, 영양실조인 자에 대한 미곡 증대 배치, 거의 봉사에 가까운 출역(出役)을 감수하고 있던 근로자에 대한 노임 지급 등 관계당국을 움직여 착착 결실을 맺었고, 생활을 위협 당하던 주택의 접수에 대해서도 나서서 방어막이 되어주었다. 올해 들어 재류동포가 불안과 궁박한 상황 속에서도 정신적 여유를 되찾고 다소 안정할 수 있었던 것은 도 · 시당부와 강력한 연계를 유지하며 그야말로 헌신적 노력을 계속해온 이소가야 · 마츠무라 두 분을 중심으로 한 시당부 일인부(日人部)의 남모를 고심이 숨겨져 있음을, 재류동포는 크나큰 감사와 함께 마음 속 깊이 새겼다.(北鮮戰災者委員會 1964, 313~314)

북선전재자위원회에서 공식적으로 작성한 위의 글을 보면, 조선공산당

도 · 시당부에 대한 감사함과 더불어 이들과의 소통 및 조정을 통해 재류일본인과 피난민의 살길을 열어준 이소가야와 마츠무라에 대한 고마움이 여실히 드러나 있다. 과거의 지역 유지들은 해결할 수 없었던 일을, 그냥 묻혀 지내던 평범한 이소가야와 마츠무라가 갑자기 '짠'하고 나타나서 구원의 빛을 밝혀준 것처럼 묘사되어 있다. 사실 위의 글만 보더라도 이들 두 사람의 활약으로 인해, 당시 일본인으로서는 의료 문제, 의 · 식 · 주라는 생존권 문제, 제한적이나마 기업의 허가와 노동임금 문제 등에서 해결의 돌파구를 찾았음을 알 수 있다. 그런데 이소가야는 『우리 청춘의 조선』에서 「북선전재현지보고서」의 위 부분을 인용하면서도 문장 속에서 자신과 마츠무라를 언급한 문장은 모두 삭제하고 수록하였다(위 인용문의 밑줄 친 부분). 자신을 드러내는 걸 늘 겸연쩍어했을 법한 이소가야의 내성적인 성격 탓이었을까 ….

이상에서 살펴보았다시피, 장진에서 함흥으로 내려온 이소가야는 조선공산당 및 인민위원회와 소련군사령부 그리고 함흥일본인위원회, 즉 조선-소련-일본 3자 사이에서 서로를 설득해가면서 일본인의 귀환활동을 조정하는 역할에 주력하였다. 말하자면 소통과 중재의 역할에 주력한 셈이었는데, 이소가야의 이러한 활동은 비교적 '성공적'이었다. 이것은 그가 각각의 처지와 입장에 대해 이해하면서 '굳건한 휴머니즘'에 기초해 지속적으로 설득과 이해를 구했기 때문에 가능했던 것으로 보인다. 그가 조선공산당 일본인부를 통해 함흥일본인위원회에 내세운 '일본인의 행동이념' 네 가지에는 당시 그의 신념과 사상이 잘 표현되어 있다.

1) 국가주의적 침략사상을 철저히 배제하고 자유 평등의 세계관에 기초하

여 함흥주재 일본인의 생활을 하나의 생활협동체로 간주하여 진정한 민주적 정신으로 재편성한다.

2) 일본인의 생활을 지배하고 있던 모든 노예교육으로부터 일본인을 해방하고 조선잔류 일본인에 대하여는 조선에 있어서의 인민주권의 안정적 발전에 적극적으로 협력케 하는 동시에 일본귀환자에 대하여는 일본 국내의 악질적인 지배계급을 타도하고 인민주권국가 수립을 위한 전사답게 만드는 것을 사명으로 한다.

3) 상호부조 정신을 기초로 일본인의 물심양면에 걸친 생활개선 노력에 전폭적으로 지지 협력하고 식료·연료·침구 등의 알선·배급, 의료방법의 확보, 취직을 도와주는 등의 모든 문제를 정력적으로 해결한다.

4) 일본인 공동체 내부에 깃든 제국주의적인 잔재를 다시 한 번 철저히 제거함과 동시에 앞으로 이러한 요소를 발생하게 하는 경제적 조건과 민족적 편견을 극복하고 인류평등의 세계관에 기초한 생활질서·사회도덕·정치이념 확립에 도달하게 하는 것을 최고 최종의 사명으로 한다.(이소가야 스에지 1988, 238)

위의 글은 일본인 문제를 함흥인민위원회나 소련군사령부 등 각 기관에 이해시키기 위해 조선공산당 일본인부에서 주간으로 발행한 기관지 『신생(新生)』에 실린 것이다. 『신생』 편집의 기본정신은 "꺼림칙한 과거와 결별하고 전후에 찾아온 변화하는 세계에 조선주재 일본인의 눈을 돌리게 하여 새로운 자아를 세우는 데 기여토록 하는 것"으로서(이소가야 스에지 1988, 237~238), "주로 함흥 재주자를 대상으로 한 계몽지"의 성격을 지니고 있었다(磯谷季次 1946, 383). 일본인부 사무실에서는 매일 밤마다 일본의 라디오방송을 청취하면서 일본의 정세를 파악하려 노력했다. 잡음이 너무 많아서 몇 명이 동시에 청취하고 각자가 속기한 것을 종합하여 교정하는 방식으로 이를 정리했고, 이는 『신생』을 통해 여러 방면으로 전달되었다.

이소가야 역시 평소 함흥일본인위원회 관계자를 비롯한 일본인 전체의 안전한 귀국이라는 목표를 달성하기 위해 먼저 재류일본인이나 집단피난민이 취해야 할 기본적인 이념이라고 생각했던 위의 행동이념을, 『신생』이라는 기관지를 통해 보다 명백히 제시하고 전달할 수 있었다. 이를 통해 그는 일제패망으로 달라진 상황에서 일본인이 과거의 태도에 깃든 제국주의적 잔재를 청산하고 민주적 정신과 인류평등의 세계관으로 재편성되어야 함을 강조하였다.

두 마리 토끼를 잡기 위한 최후의 노력

이소가야는 주변 여러 사람들의 요청을 받아들여 1946년 4월부터 8월까지 효도 데츠조의 뒤를 이어 함흥일본인위원회의 5차 · 6차 위원장직을 맡았다. 그의 일기에 따르면 4월 2일에 "함흥일본인위원회 위원장으로서 첫 출근"을 했다고 기록되어 있다(磯谷季次 1946, 389). 이소가야가 위원장을 맡게 된 배경은 아마도 당시 일본인위원회 지도부가 더 이상 지체 말고 비공식적으로라도 '집단탈출'을 본격적으로 추진해야 할 시기가 되었다고 판단했기 때문인 것 같다. 1946년 4월 1일 본격적인 귀환과 사후대책을 위해 북선전재자위원회가 조직되었고, 그동안 일본인위원회 위원장을 맡았던 효도가 그 위원장직을 맡았다. 이에 따라 마지막까지 남아 '집단탈출'을 통한 일본인의 귀환을 마무리 짓고 각종 남은 문제들을 처리하는 적임자로 이소가야가 지목되었던 것으로 보인다. 말하자면 함흥재류 일본인과 부평 등지를 포함한 함흥지구 피난민의 무사 귀환이라는 공동의 목표를 향해, 효도가 앞에서 끌고 이소가야가 뒤에서 마무리하는 모양새를 구상했던 것 같다.

조선공산당이나 인민위원회와 소련군 당국의 지원 덕분에 전염병 환자나 일반 병자들에 대한 조치가 어느 정도 해결되어가기는 했지만, 그럼에도 불구하고 여전히 제대로 된 주거나 직업도 없이 생활해야 하는 다수의 일본인과 병원에 수용할 수 없는 환자나 노약자가 많았다. 그리고 38도선 이북 즉 소련점령지구에서는 일본인 귀환에 관한 공식적인 조치가 이루어지지 않는 상황이 오랫동안 지속되었다. 더 이상 마냥 방치해둘 수만은 없는 상태에서 함흥일본인위원회 간부들은 스스로의 힘으로 '대규모 탈출'을 시도하기로 하고 이에 총력을 기울이기로 했다. 이들이 본격적으로 대규모 '집단탈출'을 추진한 것은 1946년 3월경부터였다. 앞의 3절에서 제시했던 38도선 이북의 일본인 귀환 관련 상황에 대한 연표를 보면, 3월 15일 자로 '함흥의 집단탈출 개시'라는 기록이 있다. 그 이전에는 함북의 피난민들이 몇 차례 남하를 시도했다가 역송(逆送)되었을 뿐 실제로 '집단탈출'을 '성공'시키지는 못했던 것 같다. 아래 서술할 내용을 보면, 3월 15일의 집단탈출도 일종의 '시험적 결행'으로 추진된 것이었음을 알 수 있다.

조선공산당 함흥시당부 일본인부의 당원으로서 '집단찰출'을 주도했던 마츠무라 기시오는 1946년 3월 이전의 상황에 대해 다음과 같이 언급하였다. "1월 상순 원산으로부터의 정보(수용소의 준비) 및 공산당 도 당부로부터의 내시(內示)에 의해 2월 5일부터 정식 인양할 예정임을 알아차리고 그 준비를 하고 있었으나, 그 기일을 넘기고도 구체화되지 않고 또 이후의 전망도 불투명"해졌다고 한다. 이러한 상황을 타개하고자 마츠무라는 2월 14일에 혼자 소련군의 트럭에 편승하여 서울로 향했다. 그의 '경성행'의 주요 목적은, 남쪽에는 조선총독부가 남긴 자금이 어느 정도 있을 것으로 보아 귀환자금을 요청하고 정보를 교환하기 위해서였다. 2월 19일 서울에 도착한 마츠무라는 세화회의 호즈미 회장 등 간부진을 만나 38도선 이북 일본인의 남하에 대해 면담한 후 자금 8만 엔과 의약품 등을 교부받고 3월 5일에 함흥으로 돌아왔다. 돌아올 때는 조선전업 연락원 사토 주고로(佐藤重五郎), 일본질소(日窒) 연락원, 왕자제지(王子製紙) 연락원, 조선인 보안내원 등과 함께였다(松村義士男 1947, 361).

함흥으로 돌아온 바로 다음날인 3월 6일부터 15일까지 마츠무라 등은 서울에서의 협의내용에 기초해 비밀리에 탈출을 계획하여 먼저 '시험적으로 남하'를 감행하기로 했다. 또 이를 추진하기 위해 "정보수집 및 타 지역을 포함한 북동조선(北東朝鮮)의 통일적 지도를 담당"하는 비밀조직을 구상하고, "시험적 결행으로부터 최대한의 성과를 거둘 수 있도록" 준비하였다. 그리고 3월 24일에는 일본인 수송 문제와 남아있는 함흥 재주자 문제를 분리시킬 필요성에서 북선전재자위원회를 조직하고, 조선인 측과의 관계 등을 고려하여 후자를 이소가야가 전담하는 방안을 구상하였다. 이러한 계획 아래 이소가야가 함흥일본인위원회 위원장을 맡게 되었고, 위원회의 나머지 간부들은 탈출계획 쪽으로 집중하도록 했던 것이다.(松村義士男 1947, 361~363)

모리타 요시오의 『조선 종전의 기록』에 따르면,[67] 북선전재자위원회는

---

67 모리타 요시오에 대해서는 "쇼와기(昭和期)의 관리, 전 주한국대사 참사관. 생년: 1910년. 몰년: 1992년 8월 3일. 학력: 경성제국대학 법문학부 사학과 졸업. 학위: 문학박사. 경력: 법무성 법무사무관, 외무성 외무사무관, 주한국대사관 참사관, 성신여자대학교(서울) 교수, 규슈대학 문학부 강사, 가쿠슈인대학 동양문화연구소 객원연구원 등을 역임. 조선총독부 근무시대에 종전을 맞아 조선으로부터의 일본인 인양자 청취 작업을 계속했음. 저서로 『朝鮮終戦の記録: 米ソ両軍の進駐と日本人の引揚』, 『在日朝鮮人処遇の推移と現状』, 『韓国における国語·国史教育』 등이 있음"이라고 소개되

1946년 4월 1일 "일본인위원회의 외곽조직으로 그 잔무 정리와 일본 철수 후의 활동을 위해서 조직"되었다고 한다. 이 위원회는 본격적으로 '집단탈출'을 책임지는 조직이면서 동시에 귀국 후의 취업 알선 등 공존을 모색하고 일본 정부에 대한 활동을 전개하기 위한 조직이었다(森田芳夫 1964, 588). 그 명칭에서도 알 수 있듯이 북선전재자위원회는 앞서 마츠무라가 언급했다시피 '북동조선의 통일적 지도를 담당'하는 조직이었으며, 실제로 '집단탈출'의 추진 과정을 보면 함흥뿐만 아니라 흥남 · 원산 · 성진 · 길주 등 각지의 귀환단체와 협력하는 모습을 보이고 있다. 하지만 북선전재자위원회가 마츠무라가 말한 '비밀조직'은 아니었던 것 같다. 그 위원장은 함흥일본인위원회 위원장 효도 데츠조가 맡았으며 다른 간부진도 대부분 위원회의 간부들이 맡았다. 이는 앞 절에서 살펴본 함흥일본인위원회 간부진 현황표를 보면 쉽게 확인할 수 있다. 이 표에 있는 인물과 겹치지 않는 위원으로는 구니에다(國枝勇)라는 이름만 확인될 뿐이다.

탈출은 육로와 해상 양 방면에서 주로 어두운 밤을 이용해 이루어졌다. 왜냐하면 만약 발각되면 되돌아와야 했기 때문이다. 봄이 되고 날씨가 따뜻해지면서부터는 더욱 본격적으로 대규모로 행해졌다. 나중에는 부분적으로 남하가 합법화되기도 해서 기차의 이용도 어느 정도 가능해졌다. 물론 탈출 행위 자체는 여전히 비합법이어서 많은 고생이 뒤따를 수밖에 없었다. 이소

어 있다(『20世紀日本人名事典』 2004, 日外アソシエーツ, https://kotobank.jp/word/). 모리타 요시오는 『朝鮮終戰の記錄: 米ソ兩軍の進駐と日本人の引揚』(1964)을 출판한 후 동일한 제목의 자료집 세 권을 출간하였다. 각각의 제목은 『朝鮮終戰の記錄: 資料編 第1卷 日本通治の終焉』(1979), 『朝鮮終戰の記錄: 資料編 第2卷 南朝鮮地域の引揚と日本人世話會の活動』(1980), 『朝鮮終戰の記錄: 資料編 第3卷 北朝鮮地域日本人の引揚』(1980)이다. 제2권과 제3권의 부제가 약간 다른 점에서도 세화회를 중심으로 한 38도선 이남의 귀환과 38도선 이북의 귀환이 달랐음을 시사하고 있다.

가야가 함흥일본인위원회 위원장을 맡기 직전인 듯한데, 어느 날 위원회 섭외부원이 그에게 진지한 요청을 해온 적이 있었다. 만약 탈출 도중에 보안대에 붙잡혔을 때 보안대장이 눈감아 줄 수 있도록 조선공산당 함흥시당부 일본인부 당원인 이소가야의 이름으로 '감사장'을 받고 싶다는 것이었다. 이소가야는 일본인의 탈출을 눈감아주고 이 감사장을 받을 보안대장의 입장에서 이 문제를 생각해보았다. 그 결과는 별로 필요하지 않다는 것이었다. 하지만 그 동안 탈출 도중에 몇 번이나 보안대에 붙잡혀 되돌아와야만 했던 일본인 측에서 궁여지책으로 생각해낸 것임을 알기에, 깊은 고민 끝에 감사장을 만들어주었다. 물론 그 후 이 감사장이 실제로 효과를 보았는지에 대해서는 한 번도 듣지 못했다.

이소가야는 회고록에서 실제로 탈출을 성공시킨 사례에 대해 상세히 기록한 바 있다. 아마도 앞에서 마츠무라가 '시험적 결행'이라고 언급했던 3월 15일 이후의 상황이었을 것으로 추측된다. 수백 명의 일본인이 심야의 국도를 따라 함흥-본궁-흥남을 거쳐 걸어 내려가 서호진(西湖津) 앞바다 모래밭에 집결하였다. 그곳에는 일본인위원회가 빌려놓은 꽤 큰 배가 몇 척 대기하고 있었다. 일본인 가운데 등짐을 진 절반 정도는 함흥 거주자들이며, 나머지는 피난민이었다. 이렇게 거류자와 피난민을 어떻게 배분하여 언제 귀환시킬지 등에 대해서는 전적으로 일본인위원회의 정책과 조정에 따랐다. 말하자면 대부분 무일푼인 피난민의 이동 비용을, 어느 정도 경제적 여유가 있는 함흥재류 탈출희망자에게 부담시켜 함께 탈출을 시키는 방법 등을 적절히 구사했던 것이다.

3월 15일 당일부터 이소가야가 이 귀환 행렬에 동행한 것은 아니었지만 그의 일기를 보면 사실 이 즈음부터 이소가야를 중심으로 조선 측 여러 기관들과 '귀환 문제'를 본격적으로 협의해갔음을 확인할 수 있다. 그는 3월 12일경부터 계속 조선인 측과 만나 일본인 귀환 문제에 대해 협의했고, 3월 15일에는 도위위원회 철도국장 송성관 등을 만나 이동 및 식량 문제 등을 논의했다. 그리고 3월 27일에는 탈출조가 통과하는 지역마다, 예컨대 안변의 문태화, 철원의 박용숙(朴龍熟), 연천의 부기남(夫己男) 앞으로 소개장을 지참하도록 하여 편의를 제공받을 수 있도록 했다. 그러다가 결국 3월 29일에는 이달진 · 효도 · 마츠무라와 함께 직접 서호진으로 가서 토건조합 측에 일본인 이송을 도와줄 것을 요청하기도 했다.(磯谷季次 1980a, 172~178)

그곳에서 이소가야는 보안분소장을 맡고 있던 임종호(林鍾浩)를 찾아갔다. 임종호는 함께 '제2차 태평양노동조합 사건'에 연루되어 함흥경찰서 제2유치장에서 10개월 동안 동고동락한 사이였다. 바로 탈출 얘기를 꺼내지 않았는데도 그는 이소가야의 속내를 이미 알고 있었다. 예전에 함흥경찰서 유치장에서 함께 고생했던 홍남보안서장 주치욱으로부터 모두 붙잡아 넣으라는 것과 이소가야가 올지 모른다는 연락을 이미 받았다고 한다. 이소가야는 피난민의 상황이 매우 열악하다고 설득했고, 잠시나마 탈출을 공공연히 인정하는 게 정의로운 일인지에 대해 논의했다. 결국 임종호는 자신은 탈출에 대해 전혀 모르는 것으로 하고 눈감아주기로 했다. 그는 이소가야에게 함흥으로 돌아가는 길에 들러 함께 냉면이라도 먹자는 얘기를 했고, 이소가야는 옛 동지의 우정에 감사했다. 이소가야는 임종호가 언질을 준 대로 혹시 깡패들이 나타날지도 모른다는 생각에 일본인의 승선을 최대한 서둘렀다. 떠나는 이들에게 귀국하면 새로운 일본을 만드는 데 노력해 달라고 호소하며 손을 흔들었다.

이와 같은 방식으로, 소련군 당국이 공식 인양을 발표하고 미·소 간에 최종 합의가 이루어진 1946년 10~12월 이전 즉 3~6월 사이에 이미 함경남북도의 일본인과 피난민은 다수가 선박 편으로 귀환하였다.[68] 물론 이 자체는 원칙적으로 비합법적인 일이었지만 실제로는 조선과 소련 측의 관계당국, 특히 조선공산당 함흥시당부의 암묵적인 협조가 있었기에 가능했다. 함흥일본인위원회와 북선전재자위원회의 공식적인 활동과 이소가야 등의 비공식적인 노력, 조선 측 관계당국 및 소련군 당국의 반(半) 공식적인 협조로 사실상 1946년 말 이전에 대다수 일본인이 귀국 길에 오를 수 있었던 것이다.

말하자면 '고난의 탈출'로 일컬어지는 '38도선 이북의 일본인 귀환'은 사실상은 '반(半) 합법적'으로 이루어진 일이었다 해도 과언이 아니다. 그러니까 1946년 말 소련군 당국의 공식 인양 발표는, 실제로는 그때까지도 귀환하지 못하고 남아있던 일본인에 대한 조치였다고 보는 게 맞을 것이다. 어쨌든 이 과정에서 이소가야가 주력한 일은 개인적인 친분까지 최대한 동원하여 일본인을 안전하게 귀국할 수 있도록 여러 가지 편의를 주선하는 것이었다.

아래에서는 이소가야가 1946년 1월 25일부터 1947년 1월 4일까지 작성한 일기를 통해, 이 기간 동안 그가 얼마나 많은 조선인을 만나면서 어떤 활동을 했는지에 대해 간략히 살펴보고자 한다. 물론 일본인위원회 위원장을 맡으면서 일본인들 사이에서 더 많은 활동을 벌였지만, 여기서는 편의상 조선인 측 관계기관이나 지인들과 만나 협의한 내용을 중심으로 몇 가지만 정리하

68 마츠무라의 기록을 보면 5월 말경의 서술에서 '제3차 집단이주'라는 표현이, 9월 중순경의 서술에서는 '전원탈출 결행 공작'이라는 표현이 나온다(松村義士男 1947, 368~369).

고자 한다.[69]

날짜	만난 조선인	활동개요
1946년 1.31	주치욱(흥남보안서장), 兪英基(흥남시당부 일본인부 책임자) 등	흥남 재주 일본인 실태 조사. 흥남의 일본인 문제, 식량문제 등에 대해 격론
2.1	崔辛得(흥남인민호텔 사장,옛 동지), 주치욱, 이달진, 주인규, 金基浩(도검찰부), 張海友(보호국장) 등	흥남거류민회 방문. 흥남의 일본인 식량문제 협의, 협조 요청. 흥남행 결과보고. 흥남 식량문제에 대한 조사검토와 협력 당부. 저녁회합(주인규 집)
2.2	李夏榮(형무소), 이달진, 김상훈, 이상북 등	흥남 문제 선처 답변 들음. 일본인위원회가 수취할 20만 엔 독촉. 저녁회합(일본인측)에서 조선인측 변호. 저녁회합(이상북 집)
2.3	朱鐘淳 등	일본공산당의 문화서클 조직 및 일본공산당테제(1933) 빌림
2.4	李明瓚(시당부) 등	일본인 문제 협의, 피난민 의류 문제에 관한 공문
2.5	주치욱, 朴庚得(흥남시당부), 李壯均(흥남부시장) 등	자전거로 흥남행. 일본인 기술자 문제 토의, 흥남에 일본인기술자전문부회 조직 종용, 담당자를 비협조적인 유영기에서 尹致善으로 교체 요구하여 관철. 일본인 식량문제 문의
2.6	주영하(도당부) 등	흥남 일본인 노동자의 경제조건 개선 신청, 조선인과 동일한 노동조건 요구
2.7	주영하, 김호철(시인민위), 文錫九·金濟鳳·한병락(이상 도인민위) 등	일본인기술자전문부회 결성. 도인민위에서 일본인기술자 문제 토의. 기술자명부 제출
2.16	도위원회 교학과 측	일본인 학동의 교육문제 협의
3.12	李弼奎(도보안부장), 한효삼(시당부), 주치욱 등	탈출허가신청을 위한 탄원서 제출 독촉 및 가능성 타진. 일본인 이동문제 협의. 해상에서 일본인 송환문제 상담
3.13	주치욱 등	해상수송계획에 대한 협력 요구(비합법적 수송에 대한 묵인 요구), 허락
3.14	이달진 등	어제 함흥 학생 등의 폭동에서 부상당한 이달진 위문
3.15	송성관(도위원회 철도국장), 韓(농산부장) 등	일본인 이동문제 및 식량문제 논의
3.16	金禮鏞 등	일본인 이동문제에 관한 소련군사령부 앞 탄원서 번역 의뢰
3.18	이달진, 이하영, 金最鳳(도위원회 부장), 李泰榮 등	이달진 위문. 스쿠바 앞 번역 부탁. 도위원회에 기술자 문제는 일본인 문제 전반의 해결 없이는 기대할 수 없다고 강조(기술자 잔류를 조건으로 여타 일본인 대량 송환 제의)
3.19	崔鳳三(시 보안서) 등	이소가야의 날인을 조건으로 내일부터 50명씩 여행증명 발행하기로 함, 도장 주문
3.21	이하영, 이태영 등	형무소에서 소련군 앞 공문서 받아와 위원회에 제출. 일본인 연천 통과 편의 의뢰. 78명 여행증명 발행(34 가족)
3.22	주선규 등	위문

69 각 날짜별로 일기가 수록된 출처에 대해서는 이 책의 4장 중 '일본에서의 생활과 문필활동' 참조.

3.24	이달진, 송성관 등	위령제 거행에 함흥극장 차용 신청. 함흥에서 부산직행 기차 개통 라디오 방송 소식 들음
3.25	이달진, 보안서 측	일본인 남하 문제 및 사망자 위령제 문제 담화. 주북면 피난민 200명 통행증명 요구
3.26	尹斗憲(도위원회 문화과장) 등	위령제를 위해 함흥극장 · 마이크 등 의뢰
3.27	이필규, 한홍정(시장) 등	탈출조에 文泰和(안변), 朴龍熟(철원), 夫己男(연천)의 소개장 지참토록 함. 탈출문제 협의하여 묵인해줄 것 요구
3.28	이달진 등	내일 이달진과 함께 서호진으로 가서 탈출 준비 약속
3.29	이달진 등	이달진·효도·마츠무라 등과 함께 흥남행, 서호진 토건조합 방문하여 이송문제 협조 요청
4.1	이달진, 송성관, 文錫九(문교부장) 등	수송문제 협의, 위원장 취임 문제 논의
4.3	한효삼, 金洸哲(시 교학과장), 시 보안서 및 도위원회간부, 張會友(검찰소장) 등	천내리일본인회 회장에게 金大允(문천인민위 부위원장) 앞으로 협조 요청 문서 작성해줌. 효도와 함께 각 기관에 취임인사
4.4	주영하, 이하영, 金(시 총무과장) 등	취임인사. 형무소 내 일본인 수감 유무 조사
4.6	보안서, 도당부 측	일본인위원회 간부 전원에게 취임인사. 안변 문태화의 답변 받아옴
4.8	보안서 서무과장, 시 총무과장 등	이동문제 상담
4.9	한홍정 등	남하 일본인의 잔류품 처리 및 기술자 문제 설명. 38도선 연선의 주요지구 보안대 · 철도경비대 앞으로 '조공 함흥시당부 일본인부 책임자' 명의로 감사장 보냄. 함흥재류민 2만여 명 우선적 남호 요청. 일본인여행증명신청서 대서의뢰자 모집
4.11	이달진, 崔鳳三 등	여행증명에 대해 협의. 한효삼의 요청으로 기술자부회 소집
4.12	최봉삼 등	여행증명 관계. 사령관에게 일본인 상태 보고
4.14	韓錫俊, 이필규 등	과거 투옥 중 도움 받은 간수 한석준의 취업 알선 이필규에게 의뢰
4.17	金俊植(도보안부 서무과장), 이달진, 下岐川 발전소 책임자 등	김준식과 함께 함흥역으로 와서 두 사람의 공동책임으로 일본인 승차 교섭하여 관철. 이달진과 함께 철도국에 내일 이후의 철도 배차 계속 요구, 철도관계 기술자의 생활조건 개선 요구. 하기천으로 와서 발전소의 일본인 기술자 잔류를 설득해 달라 요청받음, 바빠서 몇 가지 문서와 『신생』 배포로 대체
4.18	도 보안부, 이달진 등	함흥역에서 이동 일본인 전송. 이동문제 협의. 하기천발전소 기술자 잔류 설득, 도위원회 상공부장 金濟鳳 방문(부재로 대리자 면담)
4.22	韓(도 보안과장) 등	수송사무 협의
4.23	시 보안서, 흥남인민공장 측	각지 귀환단체 간부진과 함께 방문하여 조선인 측의 지지 협력 의뢰
4.24	소련군사령부 관계자, 스쿠바, 全漢奎(통역) 등	갑작스런 이동 지시에 대해 스쿠바 사령관 방문하여 하루 연기 승낙 받음
4.27	상공부 책임자 2명 등	원산과 함흥의 전재자위원회 통합 및 수송 문제에 대한 심의. 흥남공장 취로자 대표의 협력 요청, 함께 도위원장 만나 물심 양면의 보장 요구, 상공부 책임자와 회의하여 흥남에 가서 일

		본인기술자 생활실태 조사하기로 협의
4.29	주선규	밤에 주선규 문안
4.30	시청, 시당부 등	남부지방 시찰 협의. 메이데이 슬로건 협의
5.2	이필규, 韓(도 보안계장), 최봉삼 등	수송문제 협의. 최봉삼 등 조선인 관리들과 저녁식사
5.3	위계련, 장회건 등	방문
5.4	위계련, 도 보안부 관계자 등	위계련이 장진의 상황 설명. 피난민 수송에 대한 내락 얻음
5.9	문석구 등	스쿠바 사령관 일본인 남하 허락. 침몰선 인양공사 청부업자의 청원 제출
5.15	도 사회과장, 李學洙(흥남인민공장 기술자 관리과장) 등	흥남공장 기술자 문제 협의. 기술자 동요가 심해져 대책이 시급하다 하여 흥남 방문하기로 함
5.16	함흥시 교통국장, 운송과장, 여객과장	일본인 수송에 대한 협력 강화 요구
5.18	도 위원장 및 농림부장	기술자 문제 협의
5.22	도 위원회 총무부장	흥남 기술자문제 토의
5.24	이필규	수송문제 협의
5.25	한홍종, 베렌스 소좌 등	함흥 잔류희망자 명단 작성, 시장에게 이들의 주택 요구
5.26	한효삼, 주영하, 金濟鳳(도 상공부장) 등	하기천수력발전 기술자 2명을 한효삼·주영하·김제봉 등에 면담
5.27	시장, 시 보안서장, 도 보안부장, 도인민위 등	잔류자 대표 4인을 각 기관에 인사시킴. 보안부에 잔류기술자 명부 제출
5.28	도 위원회, 한효삼, 김제봉,주선규 등	잔류기술자 3인 함께 주거·영업·교육·가재 등에 관한 잔류자 요청 협의. 잔류팀 대표에게 사무 인계. 축산관계 기술자와 함께 주선규 방문하여 축산 문제 협의
6.2	주인규, 이달진 등	조선인 벗들에게 미리 편지를 써둠
6.4	이달진, 김준식, 문석구, 주영하, 총무부장, 한홍정, 후생과장 등	이달진 위문. 입원 중인 중증환자에 대한 무료시료 건 협의. 敵產品 문제 협의
6.5	도 보안부, 시 보안서, 세무서 등	환자용 의류 요구. 환자 수송문제 해결
6.6	한효삼 등	주인규 · 종순이 처음 출연한 '춘향전' 관람
6.13	도 보안부장 등	현재까지의 여행자 명부 등 제출. 빈곤자를 위한 의류 지급 승낙
6.14	도 보안부 등	헌옷 150벌 극빈자에게 지급. 농촌 모내기 등 취로 알선. 시부흥촉진위원회 주최 기술자간담회에 일본인위원회 대표로 참석
6.18	주선규 등	병이 악화된 주선규 위문
6.19	주선규 등	위문(거의 절망 상태)
6.23	朱(도 보안차장), 임충석 등	함께 흥남으로 가서 기술자 300명에게 잔류 협력 요청(가족 포함 800명). 평양의 임충석과 작별
6.30	주선규 등	위문
7.12	주치욱 등	조선인 지인 취업 부탁 위해 만남
7.13	金昌烈(총무부장) 등	도위원회 주최 일본인 위안의 밤 개최(이에 진력한 김창렬을 관중에게 소개)
7.22	김창렬, 주선규 등	도위원회에 생필품 신청. 위문
7.24	8.15경축공동위원회, 도위원회 등	8.15경축공동위원회에서 일본인 위안 등 논의. 생필품 무료배급 교섭
7.25	도 위원회 간부 등	도 위원회 간부 韓祉福 · 朱鐘淳·金昌烈·송성관·鄭民·朴庚得·

		김준식·주영하·문석구·韓國泰 등으로부터 5만 엔 기증받음
7.26	김창렬 등	비누 등 생필품 무상배급 받음
7.28	도 보안부 등	군복 300벌 지급 의뢰
7.29	도 보안부 등	의류 지급 등과 부인 일자리 알선 등 요청
8.8	이달진 등	당원증 반납에 대한 오해 해명. 사회문제연구회를 계속하려면 무조건 당원을 강사로 해야 한다는 사항 요구받음
8.10	주선규 등	위문
8.12	李壯均(흥남시장) 등	흥남행, 하세가와 조선상사 대표를 흥남인민공장에 소개. 흥남에서 성냥 · 고등어 등의 원가 배급 요구, 흥남의 일본인 환자 구원 요청
8.13	도위원회 등	고등어 · 명태 · 성냥 등 생필품 배급 신청
8.20	도 보안부장, 감찰과장, 도 위원회 총무부장 등	갑산서에서 보내온 고아 문제(앞에서 언급한 회린면 사건)로 표창장 의뢰, 감사장 보냄.
9.19	시 위원회 등	石 노인 사망 소식에 고별식 참가
9.26	金明學(시민병원 의사)	부인의 건강 문제로 김명학 박사에게 진단
9.30	도·시인민위원회, 도 사령부 등	잔류 일본인 귀환 문제 협의. 조선인의 처인 일본인 부인의 잔류 허가 결정. 귀환 일본인 160명 악질로 인해 소련측 알선으로 기차로 함흥 도착, 玉川楼 개설 수용
10.1	시인민위, 도 보안부 등	귀환 일본인 위한 식료 및 가마니 요구
10.2	鄭군(도 보안부) 등	역송된 자의 구제자금 마련 위해 성진으로 사람 파견. 잔류자 의류 제공 위한 캄파니아 조직
10.5	鄭군 등	일본인 무료송환 약속. 鄭군 위로연. 金禮鏞에게 1만 엔 받아 역송 환자에게 분배
10.7	李學洙 등	평양 산업국장의 흥남 내방 요청, 공장견학 중이라 기술자 문제에 대한 각서를 써서 李學洙 군에게 의뢰
10.10	문태화	평양 산업국장의 평양행 요구, 충분한 생활보증을 알리고 사절
10.11	김 군	건강 때문에 실업가 김 군에게 3천 엔 융자
11.10	스쿠바 등	기술자 귀환에 관한 요구 직접 제출
11.11	金衡, 한 군 등	성진고주파 일본인 기술자 문제 토의
11.15	정민(도 자재과장), 문석구(시장), 한지복(식량부장), 姜明淑, 李孟勇 등	조선은행 지점에 가서 日銀券 재고 조사(600만 엔 확인). 회식
11.16	각 기관 관계자, 崔元鎬(교화소장), 李夏榮(부소장), 韓錫俊, 趙誠顯, 석 군(도 보안부), 시 상공과장 등	내일 함흥 출발 예정이라 각 기관을 돌며 작별인사. 도중에 소련군에서 함흥발 연기 소식 듣고 다시 각처를 돌며 출발연기 고함. 일은권 문제로 상공과장 면담
11.17	이달진, 스쿠바 등	각지 참집자 160명을 함흥역으로 인솔했으나 인원부족으로 승차 거부당하여 이달진과 함께 스쿠바 방문. 그의 도움으로 내일 발차 예정
11.10	정민, 강명숙, 백, 문석구 가족, 송성관 가족, 북양산업 사장, 崔元鎬, 이하영, 한석준, 조성현 등	연료부족으로 발차 연기, 흥남 628명과 차내 숙박. 지인들 와서 고별. 도 사회과에서 기증한 사과를 차내에서 배급. 밤에 도인민위, 시 사회과 등에서 차를 방문하여 인사
11.24~25	강원도인민위, 문천군인민위 위원장, 金大允(부위원장), 보안서장, 홍 씨(부서장) 등	강원도인민위에 가서 의류 지급 구걸하여 배급. 문천군 위원장 이하 4인의 특별한 진력

위의 내용을 보면, 실제로 이소가야는 일본인의 무사 귀환을 위해 그리고 잔류한 일본인의 생존을 위해 의 · 식 · 주에서부터 귀환방법에 이르기까지 수많은 일에 관여했음을 보여준다. 그 활동지역은 함흥을 중심으로 하면서 인근의 홍남 등 여러 지역에 걸쳐 있었음도 잘 드러난다. 일본인 · 조선인을 막론하고 이소가야에게 도움을 청하기 위해 여러 지역에서 찾아와 협의하고 지원을 요청했음도 알 수 있다. 이렇게 다방면에 걸친 활동의 결과, 사실상 4~5월 무렵까지 위원회 간부진을 포함해 다수의 일본인을 안전하게 귀환시킬 수 있었던 것이다.

물론 함흥역을 기점으로 귀국길에 올랐다고 해서 바로 일본으로 직행할 수 있었던 것은 아니었고, 중간 중간마다 수많은 난관이 도사리고 있었다. 필요한 교통수단에서부터 생필품 문제도 있었고, 비록 여행증명서를 발급받고 출발했다 해도 소련군 당국의 정책 변화로 갑자기 남하 금지 조치가 내려지거나 도중에 보안대에 저지당해 역송되는 경우도 생겼다. 이소가야의 일기를 보면, 4월 18일에는 갑자기 소련군 당국의 이동금지 명령이 떨어져 발이 묶여버렸으며, 4월 24일에는 미처 준비 되지 않은 상태에서 갑자기 바로 이동하라는 명령이 떨어져 오히려 일본인 측에서 연기해달라고 간청하는 모습이 확인된다. 4월 22일자 일기를 보면, 이소가야는 이러한 상황을 타개하기 위해 자신이 먼저 일본으로 건너가야 하나 고민한 적도 있었다. 그는 "북조선 20만 일본인 귀환 촉진을 위해, 평양의 소련군 당국의 의도를 타진해 경우에 따라 일본공산당의 손으로 북조선 일본인 인양을 실현시킬 수 있다면"이라는 단서를 달고 진지하게 이러한 고민을 했음을 알 수 있다(磯谷季次 1946, 394).

5월 9일 스쿠바 사령관이 일본인 남하를 공식적으로 묵인하기로 결정하여 어느 정도 합법적 이동이 가능해짐에 따라 각지의 귀환활동에도 탄력이 붙었던 것 같다. 이동허가 명령을 받고 임시차량 등이 제공되기도 했다. 물론 미·소 당국 간의 관계 등으로 인해 이동금지 명령이 떨어지는 경우는 여전히 있었다. 6월 13일자 일기를 보면, 일본인 여행 정지 조치가 내려졌고 "지난번에 수송된 병자를 비롯해 일반인 약간이 미군 때문에 송환된 모양"이라고(磯谷季次 1980a, 196) 쓴 데서 알 수 있다. 이처럼 남쪽에서 미군정당국에 의해 송환이 중지된 경우도 있었던 것이다. 또 9월 30일에는 1,800명 가운데 160명이 소련 측의 월경(越境) 거부로 역송되자 이들의 수용처를 마련하고 재송환을 모색하는 활동을 계속했던 것으로 보아, 당시 일본인의 귀환은 이들이 일본 땅에 발을 딛는 순간까지도 안심할 수만은 없는 문제였음을 알 수 있다.

이러한 역경 속에서도 어쨌든 5월에는 비교적 순조롭게 귀환활동이 이루어졌던 것 같다. 5월 22일자 일기에서 이소가야는 어쩌면 6월 초순경까지 함흥재주 일본인 약 5,000명의 수송을 완료할 전망이 보이기 시작했다고 기록하였다. 함흥일본인위원회 위원장으로서 이소가야는 조선 잔류 희망자를 조사했는데, 약 60명 정도가 계속 함흥에 남기를 원했다. 이에 따라 이소가야는 함흥시장을 찾아가 이들이 함흥에서 계속 거주할 수 있도록 주택을 요구하는 등의 활동도 했다. 순조롭게 귀국길에 올랐다 해도 이들이 일본 땅을 밟기 위해서는 최소한 한 달 이상은 걸렸을 것이다. 1946년 11월 말 공식 인양선에 의해 귀환 길에 올랐던 이소가야 일행도 실제로 일본 땅을 밟는 데까지는 50일 정도가 걸렸음을 감안해보면 충분히 짐작할 수 있다.

그런데 사실 이소가야가 다른 함흥재류 일본인들과 함께 귀국길에 오르지 않고 거의 마지막까지 조선에 남았던 이유는 그가 반드시 해야 한다고 판단했던 일, 어찌 보면 그만이 할 수 있는 일이 남아있었기 때문이다. 5월 25일 일기를 보면, 이소가야는 이제 잔류 희망자 약 60명을 제외한 나머지는 대체로 5월 말까지 수송을 완료할 수 있을 것으로 예상하면서도 뭔가 기뻐할 수만은 없었던 자신의 심경을 다음과 같이 적었다.

> 기뻐해야 할 일인 것인가? 일본인을 수송하는 것에 전력을 다했지만 조선의 새로운 여러 건설 사업이 아직 본 궤도에 오르지 못한 채, 그 전망이 서지 않는 오늘, 그마저도 조선인이 일본인 기술자의 잔류를 이토록 절실히 바라고 있는 오늘, 단지 대세에 떠밀려 일본인의 귀환을 위해 대부분 잠도 밥도 잊은 채 노력했으나 이것은 나의 정치이념에 반하는 행동이라는 생각이 든다.(磯谷季次 1946, 402)

일본인의 안전한 귀환 못지않게 새로운 조선의 건설을 바라면서 힘을 보태고자 했던 이소가야의 진심을 보여주는 대목이다. 민족배타주의와는 거리가 먼, 보편적 인류애로 가득 찬 이소가야가 당시 자신의 소임으로 여겼던 중요한 일은, 이제 막 식민지 상황을 벗어나 새로운 조국이 건설되기를 간절히 바라는 조선인을 위해 일정한 기간까지 일본인 기술자들을 잔류시켜 돕도록 하는 것이었다. 이소가야 역시 새로운 조선이 건국되기를 간절히 바라고 있는 입장에서, 가까운 동지들이 모두 그 일에 몰두하고 있는 것을 옆에서 지켜본 입장에서, 그리고 해방된 조선의 당면과제와 객관적 현실을 너무나도 잘 알고 있었기 때문에 스스로 이 문제를 매우 중요하게 생각했던 것이다. 요컨대 이소가야는 일본인의 '집단탈출'과 조선인의 '신조선 건설'이라는 두 마리 토끼를 동시에 잡기 위해 마지막 노력을 경주한 것이었다.

1930년대 이후 일제의 병참기지화 정책 속에서 들어선 한반도 북부의 중화학 공업시설은 기본적으로 숙련노동자는 일본인, 비숙련노동자는 조선인이라는 이중 구조 속에서 유지되었다. 따라서 일본인 기술자들이 갑자기 모두 사라진 상황에서 조선의 공업시설은 가동되기가 어려운 게 현실이었다. 소련에서 기술자가 파견되기도 했으나, 일정한 기간 동안은 기존 일본인 노동자의 도움이 절실했다. 그래서 당시 조선 측이나 소련 측에서도 이 문제를 중시하고 있었다. 조선 · 소련 · 일본 각 측의 이해관계를 잘 조정하여 합의를 이끌어내야 했던 상황에서 이소가야 만한 조정자는 없었다고 할 수 있다.

흥남의 경우를 보면, 8.15 직후 과거 일본인 소유 공장들에서는 일본인 기술자를 비롯한 노동자 · 회사원 등은 대부분 추방되었다. 일본질소비료흥남공장은 8월 26일 자로 함경남도인민위원회가 접수하여 '일본인 종업원 입장 금지'라는 공지가 붙여지고 '흥남인민공장'으로 전환되었다. 하지만 얼마 지나지 않아 곧바로 공장 내 기술인력의 부족 사태가 촉발되었다. 대규모 공장의 상층부는 대부분 일본인 기술자로 구성되어 있었기 때문에 이들의 도움 없이는 원활한 공장 가동이 불가능했다. 하지만 새로운 국가의 건설을 앞둔 사회적 분위기에서 과거 지배자의 능력과 기술을 '활용'해야 한다는 것은 좀처럼 어려운 판단이었음에 분명하다. 그럼에도 불구하고 시간이 갈수록 현실적 판단을 할 수밖에 없었고, 흥남공장에서도 우수한 일본인 기술자를 재기용하여 생산력을 향상시켜야 한다고 결정할 수밖에 없었다. 여기에 특히 주목한 인물은 소련군사령부 정치고문이었던 발라사노프(Баласанов)였다. 그는 러시아어를 구사할 수 있는 조선인이 별로 없어서 소련 기술자의 도입도 현실적이지 않으므로 일본인 기술자들의 도움 없이는 38도선 이북지역의 산업재건을 불가능하다는 입장을 펼쳤다. 결국 1945년 11월 말부터 일본인 기술자 16명이 흥남인민공장 지배인 직속 조사기획부 등에 고용되는 등의 변화가 일어났다.(김재웅 2014, 232~234)

'일본인 기술자 잔류'라는 문제는 이소가야가 함흥일본인위원회 위원장을 맡기 전인 1946년 1월경부터 주력해온 일이었다. 이 문제는 사실상 그가 조선인 측을 상대로 일본인 귀환활동에 필요한 각종 지원을 받아내는 데에서 주요한 협상카드로도 기능한 면이 있었다. 이소가야는 이 카드를 가지고 일반 일본인의 조속한 귀환을 추진하는 나름의 정치력을 보여주었다. 이때부터 밤마다 일기를 쓰고 「북조선에서」(1946.6)라는 보고서를 작성하기 시작한 것도, 이 일에 대한 기록을 자세히 남기고 싶었던 게 아닐까 생각된다. 그는 "기술자 문제는 탈출과 함께 내가 가장 힘을 기울인 문제"라면서 이에 대해서는 일기를 써두었는데, 유감스럽게도 1946년 1월 이전은 '격동의 시대'라서 쓰지 못했다고 전하였다(이소가야 스에지 1988, 239). 이 활동에 대해서는 이소가야의 회고록 가운데 1980년 출판된 『조선종전기』의 '제16장 경제재건과 일본인 기술자'에 비교적 상세히 기록되어 있다.[70]

이소가야 역시 산업기반 건설과 재건 없이는 조선인 동지들이 새로운 조국을 안정적 · 총체적으로 건설하는 게 불가능하다고 생각했다. 이를 위해서

70 이소가야가 자신의 회고록 전체를 정리하여 1984년에 출판한 『우리청춘의 조선』에는 이 장이 빠져 있는데, 아마도 『조선종전기』 16장의 내용에 자신의 일기를 그대로 수록한 부분이 많기 때문에 굳이 넣지 않아도 된다고 판단했을 것 같다. 그런데 1988년 『우리 청춘의 조선』 한글 번역본에는 일본어판 뒤에 첨부되어 있는 일기 전체가 누락됨으로써 이 부분에 대한 이소가야의 활동이 상세히 소개될 수 없었던 것이다.

는 일본인 기술자의 원조가 반드시 필요하다고 보고 있었다. 아래 언급에서 알 수 있듯이, 일본인 기술자의 동원과 잔류는 조선인과 일본인 양측에 모두 윈-윈(win-win)할 수 있는 문제로 보았던 것이다.

> 나는 기술자를 신조선 건설에 동원하는 것은 중대한 의의가 있다고 느꼈다. 첫째는 그들 자신의 생존권을 보증하는 것이며, 둘째는 다수의 일본인 기술자를 신조선의 경제 재건설에 동원함으로써 조선 측에서 필요하지 않은 일반 일본인을 하루빨리 귀국시킬 수 있을지도 모른다고 생각했기 때문이었다.(磯谷季次 1980a, 180)

일본인 사이에서도 기술자 잔류 문제에 대한 입장이 다양하여, 새로운 국가 건설에 기술적 지원을 아끼지 말아야 한다는 입장도 있었던 반면, 기술자 지원은 어디까지나 귀국 이전 생계유지를 위한 방편일 뿐이라는 입장도 있었다. 전자는 종전 이전에 함북 경흥의 조선석탄공업회사, 홍남질소비료공장 등에 다니다가 전후에 홍남일본인세화회 위원 등으로 활동하던 무나카타 에이지(宗像英二) 등의 입장이었다. 후자는 홍남공장의 본궁공장장으로 일하다가 홍남일본인세화회 고문 및 홍남일본인거류민회 위원장으로 활동했던 사카구치 도쿠조(坂口德藏) 등의 입장으로서, 실제로는 이 견해가 대다수 일본인 기술자들의 지지를 이끌어냈다(김재웅 2014, 238; 변은진 2018, 223~224). 이와 같이 홍남일본인세화회 내에서도 이 문제를 바라보는 시각이 다양했다.

1946년 1월 이소가야는 함홍일본인위원회에 일본인 기술자들의 전문부회를 결성할 필요가 있다고 요청하였다. 조선 측 각 기관에서도 일본인 기술자의 잔류를 강력히 요청하여 결국 1946년 1월 30일 위원회 내에 '일본인 기술자 전문부회'가 조직되었다. 전기 145명, 기계 141명, 토목 108명, 건축 218명, 광산 16명, 야금 3명, 응용화학 5명, 조선 1명, 양조 3명, 축산 22명, 수산 11명, 임업 49명, 농업 48명, 약학 18명, 의학 65명, 요업 12명 등 총 870여 명으로 구성되었다. 이에 이소가야는 '조선공산당 함흥시당부 일본인부'의 이름으로 조선 측 각 기관에 다음과 같이 「일본인위원회 전문기술부회 조직에 관한 건」이라는 문서를 보내 기술자의 동원을 강력히 주장하였다(磯谷季次 1980a, 181~182).

> 해방된 조선의 당면 중요과제는 생산증강이며, 특히 조선의 공업화 문제이다. 조선의 공업화는 조선 일국의 문제가 아니라 인류가 가진 문화재에 대한 하나의 민주주의적인 플러스이며, 동시에 인류문화의 생성 발전에 대한 빛나는 추진력으로서 세계적인 의의를 갖는 것이어야만 한다. 이러한 견지에서 조선의 새로운 공업화 문제를 살펴볼 때, 특히 기술 · 지식에 대해서는 국경 혹은 민족의 관념이나 의식을 초월하고, 적어도 조선의 공업화에 직접 기여할 수 있는 모든 동인 · 요소는 모두 이용해야 한다.
>
> 조선 공업화 문제에서 기술적 기본과제는 무엇인가. 그것은 오로지 기술자에 속하는 과제이다. (중략-원문) 더구나 이들 기술자는 현재 그들이 제국주의 치하에서 제국주의자의 전쟁정책에 협력했던 이상의 열의를 가지고 조선의 재건에 정신 협력할 것을 표명하고 있다. 그들은 현재 일본으로 돌아가도 기술자로 자기의 힘을 다할 기회가 주어지지 않을 것임을 인식하고 있다. 그리고 한결같이, 패전 후라 해도 자신들의 사명은 좀 더 조선에 남아있는 것임을 자각하고 있다. 그들은 어떠한 정치적 야심을 갖고 있지 않으며 또 부당한 경제적 야망도 갖고 있지 않음은 그들 스스로 의지를 표한 바와 같이 명백하다. 우리는 조선의 사회건설에 중대 기여를 수행할 이들 일본인 기술자의 전체 능력과 역량을 조선에서 공업건설에 동원 이용할 것을 조선 지도자 앞에 강력히 요청한다.
>
> 그들이 오늘까지 수행한 모든 연구사항의 정리 및 그 계속과 발전을 위해!

새로운 산업조직을 위해! 또 조업을 중지시킨 여러 광산 · 공장에서의 기업재편성을 위해! 수송문제 해결을 위해! 또 신조선이 요구한 모든 학문 · 기술을 위해, 그들의 혼까지 총동원하기를 요구한다. 신조선의 지도자가 이를 요구한다면 그들은 아끼지 않을 것이다. 관련 요구에 힘쓰고 더욱 촉구하여 일본인위원회는 각 당국의 명령이 떨어지면, 기술자들을 조직할 것이다. 따라서 당국 및 조선 신사회 건설의 일반 지도자는 이 일본인 기술자의 의도를 잘 살펴서 모쪼록 협력과 지지를 보내줄 것을 희망한다. 이상.

인민위원회 각급기관 귀중
공산당 각급기관 귀중
기타 각급기관 귀중

조선공산당 함흥시당부 일본인부

위 글을 보면 대다수의 일본인 기술자가 사실상 종전 이전에는 군수공장에서 일제의 침략전쟁을 위해 일했다는 사실을 이소가야 스스로 강하게 의식하고 있었음이 드러난다. 때문에 이들이 현재는 제국주의 일본이 아니라 조선의 재건에 노력하겠다는 마음가짐이라는 점을 강조함으로써 조선 측과 소련 측에 어필하고 있다. 물론 위 전문부회의 성원들이 모두 자신의 전문분야에 동원된 것은 아니었으며, 대부분 고용되지 않은 채 인양되었다고 한다. 그 이유는 그들 스스로가 하루빨리 고국으로 돌아가고 싶은 마음이 있었고 또 대우 문제 등도 쉽게 해결되지 않았기 때문이었다.

함흥에 일본인 기술자 전문부회가 조직된 직후인 2월 초 이소가야의 행보는 이 문제의 해결에 맞춰져 있었다. 2월 3일 일기를 보면, 과거에 오랫동안 철도국에서 근무하고 함흥철도국장까지 지내다가 일본인위원회 부위원장으로 활동한 도도로키 겐지로와 부회의 조직 운영을 논의한 후 그와 함께 함흥시 노동평의회로 가서 가능한 범위에서 각 산업별로 기술자를 흡수시킬 것으로 요구하였다. 또 다음날인 2월 4일에는 기술자의 잔류를 촉진하기 위해 『신생』 7호를 '일본국내정세보고 특집호'로 발행하여, 당시 일본 내의 심각한 실업자 문제와 인플레 등을 집중적으로 다루었다. 2월 5일에는 아침식사를 마친 후 곧바로 자전거를 타고 홍남으로 가서 홍남에서도 일본인 기술자 전문부회를 조직하라고 독려하였다. 홍남시당부 일본인부를 맡고 있던 유영기(兪英基)는 기술자 문제에 대해 입장을 달리하므로 윤치선(尹致善)으로 교체할 것을 요구하여 관철시키는 등 활발하게 활동하였다. 또 2월 7일에는 도당부에서 주영하 등을 만나 일본인 기술자의 동원을 가속화시키기 위해 조선인 측에서 '일본인 기술자 대책 합동위원회'를 조직하여, 금후의 생활대책 등을 근본적으로 해결하고 그들의 창조적 활동을 촉진해야 한다고 강조하는 등 바쁘게 활동하였다.

홍남에 갔던 2월 5일 이소가야는 그곳에서 홍남일본인거류민회 간부로 활동하던 나카니시 스스무(中西進)를 만났다. 이소가야는 평소 나카니시가 자신을 만나고 싶어 한다고 듣고 있었다. '좌파' 성향의 나카니시가 이소가야에게 집중적으로 질문한 것은 일본인 노동자의 조직 문제에 대한 것이었다. 일찍이 이소가야도 많은 의문을 갖고 함흥시당부에 질의했던 내용과 같은 것이었다. 즉 일본인 노동자 조직을 조선인 노동조합의 한 부문으로 할 것인지, 아니면 독자의 조직을 가져야 할지, 만약 후자라면 진보적 민주주의자만 조직해야 할지, 모두를 포함하는 대중조직으로 해야 할지 등에 대한 의문이었다. 그의 질문에 이소가야는 현재 함흥시당부에서는 독자적인 조직을 인정하지 않고 조선인 노동조합의 한 부문으로, 그리고 진보적 민주주의자만으로 결성해야 인정하고 있다고 답해주었다.

3월 들어 일본인 기술자 잔류 문제에다가 '집단탈출' 문제까지 본격화되면서 이소가야의 활동은 하루하루가 매우 바쁘게 굴러갔다. 이해를 돕기 위해, 이소가야가 위원장직을 맡기 전인 3월 18~19일의 일기를 살펴보기로 하자. 이 이틀 동안 그의 활동을 시간 순으로 살펴봄으로써, 그가 두 마리 토끼를 다 잡기 위해 하루하루를 얼마나 숨 가쁘게 보냈는지 이해할 수 있을 것이다.

〈3월 18일〉

- 이른 아침, 3월 13일 함흥의 학생데모에서 부상당한 이달진 위문
- 형무소로 가서 이하영(李夏榮) 군 방문, 스쿠바 사령관 앞으로 보낼 문서 번역 의뢰(모레 예정)
- 홍남일본인세화회 섭외부장 小江惣七의 방문
- 이와모토구미(岩本組) 책임자 방문, 기술자 문제 및 귀환 문제 등 협의
- 주북(州北) 대표와 만나 농사시험장 차용기간 연장 청원 의뢰
- 도 광공부장이 기술자 문제와 관련해 회견을 신청해옴. 도 위원회로 가서 김제봉(金濟鳳) 광공부장 방문, 토의. 기술자 문제는 일본인 문제의 전반적 해결 없이는 해결할 수 없다는 취지 강조, 기술자 잔류를 조건으로 조선의 사회건설에 아무 역할도 하지 않는 사람들은 대량 송환할 것 제의. 조만간 이소가야와 함께 도 위원회 간부회의 개최하여 재검토하기로 약속
- 함흥일본인위원회 부장회의, 귀환 문제 중심으로 토의
- 연천(蓮川)에서 이태영(李泰榮)이 방문, 약 14년 만에 만나 환담

〈3월 19일〉

- 도 위원회의 신임 호민국장(護民局長)이 전화로 방문 요청. 가서 예방의학에 대해 이야기하고, 일본인 약학자 · 의학자의 전문부회 활동 요구
- 三菱工業의 藤○三郎가 주인규의 소개장을 가지고 와서 기술자 문제에 대한 의

견 개진
- 松本秋郎 와서 하신흥정(下新興町) 일부 주민의 이동 요구
- 시 보안서 최봉삼(崔鳳三) 방문, 내일부터 약 50명씩 여행증명을 발행하겠다고 통고함. 이소가야의 날인 없이는 증명서를 발행하지 않겠다고 하여 곧바로 도장 주문
- 日鐵 청진공장의 피난민 土屋克夫, 奧村某가 와서 내일 日鐵의 조직 문제에 대한 의견을 구하겠다고 요청함(磯谷季次 1980a, 175~176)

어쨌든 이와 같이 노력한 결과, 충분한 인원은 아니었다 해도 흥남공장에서는 일정한 인원이 공장의 재건에 투입되었다. 무나카타 에이지 등의 입장에 따르면 일본인 기술자 내에는 '기술을 고안해내는 유형의 기술자'와 '공장의 가동에 숙달된 기술자' 두 종류가 있었다. 당장 흥남공장의 가동을 위해 필요한 인원은 후자였지만 새로운 조선의 건설을 위해서는 전자도 반드시 필요했다. 앞서 살펴보았다시피 실제로 흥남공장에서는 기술자들 내에서 귀환과 잔류를 둘러싸고 의견이 분분했고 대부분은 빠른 귀환을 희망했기 때문에, 결국 5월 27일에는 당시 흥남인민공장에서 일하고 있던 일본인 노동자 전원을 대상으로 투표를 진행하여 최종 잔류자와 귀환자를 정하였다. 투표 결과 잔류자 대표로 조사기획부 무나카타 에이지, 공무부(工務部) 곤 요시로(昆吉郎), 연구과 오시마 미키요시(大島幹義), 흥남공장 가토 츠네오(加藤恒夫), 본궁공장 와타나베 주사쿠(渡邊忠作)가 결정되었다(鎌田正二 1970, 237~241).

8월 1일에는 김일성(金日成) 위원장이 직접 날인한 「북선(北鮮) 기술자 징용령」이 발령되었고, 8월 7일에는 북조선임시인민위원회가 「기술자 확보에 관한 결정서」를 발포하였다. 이에 따르면 "국적 여하를 불문하고 조선건국에 진력해야 할 의무가 있다"고 하여 누구든 기술을 필요로 하는 기관에

종사하도록 하였다(北山恒 1947, 242; 김재웅 2014, 234~235). 이제 흥남공장의 일본인 기술자 잔류는 완전히 공식화되게 되었던 것이다. 하지만 여전히 일본인 기술자들은 조속한 귀국을 희망했고, 흥남공장에서는 여러 사안을 둘러싸고 공장 측과의 대립이 지속되었다. 어쨌든 흥남공장뿐만 아니라 조선 측에서 철도관계 기술자들도 강력히 요망하여, 우여곡절 끝에 그들도 일정 기간 잔류하여 교통운수의 재건에 협력하게 되었다. 『쉬띠꼬프 일기』에 의하면, 1946년 10월 현재 38도선 이북에 잔류한 일본인 기술자는 약 1,200명에 달했다고 한다.[71]

이소가야는 위의 흥남공장 기술자들 가운데 특히 무나카타 에이지, 곤 요시로, 오시마 미키요시 등을 필두로 한 최고의 기술진은 조선 측 입장에서도 확실히 '국보적 존재'였으며, 이들의 활동은 결코 개인적 이해타산에서 나온 것이 아니었다는 점을 높이 평가하였다. 일본인 기술자 잔류를 위한 이소가야의 활동에서 알 수 있듯이, 그는 조선에 머물던 마지막 순간까지도 해방된 조선의 국가건설을 위해 노력하는 모습을 보였다. 이소가야는 기술자 잔류 문제를 해결해가는 과정에서 이들 가운데 일부를 특별히 배려하고 우대하는 조건으로 잔류시킬 것을 제시하였다. 단순히 물질적인 면의 우대만을 말하는 것이 아니라 그들이 기술자이자 과학자로서 자신을 성장시켜나가려는 요구와 희망을 배려해줄 필요가 있다는 것, 그리고 그 자식들의 교육 문제에도 신경을 써줄 것을 특히 강조했다. 이 기술자 잔류 문제를 처리하는 과정에서도 이소가야는 조선인·일본인을 가리지 않고 철저하게 보편적인 인류애와

71 이후 1947년 7월부터 1948년 2월까지의 일본인 편지를 몰수해 정보를 수집한 미군첩보기구 G-2는 잔류한 일본인 기술자 수를 552명으로 추정했다고 한다(김재웅 2014, 234).

기본적인 인권의 관점에서 활동했던 것이다.

인양선에 오르다, 19년만의 귀국

1946년 5월 말경 일본인의 귀환이 거의 마무리 단계로 접어들고 있다고 판단한 이소가야는 함흥일본인위원회의 일반적인 사무도 완료 단계로 접어들었다고 보았다. 다만 병원에 수용된 환자들이나 간부들의 귀환이 아직 다 완료되지는 않은 상황이었다. 위원장으로서 조금씩 정리의 수순으로 들어갈 필요가 있다고 판단했던 것 같다. 6월로 접어들면서 이소가야는 자신도 귀환하려고 준비하기 시작했다. 그가 가장 중요하게 생각했던 준비는 남아있는 조선인 벗, 동지들과의 이별이었다. 그래서 그는 6월 1일부터 위원회 사무실에서 돌아오면 매일 밤마다 조용히 지난 일들을 회상하며 80여 명을 향해 하나하나 감사의 편지를 쓰기 시작했다.

이렇게 1946년 6월부터 자신의 귀환을 준비하기는 했지만 이소가야는 바로 귀환할 수는 없었고, 이후에도 6개월이나 시간이 더 걸렸다. 아마도 남아있는 업무의 처리, 특히 잔류 기술자 문제와 관련한 일들을 끝까지 책임지느라 늦어졌던 것 같다. 다수의 일본인이 귀환 길에 오른 이후부터는 상대적으로 생필품 배급 등의 현실적인 문제들이 다소 수월해졌지만, 소통의 문제는 여전히 남아있었던 것이다. 이후에도 이소가야는 돌아갈 때까지 함흥과 흥남을 오가며 빈곤자들을 위해 의복 · 비누 · 성냥 · 종이 · 자반고등어 · 명태 등 생필품의 무료배급을 교섭하는 일을 계속하였다. 또 8월 12일 하세가와

(長谷川) 조선상사(朝鮮商社) 대표를 흥남인민공장에 소개하는 등 소통을 위한 소임을 다하였다.

이소가야가 자신의 귀국을 위해 신변을 정리하는 과정에서 조선인 측과 자그마한 오해가 생긴 적도 있었다. 결벽증에 가까울 정도로 지나치게 깔끔한 성격을 가진[72] 이소가야는 이제 조선공산당 함흥시당부 일본인부의 활동도 정리한다는 생각에서 8월 7일 당원증을 반납하였다. 그런데 그가 당원증을 돌려준 이유를 시당부나 도당부에서는 다소 '곡해'한 것 같다고 한다. 그래서 다음날인 8월 8일 이소가야는 이달진을 찾아가, 자신이 당의 힘이 약하다고 말한 것은 사실이지만 당을 비방하고자 한 것은 아니었다고 해명하였다. 그런데 이날 이달진은 이소가야에게 이제 사회문제연구회를 중지할 것을 요구해왔다. 이따금 이소가야의 일기나 회고에 등장하는 사회문제연구회는, 아마도 그 동안 이소가야를 비롯한 몇몇 진보적 성향을 지닌 일본인이 자체적으로 꾸려온 학습 및 정세토론 모임이었을 것으로 추측된다. 그런데 이 모임에 대해 만약 계속 유지하려면 강사는 일본인이든 조선인이든 무조건 당원이어야 한다고 요구해온 것이다. 가장 믿고 있던 조선인 동지 가운데 한 사람인 이달진이 이렇게 요구한 것에 대해 이소가야는 아마 상부의 지시를 전달한 것일 거라고 어느 정도 이해하면서도 마음속으로는 납득하기 어려운 처사라고 생각했다. 이처럼 사소한 부분에서의 의견 차이는 존재했던 것으로 보인다.

---

72 뒤에서 다시 언급하겠지만, 예컨대 자식이 없었던 이소가야가 사망 당시 자신의 모든 통장 잔고를 제로(0)로 만들어놓았다는 데서 충분히 짐작할 수 있었다(小川晴久 증언, 2017.12.4., 도쿄 千代田区 平河町의 사무실에서).

어쨌든 이후 1946년 후반기에 이소가야의 활동 가운데 몇 가지 특기할 만한 것들을 그의 일기를 중심으로 살펴보기로 하겠다. 제일 먼저 들 수 있는 것은 7월 24일 조선인 측의 요청으로 도인민위원회에 신설된 '8.15경축 공동위원회'에 참여하여 일본인 위안 문제 등에 대해 논의하였다. 이후 8월 15일에 이소가야는 함흥일본인위원회 위원장으로서 잔류 일본인 일동을 대표하여 북조선임시인민위원회 위원장 앞으로 다음과 같이 연서(連署)된 「서장(書狀)」을 보내 경축과 감사의 뜻을 표했다.

친애하는 북조선임시인민위원회 위원장에게

제국주의 일본으로부터 조선이 해방되어 고귀한 자유를 되찾은 1945년 8월 15일부터 벌써 1년이란 세월이 경과하였습니다. 이러한 경하할 1주년의 날을 맞이하여 함흥에 있는 우리 일본인 일동은 진심으로 경축의 뜻을 표하는 바입니다.

생각건대 과거 36년에 걸쳐 제국주의 일본의 지배는 압정에서 압정의 연속이었습니다. 최초의 무단정치에 뒤이어 소위 '만세소동' 이후 얼마나 많은 무고한 인민이 학살 투옥되었던가. 그리고 일제의 조선문화 · 역사 · 국어가 말살되고 최후에는 동족동근(同族同根) 운운이라든가 처우개선이라든가, 모략과 기만으로 세계천황제패의 야망이 전쟁에 몰아넣어 우리 일본인과 같이 남편을 잃고 돌아오지 않는 아들을 기다리는 수만의 처가 있고 그 어머니가 있었던 것입니다. 그러나 이 야망이 이제는 파멸되었습니다. 우리 일본인도 제국주의 일본의 지배자들이 무엇을 계책하며 또한 그 무엇을 우리에게 하였던지 그 음모를 똑똑히 지금 보았던 것입니다. 그리고 우리의 가슴에는 민주주의를 전취할 결의가 새로이 불타오르고 있습니다.

회고컨대 저 혼돈 속에서 자유사회 조선건설의 거보가 힘차게 움직이고 있는 것을 우리들은 보고 있습니다. 조선민족에게 이 1개년은 실로 매우 다망(多

忙)한 해였습니다. 이 다망한 중에도 불구하고 조선민족이 우리에게 보여 온 호의는 감사할 수밖에 없습니다. 작년 말부터 금년 초에 걸쳐 식량의 부족과 질병과 전염병으로 죽음의 생활에 부딪쳤습니다. 이 우리들에게 최초로 구원의 손길을 뻗친 것은 조선공산당 여러분이었습니다. 조선인에게도 부족한 양곡이 일본인에게도 배급되고 산지대 농민에게 보낼 의복류가 우리 일본인에게도 분여되었던 것입니다. 이제 이에 우리는 깊이 그 후의를 감사하는 바입니다. 이 경하할 1주년을 맞이하여 경하의 뜻을 표하며 1년에 걸친 우리에 대한 후의를 감사하는 동시에, 우리 재한 일본인 일동도 귀국한 날에는 민주주의 일본건설의 전투에 참가할 결의를 새롭게 하는 바입니다.

북조선임시인민위원회, 만세!

1946년 8월 15일
함흥일본인위원회 위원장 이소가야 스에지(磯谷季次)
사무장 시오다 세키(鹽田績)
(이하 위원 7명, 연락원 1명, 지구위원장 4명, 통역 2명 명단 생략-역자)[73]

다음날인 8월 16일 이소가야는 도위원회 간부인 한지복 · 주종순 · 김창렬(金昌烈) · 송성관 · 정민(鄭民) · 박경득 · 김준식(金俊植) · 주영하 · 문석구 · 한국태(韓國泰) 등으로부터 5만 엔을 기증받았다. 아마도 이들은 대부분 이소가야가 이별 편지를 남긴 조선인 동지나 벗이었을 것이다. 8월 13일에 각 지구별로 일본인의 소지금을 조사했는데, 1인당 평균 250~300엔 정도가 있어서 약간의 자금만 지원하면 배를 타고 돌아갈 수 있다고 판단되었다. 또

73 이 자료의 원문은 『民聲』 제3권 1 · 2호(1947. 2, 서울;高麗文化社), 19쪽에 실렸다고 하는데, 현재 국내에서 잡지 『民聲』의 이 권호는 확인되지 않는다. 위 인용문은 『우리 청춘의 조선』, 276~277에서 이소가야가 소개한 내용이다.

8월 30일에는 앞서 언급했다시피 그 동안 돌봐온 일본인 고아 3명을 1,500원의 후원금과 함께 함흥일본인위원회에 보내온 갑산보안서 측에 감사장을 보내고 회인면 인민위원회에 관계자 표창을 의뢰하였다. 9월 16일에는 흥남병원에 잔류한 환자 수송을 허락받고 360명을 귀환시켰다. 9월 30일에는 도·시인민위원회, 도 사령부 등을 방문하여, 조선인과 혼인한 일본인 부인은 도위원회의 허락을 받고 잔류해도 좋다는 결정을 받아냈다. 10월 10일에는 문태화를 통해 평양의 기술자연맹 산업국장이 평양으로 와서 도와주기를 요청받았으나, 산업국에서 먼저 충분한 생활보장을 해주어야 한다고 전하고 사양하였다. 10월 22일에는 시청에 가서 부당한 가옥 접수에 항의하고 단속을 요구하였다. 11월 10일에는 스쿠바 사령관을 면회하고 잔류한 기술자의 귀환에 관한 요구서를 직접 제출했으며, 15일에는 도 자재과장 정민과 함께 조선은행 지점에 가서 마지막으로 남아있는 일은권(日銀券)이 600만 엔 있음을 확인하였다.

이상에서 살펴본 바와 같이 이소가야는 함흥일본인위원회의 위원장으로서 '잔류 기술자 문제' 등의 활동을 끝까지 잘 마무리 짓고 마지막 귀환 대열에 합류하여 귀국하였다. 마지막 순간까지 조선에서 이렇게 바쁘게 보낸 시기에 대해 이소가야는 "동포를 위해 조선 측에 식량이나 의류 등을 구걸하는 세월"을 보내면서 경우에 따라 "대단히 무리한 요구"도 했다고 적고 있다. 소련군과 일본인 사이에서 고투하면서 자신들을 지원해준 조선인 동지들의 후의를 평생 잊을 수 없었던 것이다(磯谷季次 1980a, 204~205). 특히 그가 형제처럼 가깝게 지내던 벗이자 동지인 주선규에 대해서는 남다른 회한을 가슴에 품고 떠날 수밖에 없었다.

8월 10일 이소가야가 병중인 주선규를 위문했을 때 이미 주선규는 말하기조차 힘들어서 그의 손바닥에 "죽음을 각오하고 모든 걸 체념"했다고 써 보인 적이 있었다. 그리고 마지막 작별인사를 하러 11월 16일에 주선규를 찾아갔을 때는 현관에 아예 '면회사절, 선규'라는 팻말이 걸려 있었다. 내일 귀환할 거라는 이소가야의 말에 부인 박복달이 그를 만나게 해주었는데, 주선규는 이소가야에게 가지 말라고 붙잡았다. 이소가야는 조금만 더 버티면 다시 올 것이라고 하자, 주선규는 자신은 곧 죽을 거라면서 손바닥에 '모든 것은 시간이 해결해준다', '자연은 냉정하다'라고 써 보였다. 예전에 손일룡의 하숙집에서 주선규를 처음 보았을 때 이소가야는 얼굴은 잘 모르지만 왠지 도쿠가와(德川家康) 막부(幕府) 말기에 오사카의 관리로서 가난한 백성을 구제하기 위해 봉기를 일으켰다가 자살한 오시오 헤이하치로(大鹽平八郎)를 떠올렸었다. 그런데 죽음을 눈앞에 둔 주선규의 얼굴을 보면서 지금은 십자가에 못 박힌 예수 그리스도의 얼굴을 닮았다는 생각이 들었다. 이렇게 마지막 작별을 고하고 얼마 지나지 않아 주선규는 결국 숨을 거두었다. 이소가야는 이 소식을 해난구조 관계 일로 조금 늦게 철수한 사토 슈고로에게 전해 들었다.

이소가야 스에지는 1946년 11월 말에 부인 이소가야 스마코(磯谷須磨子)와 함께 약 19년 만에 조선 땅을 떠났다. 조선에서 생활한지 정확히 18년 7개월 만이었다(磯谷季次 1991, 5). 1946년 11월 초 소련군 당국이 그때까지 함흥지구에 남은 일본인에 대한 철수명령을 내림에 따라,[74] 이소가야 부부는 '정

74 흥남에서는 11월 2일 함흥지구 경비사령관 스쿠바 중좌가 흥남재주 일본인을 무덕전(武德殿, 인민회관)에 모아놓고 '정식인양'을 발표했다. 흥남공장에서 근무하고 흥남일본인세화회에서 간부로 활동했던 기타야마에 따르면, 이 갑작스런 발표는 "종전 후 일본인이 경험한 최대의 기쁨이었다."고 한다.(北山恒 1947, 225)

식인양' 대열에 합류하여 귀환 길에 올랐다. 이소가야가 자신의 귀국을 준비하기 시작한지 거의 6개월 만이었다. 이때는 이미 함흥일본인위원회의 간부들도 모두 귀환한 후여서 거의 이소가야 부부만 남은 상태였다. 떠나기 얼마 전 이소가야는 부인과 함께 처음이자 마지막으로 반용산(盤龍山)으로 산보를 나갔다. 이소가야는 이 기억을 평생 간직했던 것 같다. 그래서 회고록에서 한 장의 제목을 '반용산에 어린 추억(盤龍山情懷)'이라고 붙였을 것이다.

〈그림 32〉 이소가야 부부가 산책했던 반용산

** 磯谷季次 1986, 73. 가는 중간에 제혜병원이 있었다.

이소가야는 함흥일본인위원회 위원장을 맡은 직후인 1946년 4월 15일 요시다 스마코(吉田須磨子)와 결혼식을 올렸다. 스마코는 당시 일본인위원회에서 사무원으로 일하고 있었다. 이소가야에게 위원장 직을 물려주고 자신은 북선전재자위원회 위원장을 맡아 '집단탈출'을 이끌던 효도 데츠조에게 중매를 부탁하여 인연을 맺게 되었다. 결혼식 당일과 전날, 다음날의 일기를 보면 그때도 이소가야는 여전히 바쁘게 여러 가지 일을 처리했음을 알 수 있다. 아마도 일과가 끝난 저녁시간에 간단히 결혼식을 올렸던 것 같다. 참석자는 이소가야의 숙부 · 숙모와 스마코의 부모, 효도 위원장을 비롯해 함께 귀환활동을 하던 하치야 겐지(八谷賢次) · 라쿠신(樂愼) · 곤도(近藤時次郎) · 나가야 도시오(長屋俊雄) 등 다수의 일본인이 참석하였다. 조선인 측에서도 주인규 · 송성관 · 한지복 · 이상북 · 주계섭 · 주종순 · 김기호 · 이달진 · 한효삼 · 김상림(金相林) 등 다수가 참석하여 축하해주었다(磯谷季次 1986, 70~74). 이로써 요시다 스마코는 이소가야 스마코가 되었고, 이소가야는 가장이 되었다. 다음 장에서 상세히 살펴보겠지만, 이때부터 이소가야와 스마코는 그야말로 '평생의 반려자'로 40년을 함께 살아가게 된다.

〈그림 33〉 1946년 4월 결혼 무렵
이소가야 부부의 모습

** 磯谷季次 1986, 72

귀국을 하루 앞둔 11월 16일 이소가야는 시 인민위원회 · 도인민위원회 · 도당부 · 시당부 · 검찰부 · 교화소 등 함흥의 각 기관을 돌면서 인사를 하고 마지막으로 병상의 주선규와도 작별을 고하였다. 집으로 돌아오는 길에 소련군 당국에서 함흥 발 열차가 연기되었다고 하여, 다시 위 기관들을 돌면서 출발연기를 알렸다. 11월 17일 아침 송흥(松興)·하지천·북청·홍원 등지에서 모인 160명의 일본인을 함흥역으로 인솔했는데, 수송담당 사령관이 인원이 부족하다며 승차를 거부하였다. 이소가야는 곧바로 시 당부의 이달진과 함께 스쿠바 사령관을 찾아가 이러한 사정을 설명하였다. 스쿠바가 수송담당 사령관에게 전화를 해주어 결국 기차에 오를 수 있었다. 승차는 했지만 곧바로 출발하기는 어려워서 다음날 출발하기로 했는데, 다음날인 18일에는 또 연료 부족 때문에 출발할 수가 없었다. 이날 홍남에서 도착한 628명과 함께 기차 안에서 하루 더 묵었다. 이 소식을 듣고 미처 작별을 고하지 못했던 정민·강명숙(姜明淑)·최원호(崔元鎬)·한석준·조성현(趙誠顯) 등과 송성관 가족, 문석구 가족이 작별인사를 하러 왔다. 도 사회과에서는 사과 100관을 보내주었으며, 밤에는 도인민위원회 부위원장과 도 사회과 및 시 사회과의 담당자가 인사를 하러 기차를 방문하였다.

이렇게 기차 안에서 며칠을 보낸 후 결국 11월 20일 새벽에 이소가야 일행을 태운 기차가 함흥역을 출발하였다. 그날 저녁 고원(高原)에 도착하여 다시 하루를 묵고 새벽에 다시 출발하여 정오 쯤 문평(文坪)에 도착하였다. 문평에서 소련군 당국 관계자와 다시 교섭하고, 철로 인입선(引込線)의 숙박소에서 평양에서 온 팀과 합류하였다. 다음날인 11월 22일부터는 소련군 당국에 의해 복장·질병 등 각종 검사를 받느라 문평의 일본인수용소로 들어갔다. 오랫동안 무리하게 기차에서 생활하다보니 환자도 많아졌는데, 수용소에서 검역(檢疫)도 하고 목욕도 할 수 있었다. 일부 복장 불량자는 소련군의 감시를 피해 수용소를 탈출하기도 했다. 이소가야는 원산의 강원도인민위원회로 가서 의복의 지급을 '구걸'하여 트럭에 싣고 수용소로 가져와 나눠 주기도 했다. 당시 문천군인민위원회 위원장과 부위원장 김대윤(金大允), 문천군 보안서장과 부서장 등 4명이 특별히 큰 도움을 주었다. 부족한 물자에도 불구하고 소련군 당국도 충분한 식량과 절인 생선 · 감자 · 밀가루 · 사탕 · 차 등을 공급해주는 큰 호의를 보였다.

이렇게 20여 일 동안 문평의 일본인수용소에서 생활한 후 12월 16일 배를 타기 위해 원산으로 향했다. 이소가야는 약 3,000명의 귀환자와 함께 거의 19년 만에 원산항에서 인양선 에이호마루(榮豊丸)에 탑승할 수 있었다. 조선은행권을 미처 일본은행권으로 교환하지 못하여 소련군에게 이를 접수시킨 채 승선한 피해자들이 있어서, 배 안에서는 원산일본인세화회 위원장 마츠모토 고로(松本五郎) 등과 이 문제를 해결하기 위해 노력하였다. 이 문제는 일본에 도착한 후에도 얼마 동안 대장성(大蔵省)이나 외무성과 조정에 조정을 거듭하여 국가로부터 보상받을 수 있도록 하였다. 그리고 이러한 사실을 라디오방송을 통해 각지로 흩어진 피해자들에게 알렸다.

이렇게 인양선 안에서 닷새 정도를 보낸 후 12월 21일 정오경에 배가 규슈 연안에 도착했다. 그런데 원래는 그날 저녁에 사세보항(佐世保港)에 도착할 예정이었으나, 배 안에서 발생한 천연두 때문에 다시 2주 이상을 감금되어 지내야만 했다. 다시 좁은 배 안에서 집단생활을 해야 하는 상황이다 보니 배급 등으로 인해 선내 책임자 문제가 발생하였다. 1947년 1월 4일 재선거를 실시하여 이소가야가 당선되었지만 그는 끝내 고사하였다. 이소가야 일행은 우여곡절 끝에 1월 9일경에야 일본 땅을 밟을 수 있었다. 정확히 1월 9일에 상륙했는지는 다소 불분명하지만, 이소가야가 마지막으로 작성한 1월

4일자 일기에서 '9일 상륙 예정'이라고 쓰고 있어서 이 즈음이었을 것으로 추측된다. 함흥역에서 처음 기차에 올라탄 순간부터 50여 일이 지나서였다.

4장
좋은 날이여, 오라!

일본에서의 생활과 문필활동

19년 만에 고국의 땅을 밟은 이소가야는 스마코와 함께 곧바로 고향인 시즈오카현 아베군 하토리무라 야마자키, 현 시즈오카현 아오이구(葵区) 야마자키에 있는 본가(本家)로 향했다. 스무 살 무렵 떠나서 마흔 살이 되어 돌아온 것이었다. 일찍이 부모님은 모두 돌아가셨지만 고향에는 다행히 큰 누나 가족이 살고 있어서, 일단 이곳으로 가서 2개월 정도 의탁했다.[75] 현재 야마자키에는 '이소가야(磯谷)'라는 성씨가 한 명도 살고 있지 않지만, 이소가야가 고향 마을을 다시 찾았던 때만 해도 친척들이 여전히 그곳에서 살고 있었다(1장의 각주2 참조).

당시 본가에는 큰 누나, 시즈오카현청 관리로 일하던 매형, 그리고 딸 셋이 있었다. 아주 어려서 어머니를 여읜 이소가야는 거의 누나들 손에 길러지다시피 해서 사실 큰 누나는 어머니와도 같은 존재였다. 본가에 머무는 동안

---

75 귀국 후 이소가야의 생활에 대한 서술은 특별히 전거를 밝히지 않은 한, 부인 스마코가 사망한 다음 해에 이소가야가 그녀를 추모하기 위해 발간한 『須磨子に寄せて』(1986, 影書房)에 의존하였다.

이소가야는 매형이 개간해놓은 보리밭에 가서 보리밟기도 하고, 매형의 도움으로 원래부터 건강이 좋지 않았던 스마코에게 병원 진료도 받게 하면서 생활했다. 하지만 너무 오래 큰 누나에게만 신세를 지고 있을 수는 없어서, 도쿄의 오모리(大森)에 있는 형의 도움으로 상경을 결심하였다. 이 형이 어릴 적 아사쿠사에서 목재상을 하던, 그러니까 이소가야가 입대하기 전까지 함께 생활했던 형인지는 정확히 알 수 없다. 만약 그 형이라면 앞서 1장에서 살펴보았다시피, 감수성이 예민했던 10대 청소년기의 이소가야에게 그리 좋은 기억으로 남아 있지는 않았을 것이다.

1947년 봄부터 다시 도쿄 생활을 시작한 이소가야는 형의 소개로 이케가미혼몬지(池上本門寺) 근처에 있는 시미즈(清水要藏)라는 노인의 집으로 이사를 했다. 새 보금자리는 햇빛이 거의 들지 않는 3조(畳, 다다미) 남짓 되는 방이었다. 이소가야는 이 방이 부인 스마코의 건강에 매우 좋지 않겠다는 생각이 들었지만, 당시 형편에 별다른 도리가 없어서 당분간만 지내기로 했다. 귀국할 때 조선에서 현금 5,000엔을 마련해가지고 왔지만, 그 외에 돈 될 만한 것은 하나도 없는 형편이었다.

생활비를 벌기 위해 이소가야는 때마침 제대하고 돌아온 주인집 아들 시미즈 사부로(清水三郎)와 함께 하네다(羽田) 비행장 내에 있는 미군(美軍) 시설에서 아르바이트를 했다. 창고 안에 드럼 캔을 쌓는 일이었다. 지금의 하네다공항 자리에 있었던 하네다비행장은 패전 이후 연합국의 관리하에 놓이게 되었고, 이로 인해 하네다육군 항공대 기지로 불렸던 곳이다. 시미즈는 니혼대학(日本大學) 예술학부에서 프랑스어를 전공하고 프랑스령 인도차이나에 진주한 군부대에서 프랑스어 통역을 하다가 제대한 청년이었다. 그는 섬세하게 인간을 관찰하여 소설이나 시를 썼던 문학도였는데, 이소가야 부부와는 줄곧 좋은 관계를 유지했던 것 같다. 이소가야 부부가 그 집을 떠나고 수십 년 뒤에 스마코가 사망했을 때 추모의 편지를 2통이나 보내온 데서 알 수 있다.

오랜 감옥생활로 건강이 좋을 리 없었던 40대의 이소가야로서는 드럼캔 쌓는 일은 결코 쉽지 않은 노동이었다. 이 일을 계속할 수는 없었고 하루빨리 정식으로 직장을 구해야만 했으나 당시 상황에서 쉬운 일은 아니었다. 그러다가 시나가와역(品川驛) 미나미구치(南口)에 인접한 오키덴키(沖電機)의 다카하마공장(高浜工場)에 들어가 도장장(塗裝場)에서 11개월 동안 일했다. 고생하던 이소가야를 옆에서 지켜만 보던 부인 스마코도 나름대로 생계 방법을 고민하기 시작했다. 자기라도 뭔가 기술을 배워 안정적인 직장을 가져야겠다고 생각한 스마코는 한때는 국회의 속기사가 되려고 잠시 속기학교에 다니기도 했다. 하지만 스마코의 건강상태로는 도저히 무리여서 중단하고 말았다. 부인을 위해 하루라도 빨리 마치 동굴 속과도 같은 3조 방에서 벗어나야겠다는 생각에 고군분투하던 이소가야는 결국 2층의 6조 방으로 이사를 했다. 그 방에서 지내면서 스마코는 넥타이 뜨기 등의 부업을 했다. 심장이 약했던 스마코는 한약을 먹고 잠시 좋아진 듯했지만 만성기관지확장증에 걸려 밤에 피를 토하기도 했다.

도쿄생활 초기에 가장인 이소가야로서는 어떻게든 조금이라도 나은 환경으로 이사하여 부인의 건강을 돌봐야 한다는 생각이 가장 컸던 것 같다. 이소가야 부부는 결국 오모리에서 벗어나 세타가야신마치(世田谷新町)로 이사를 했다. 그곳에서 7~8년 정도 살다가 도쿄도(東京都)의 마치다시(町田市)로 이주해 그곳에 정착하였다. 1970년대 중후반 무렵이었던 것으로 보이는데, 이때부터 1998년 사망할 때까지 20년 동안 이소가야는 줄곧 마치다에서 생활하였다. 새로 이사한 집은 제2종 도영주택(道營住宅)이었는데, 처음 지어질 때부터 따로 욕실이 없었다. 좁은 다용도실이 하나 있어서 그곳이 욕실이자 세탁장으로 사용되었다. 그 좁은 공간에서 날마다 세탁기도 없이 쭈그리고 앉아 빨래하다가 결국 숨을 거두고 만 스마코의 모습이 이소가야에게는 줄곧 가슴 아프게 남았다.

이소가야 부부가 마치다로 이주한 것은 이소가야가 마치다시립(町田市立) 오가와소학교(小川小學校)에서 야경(夜警) 즉 야간에 수위로 일하게 되었기 때문이다. 이소가야는 5년 남짓 이 일을 했다고 하는데, 이것이 그의 마지막 직장이었다. 『우리 청춘의 조선』을 출간했던 1984년 당시 자신이 '무직'이라고 밝히고 있는 것을 보면, 그 이전에 그만둔 것이다. 1980년대 중반이면 이소가야의 나이가 70대 중반을 넘어 80세를 바라보던 때였으니 더 이상 생업에 종사하기는 어려웠을 것이다.

마치다소학교에서는 평일 오후 3시부터 다음날 아침 9시까지, 토요일에는 정오부터 월요일 아침까지 근무했다. 밤을 새며 일하는 이소가야를 위해 부인 스마코는 하루도 거르지 않고 날마다 학교로 저녁도시락을 배달해주었다. 토요일 근무 때는 저녁식사뿐만 아니라 일요일 아침·점심·저녁 세끼를 비가 오나 눈이 오나 매번 직접 따뜻한 도시락을 싸다주었다. 그믐날부터 정월 즉 연말연시에는 1주일 동안 집에 못가고 연속으로 근무할 때도 있었는데, 이때도 마찬가지였다. 말하자면 스무 번 이상이나 따뜻한 도시락을 가져다준 셈이었으니, 아내로서 스마코의 정성도 남달랐다고 할 수 있다.

〈그림 34〉 1980년 봄 『조선종전기』 출판을 기념하는 이소가야 부부

※ 磯谷季次 1986, 13. 환하게 웃는 모습이 매우 인상적이다.

식민지 조선에서 귀환활동을 전개할 때도, 또 귀환 후 어렵게 생업에 종사할 때도, 뿐만 아니라 문필활동과 사회활동으로 바쁘게 돌아다닐 때도 늘 옆에서 묵묵히 내조해준 부인 스마코에게 이소가야는 존경과 감사의 마음을 갖고 있었다. 1972년 1월 27일 이소가야는 종전 직후 일본인의 인양 업무에 공적이 있다 하여 일본 정부로부터 표창장을 받았는데, 이때도 그는 이 표창장은 자기보다는 스마코에게 '감사장'이라는 이름으로 줘야 한다고 생각했다. 표창장의 내용은 다음과 같다.

> 지난 대전(大戰)이 종식되자 조선의 치안이 극도로 혼란하여 동포의 귀환이 자못 어려움이 극심함에, 그대는 일신의 위험을 돌보지 않고 그 구조 혹은 원호에 또 인양업무에 몸과 마음을 다한 공적이 현저했습니다. 이에 그 덕행을 상찬

(賞讃)하고 영예를 기려 표창합니다.

1972년 1월 27일

외무대신 후쿠다 다케오(福田赳夫)

〈그림 35〉 1972년 일본 정부로부터 받은 표창장

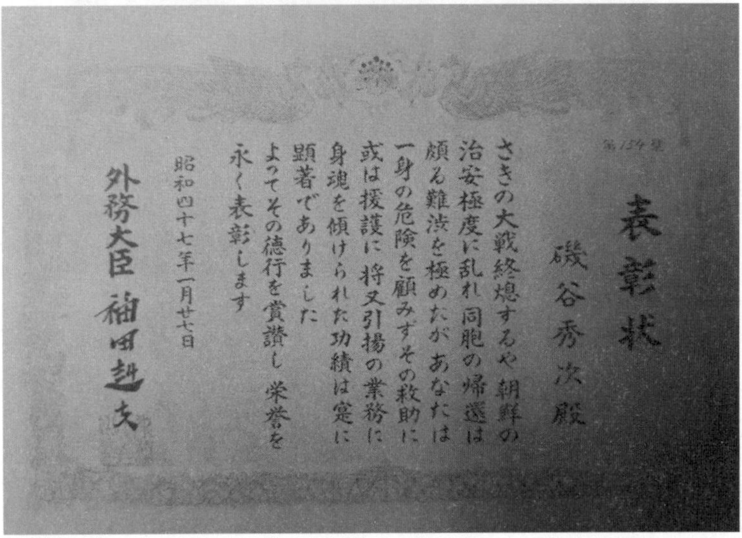

第154号

表彰状

磯谷秀次殿

さきの大戦終熄するや朝鮮の治安極度に乱れ同胞の帰還は頗る難渋を極めたがあなたは一身の危険を顧みずその救助に或は援護に将又引揚の業務に身魂を傾けられた功績は寔に顕著でありました

よってその徳行を賞讃し栄誉を永く表彰します

昭和四十七年一月廿七日

外務大臣 福田赳夫

** 磯谷季次 1986, 80

『조선종전기』 후기에서 이소가야는 이 표창장을 받았을 때 아무런 감흥도 없었음을 명백히 기억한다고 했다. 그리고 이것을 명예롭게 생각하여 방안에 걸어놓는 일은 죽을 때까지 없을 것이라고도 했다. 조선민족이 골육상쟁하며 사투를 전개할 때 일본은 그 전쟁을 이용하여 막대한 어부지리를 얻었고 그 후에는 남한과 미국과 군사적 결탁에 가담했다면서, "이러한 일본의 자세는 군국주의 국가 일본과 본질적으로 하나도 다르지 않다고 생각한다."

고 했다(磯谷季次 1980, 239).

생활인으로서의 이소가야는 귀환 후 50여 년 동안 거의 일본사회의 최하위층에서 어렵게 살아갔다고 할 수 있다. 하지만 소학교밖에 나오지 못한 학력에도 불구하고 그가 보여준 남다른 인식과 활동은 전후 일본사회에서 그가 진정한 '지식인', '양심적 지식인'으로 살아갔음을 보여준다. 식민지 조선의 노동자로 출발했던 이소가야의 평생의 삶은, 어찌 보면 이탈리아의 정치사상가 안토니오 그람시(Antonio Gramsci)가 언급했던 '유기적 지식인'의 진정한 모습이 아니었을까 하는 생각도 든다.

사실 1947년 1월 귀국 후 이소가야가 구체적으로 어떤 활동을 했는지에 대해 알 수 있는 자료는 별로 없다. 유감스럽게도 이소가야가 집필한 자전적 성격의 회고록 『조선종전기』와 『우리 청춘의 조선』은 모두 귀국 이전의 자신의 삶을 대상으로 한 것이다. 젊어서부터 스마코의 건강이 좋지 않았기 때문인지 애석하게도 이소가야 부부에게는 자식이 한 명도 없었다. 따라서 이들의 삶을 구체적으로 증언해줄 만한 후손도 없다. 생전에 이소가야와 가깝게 지냈던 지인 몇몇을 만나 인터뷰해보았으나,[76] 타인의 사생활에 대해 자세히 알고자 하지 않는 일본인의 성격 때문인지 몰라도 이소가야의 개인적인 생활 부분에 대해서는 거의 알고 있지 않았다. 그나마 자그마한 단상이라

76 필자는 생전에 이소가야와 개인적으로 친분이 두터웠던 두 분을 어렵게 수소문하여 인터뷰를 했다. 한 분은 이소가야의 문필활동을 도왔던 출판인 마츠모토 마사츠구(松本昌次)이며, 다른 한 분은 도쿄대 명예교수로서 북한 관련 인권운동을 전개하는 오가와 하루히사(小川晴久)이다. 마츠모토는 현가케쇼보(影書房) 출판사를 통해, 오가와는 도쿄대학의 학과를 통해 연락처를 확인하였다. 현재 92세의 고령인 마츠모토는 2017년 12월 3일 도쿄 인근 사이타마현(埼玉県) 사야마시(狭山市)에 있는 자택에서, 오가와는 12월 4일 도쿄시내 지요다구(千代田区) 히라가와초(平河町)에 있는 사무실에서 만나 인터뷰를 진행하였다.

도 알 수 있는 자료는 스마코의 사망 후 이소가야가 부인을 추모하여 편찬한 세 권의 책, 그리고 이소가야가 남긴 몇 권의 저서와 에세이 몇 편이 전부이다. 이를 통해 생활인으로서의 이소가야의 삶이 아니라 사회인으로서 이소가야의 삶을 단편적이나마 정리해보고자 한다.

전후 일본사회에서 이소가야의 사회활동은 모두 식민지 조선에서의 노동운동 경험과 조선을 떠나기 위한 귀환과정에서의 경험들에 밀접히 관련되어 있었다. 10대 청년시절부터 시와 문학을 좋아했던 이소가야가 자신의 생업 외에 줄곧 했던 또 다른 직업은 '글을 쓰는 것' 즉 문필활동이었다. 이소가야는 귀환활동이 한창이던 1946년 1월 25일부터 그가 일본 땅에 발을 딛기 전 에이호마루에서 생활하던 1947년 1월 4일까지 약 1년간 일기를 남겼다. 또 한창 다수의 일본인이 남쪽으로 '탈출'하던 때인 1946년 6월 함흥에서 「북조선에서」라는 글을 집필하였다.[77] 그의 일기는 여러 회고록들 속에 흩어져 수록되어 있다. 이소가야 자신이 회고록을 1949년, 1980년, 1984년 세 차례나 수정 보강하면서 출판하다 보니 일기도 중복 수록된 경우가 많다. 먼저 이소가야의 저술에 수록된 일기의 현황을 정리해보면 다음과 같다.

북조선에서(1946.6)	1946년 4월 1~20일, 22~30일 / 5월 1~6일, 8~20일, 22~30일
조선종전기 (1980)	1946년 1월 31일 / 2월 1~8일, 16일 / 3월 1일, 12~16일, 18~19일, 21~22일, 24~29일 / 4월 9일, 12일, 17일 / 6월 1~2일, 4~7일, 13~15일, 17~20일, 23~26일, 28일, 30일 / 7월 10일, 12~13일, 15일, 18일, 22일, 24~26일, 28~29일 / 8월 8일, 10일, 12~13일, 30일 / 9월 16~19일, 26일, 30일 / 10월 1~2일, 5일, 7일, 10~12일, 21~22일 / 11월 10~11일, 15~18일, 20~22일, 24~25일, 27~28일 / 12월 16일, 19일, 21일, 25일 / 1947년 1월 4일
우리 청춘의 조선(1984)	1946년 1월 25~27일, 29~31일 / 2월 1~2일, 4~17일, 19~21일, 23~28일 / 3월 1~5일, 7~16일, 18~31일 / 4월 1~30일 / 5월 1~6일, 5월 8~31일 / 6월 1~2일, 4~8일, 13~30일 / 7월 1~22일, 24~26일, 28~31일 / 8월 1~10일, 12~22일, 25~31일 / 9월 1~5일, 8~13일, 15~27일, 30일 / 10월 1~2일, 5~12일, 14~16일, 18~25일, 27~31일 / 11월 1~22일, 24~25일, 28~30일 / 12월 1~16일, 19일, 21일, 25~31일 / 1947년 1월 1일, 4일

귀국 후 이소가야가 가장 먼저 한 일은 식민지 조선에서 겪었던 자신의 경험을 정리하여 출판하는 것이었다. 귀국한지 2년밖에 되지 않은 1949년 2월에 제일 먼저 조선의 감옥에서 경험한 내용을 정리하여 『식민지 감옥 - 혁명가의 경험적 기록』(郷土書房)을 출판하였다. 일본으로 돌아온 귀환자들이 제일 먼저 자신이 한반도에서 얼마나 어렵게 '고난의 탈출'을 했는지에 대한 기록을 남기려고 애를 쓰던 시기에, 이소가야는 자신을 '혁명가'로 칭하면서 투쟁과 투옥의 기록을 먼저 남기고자 했다는 점에서도 보통의 귀환자들과는 다른 모습을 볼 수 있다. 그리고 1946년 6월 함흥에서 집필한 「북조선에서」를 다시 정서하는 작업을 했다.

일본으로 돌아온 직후 그러니까 이소가야가 40대 초중반이었던 시기에는 이렇게 집필에 열성을 보였지만, 이후 1950~60년대에는 이소가야의 문필활동이 별로 드러나지 않는다. 50대 가장으로서 도쿄에서의 새로운 생활에 정착하려고 막노동까지 하며 먹고 살기에 급급했던 상황에서 차분하게 글을 쓰기란 쉽지 않았을 것이다. 한동안 「보도사진뉴스(報道写真ニュース)」를 발행하는 일에 종사했다고 하는데(磯谷季次 1991, 小川晴久 서문 3쪽), 구체적인 내용은 확인되지 않는다. 1980년에 본격적인 회고록 『조선종전기』가 출판된 것을 보면, 1970년대부터 그러니까 이소가야가 60대 후반에서 70대로 접어들면서부터는 다시 조금씩 자신의 기억들을 정리하기 시작했던 것 같다. 1984년에 출판된 『우리 청춘의 조선』은, 이소가야 스스로 각종 자료들을 뒤

77 이 글은 森田芳夫·長田かな子 編, 『朝鮮終戦記録 資料編』 제3권(1980)에 수록되었는데, 원래 함흥에서 집필한 원본을 귀국 후에 정서(淨書)했다고 한다. 이 글에는 '탈출' 활동이 왕성히 추진되던 1946년 4~5월 두 달 동안의 일기도 수록되어 있다.

지며 조금 더 '공부'하여 이전의 『조선종전기』를 보완한 성격의 책이다.

〈그림 36〉 1980년 이소가야의 『조선종전기』 출판을 기념하는 직장 동료들

1980年，私の『朝鮮終戦記』が出たとき，勤務先の小川小学校の事務員や用務員の皆さんが祝ってくれました。

** 磯谷季次 1986, 93

그때까지 귀환 일본인들이 집필한 회고록과는 다른 관점과 내용으로 서술된 이소가야의 회고록이 발간되자, 이는 일본사회 내에서 상당히 주목을 받았다. 이제 이소가야 스에지라는 이름은 히키아게샤(인양자) 집단 내에서뿐만 아니라 학계나 시민사회에까지 알려지게 되었다. 1980년 2월 『조선종전기』가 출판되자마자 바로 그해 5월 『계간 삼천리』의 '독서안내란'에 재일조선인 학자 강재언(姜在彦)의 책 소개가 실렸으며, 1984년 10월 『우리 청춘의 조선』이 발간된 직후인 1985년 2월에도 우시구치(牛口順二)의 책 소개가 실렸다. 또 『우리 청춘의 조선』에 대한 서평을 썼던 무라마츠 다케시(村松武

司)는, 그 동안 자신은 '식민자 좌익이란 존재하지 않는다.'는 알제리의 반식민주의자 알버트 멤미(Albert Memmi)의 말에 동의해왔는데, 이러한 "나의 가설을 정정해야 할 정도로 매력적인, 강력한 자서전을 만나게" 되었으며, '식민자 좌익'이란 픽션이 아니라 현실에 한 인간으로 존재했다는 사실을 알게 되었다고 서술하였다(村松武司 1985, 40).

『조선종전기』는 일본의 저명한 출판사인 미라이샤(未來社)에서 출판되었는데, 이소가야는 이 책을 출판하면서 편집장 마츠모토 마사츠구(松本昌次)를 처음 만났다. 1953년에 미라이샤에 입사한 마츠모토는 이소가야의 책이 나오고 3년 후인 1983년에 가케쇼보(影書房)라는 독자의 출판사를 차렸다(松本昌次 2008, 4). 그래서 이소가야는 이후 『우리 청춘의 조선』을 비롯해 『스마코에게』 등 일련의 책들을 모두 가케쇼보에서 출판하게 되었던 것이다. 이 출판사는 도쿄의 도시마구(豊島区) 고마고메역(駒込駅) 근처에 있는데, 2015년 마츠모토가 사장직을 물러난 직후에는 인근의 지하창고에서 사무실을 겸할 정도로 현재는 재정이 열악해진 상태이다.

〈그림 37〉 현 가케쇼보 출판사

** 2017년 12월 4일 촬영. 이 맨션의 지하실을 창고 겸 사무실로 사용하고 있다.

〈그림 38〉 1980년대에 이소가야가 자주 드나들던 가케쇼보 자리

** 2017년 12월 4일 촬영. 현재는 Hillside House라는 맨션으로 바뀌었다.

이소가야가 미라이샤의 편집장이자 가케쇼보 사장이 된 마츠모토 마사츠구를 만난 것은 어찌 보면 이소가야의 인생에서 큰 행운이 아니었을까 생각된다. 이소가야보다 18살 아래인 마츠모토는 1998년 이소가야가 91세의 일기로 사망할 때까지 가장 가까운 벗이자 동지로 지냈다. 학력도 재력도 없던 이소가야가 이름 석 자만 대면 알 만한 출판사에서 계속 책을 낼 수 있었던 것 자체가 행운이라면 행운일 수 있었다. 또 생업에 종사하기도 어려운 처지에다 부인 스마코마저 병상에 누워있었을 때 이소가야에게 마츠모토는 '큰 도움'이 되었다.

2017년 현재 92세인 마츠모토는 현재 도쿄 인근 사이타마현(埼玉県) 사야마시(狭山市) 이루마가와(入間川)에서 자택과 요양소를 오가며 혼자 살고 있다. 2017년 12월 3일 필자는 마츠모토의 자택을 방문했었는데, 첫 인상에도 매우 차분해 보이는 그는 이소가야와 마찬가지로 인간의 자유와 평등, 인

권의 신장, 평화를 추구하는 진보적인 출판인이자 양심적인 지식인임을 알 수 있었다. 그 성격이나 인품이 이소가야와 잘 맞았을 것 같다는 생각이 들었다. 1980년대 후반 이후 이소가야는 북한의 김일성 정권을 비판하면서 『좋은 날이여, 오라』를 집필하고 북한인권 문제에 관심을 갖게 되었다. 마츠모토는 북한문제에 대해 이소가야의 견해와는 약간 다른 입장을 갖고 있었던 것 같기는 하나, 개인적인 친분은 계속 이어갔다고 한다.

〈그림 39〉 현 92세의 마츠모토 마사츠쿠

** 2017년 12월 3일, 狭山市 자택. 이소가야의 회고록들과 앞에 놓인 세 권의 스마코 추모집을 출판해 주었다.

『우리 청춘의 조선』은 1988년에 같은 제목으로 한국에서 번역 출판되었다. 사계절에서 출판된 이 책의 역자는 김계일(본명 전현수, 현 경북대 사학과 교수)이다. 한글판에는 역자의 서문만 실려 있을 뿐, 원저에 있는 이소가야의 서문과 후기 그리고 일기가 실려 있지 않다. 일본어판 원본의 서문에서 이소가야는 이 책이 『식민지 감옥』(1949)과 『조선종전기』(1980)를 가필·정정한 것이라고 밝혔다. 그리고 특히 자신이 조선으로 건너가기까지의 어린 시절 이야기와 1946년도 일기를 추가함으로써 자신의 전반기 생애를 기록한 '결정판'이라고 스스로 의미를 부여하였다. 한국어판의 역자

서문에서는, 이 책은 이소가야라는 한 개인의 수기를 넘어서 식민지시대 사회주의 노동운동과 8.15 직후 지방인민위원회의 활동을 이해하는 데 큰 도움이 되는 '사료적 가치'를 지니고 있다고 높이 평가하였고, 한때 한국에서도 널리 읽혔다.

그런데 1980년대 당시는 한국이나 일본이나 저작권에 대한 인식이 높지 않아, 사실 『우리 청춘의 조선』을 번역 출판할 때 저자인 이소가야나 출판사인 가케쇼보의 동의를 구하지 않았다고 한다. 이들은 나중에 이 책이 한글로 출판되었음을 알게 되었지만, 당시로서는 일반적인 관례대로 그냥 넘어갔던 것이다. 서울에서 책이 출판되고 한참이 지난 후에 이소가야는 큰 벽걸이 시계 하나를 선물로 받았다. 한국의 어느 노동단체에서 기념품으로 나온 것이었는데, 그나마도 오는 과정에서 고장이 나버린 시계였다. 하지만 이소가야는 이 시계를 평생 보관하였다. 이소가야의 사후에 유품을 정리하던 오가와 하루히사(小川晴久)는 이 시계를 발견하고는 옛날 기억을 떠올리며 혼자 웃었다고 한다. 오가와는 현재 지바현(千葉縣) 사쿠라시(佐倉市)에 자그마한 역사박물관을 개설하려고 준비 중인데 그곳에 '이소가야 코너'를 설치할 계획이다.[78] 그래서 이 고장난 벽걸이 시계는 현재 그곳에 보관되어 있다.

훗날 1991년 봄 이소가야가 귀국 후 유일하게 딱 한 번 서울을 방문했을 때, 그는 『우리 청춘의 조선』의 한글 번역자를 비롯해 그의 스승인 성균관대

78 오가와는 간사이공항에서 도쿄시내로 들어오는 중간인 사쿠라시에 이 박물관을 설립함으로써 한국인도 쉽게 드나들 수 있도록 하겠다는 구상을 밝혔다. '지키는 모임'의 명예대표인 제주도 출신의 김민주(金民柱) 명의로 그곳에 경매로 넘어온 건물도 마련해두었다. 사실 오가와도 1985년에 강만길(姜萬吉)의 『한국근대사』(1984, 창작과비평사)를 필자나 출판사의 사전 동의 없이 일본어로 번역 출판했는데(小川晴久 譯, 高麗出版), 당시에는 한·일 양국의 지식인이나 출판사 모두 저작권에 대한 인식이 매우 희박했음을 알 수 있다.

학교 성대경(成大慶) 교수와 그 제자들을 만날 수 있었다.

〈그림 40〉 1991년 서울 방문 때 성균관대학교 사학과 대학원생들과 함께

** 2018년 4월 6일 최재성 제공. 맨 오른쪽이 이소가야 스에지, 그 옆이 성대경, 왼쪽 하단의 두 번째가 역자인 전현수

이소가야는 귀국 후 성대경에게 자신의 서울기행에 대한 감상문인 「죽은 자는 말할 수 없다 해도 – 50년 만의 서울에서 느낀 점」(『世界』 565호, 1992.3)을 보냈다. 이에 대한 답신으로 1992년 4월 13일 성대경은 다음과 같은 내용의 편지를 써서 서울시에서 편찬한 서대문형무소 관련 자료와 함께 이소가야에게 보냈다. 이후 성대경은 이듬해인 계유년을 맞이하여 이소가야에게 감사의 연하장도 보냈다.

… 서대문형무소 유적을 방문하고 사형집행장을 견학한 감상을 말해주신 것을 듣고 강렬한 인상을 받았습니다. 이번에 보내온 잡지 『世界』의 기사를 읽고, 서대문형무소와 선생의 젊은 날의 꿈과 정열과 투쟁에 대해 얼마나 깊은 자부심과 애정을 가져왔는지를 알게 되었습니다. 『우리 청춘의 조선』의 번역자 田賢秀 군은 지금 모스크바대학에 유학 중입니다.(후략)

〈그림 41〉 1992년 성대경이 이소가야에게 보낸 편지와 연하장

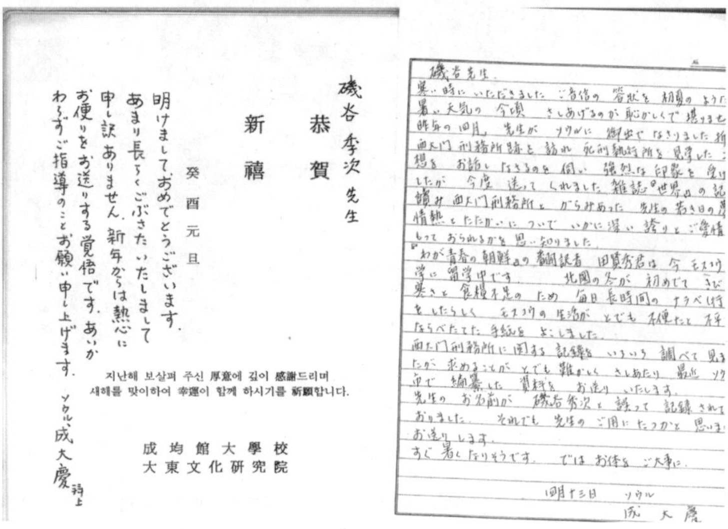
磯谷季次 先生

恭賀

新禧

癸酉元旦

明けましておめでとうございます。
あまり長らくごぶさたいたしまして
申し訳ありません。新年からは熱心に
お便りをお送りする覚悟です。あいか
わらずご指導のことお願い申し上げます。

ソウル 成大慶 拝上

지난해 보살펴 주신 厚意에 깊이 感謝드리며
새해를 맞이하여 幸運이 함께 하시기를 祈願합니다.

成均館大學校
大東文化研究院

磯谷先生。
寒い時にいただきました ご音信の 答状を 初夏のような
暑い天気の 今頃 さしあげるのが 恥かしくて 堪りませ
昨年の 四月、先生が ソウルに 御出でなさりました 折
西大門刑務所跡を 訪れ 死刑執行所を 見学した
想を お話しなさるのを 伺い 強烈な 印象を 受け
したが 今度 送ってくれました 雑誌『世界』の 記
読み 西大門刑務所と からみあった 先生の 若き日の
情熱と たたかいに ついて いかに 深い 誇りと ご愛情
もって おられるかを 思い知りました。
『わが青春の朝鮮』の 翻訳者 田賢秀君は 今 モスク
学に 留学中です。 北国の冬が 初めてで きび
寒さと 食糧不足の ため 毎日 長時間の ナラベ(行
をしたらしく モスクワの 生活が とても 不便だと 不
ならべたてた 手紙を よこしました。
西大門刑務所に 関する 記録を いろいろ 調べて 見ま
たが 求めることが とても 難かしく さしあたり 最近 ソウ
市で 編纂した 資料を お送り いたします。
先生の お名前が 磯谷秀次と 誤って 記録されて
おりました。 それでも 先生の ご用に たつかと 思いま
お送りします。
すぐ 暑くなりそうです。 では お体を ご大事に。

四月十三日 ソウル
成大慶

※ 2016년 7월, 미즈노 나오키 제공

1980년 회고록 『조선종전기』를 출판한 후부터 이소가야의 문필활동은 본격적으로 이루어졌다. 현재까지 공식적으로 출간된 이소가야의 저술은 아래와 같이 총 8권의 저서와 8편의 에세이가 확인된다.

이소가야 스에지의 문필활동
〈저서〉 • 1949, 『식민지의 감옥 - 혁명가의 경험적 기록(植民地の獄—革命家の経験的記録)』(郷土書房) • 1980, 『조선종전기(朝鮮終戦記)』(未来社) • 1984, 『우리 청춘의 조선(わが青春の朝鮮)』(影書房) • 1986, 『스마코에게(須磨子に寄せて)』(影書房) • 1987, 『추모서간집 : 스마코에게, 별책(追悼書簡集 須磨子に寄せて, 別冊)』(影書房) • 1988, 『이소가야 스마코 추도·기념 서한집(磯谷須磨子追悼·記念書簡集)』(影書房) • 1991, 『좋은 날이여, 오라 - 북조선 민주화를 향한 나의 유서(良き日よ,来たれ—北朝鮮民主化への私の遺書)』(花伝社) • 1994, 『비사 북조선(悲史北朝鮮)』(私家版)
〈에세이〉 • 1946.6, 「북조선에서(北朝鮮にありて)」(森田芳夫·長田かな子 編, 『朝鮮終戰記錄』 자료편 제3권, 1980, 巖南堂書店) • 1980, 「나의 조선종전기 - 조선해방 35주년에 생각한다(私の朝鮮終戰記—朝鮮解放35周年に思う)」(『統一評論』 183) • 1981.2, 「민족과 은수(民族と恩讐)」(『季刊三千里』 25) • 1982.1, 「전후 36년, 조선을 생각한다(戰後三十六年, 朝鮮を思う)」(『未來』 184) • 1982.8, 「출옥이후(出獄以後)」(『季刊三千里』 31) • 1990.8, 「일한병합 80년과 일본(日韓併合80年と日本)」(『世界』 544) • 1992.3, 「죽은 자는 말할 수 없다 해도 - 50년 만의 서울에서 느낀 점(死者は語り得ずとも—50年ぶりのソウルで感じたこと)」(『世界』 565) • 1993.12, 「북조선 통곡의 기록(北朝鮮痛哭の記)」(『自由』 35)

앞서 설명했듯이 1949년, 1980년, 1984년의 책은 이소가야의 자전적 회고록을 계속 보충해가면서 완성한 것이다. 또 1987년과 1988년에 출판된 부인 스마코의 추모서간집은 이소가야가 집필한 게 아니라 각지에서 스마코를 추모하여 보내온 편지들을 묶어 편찬한 것이다. 그러니까 사실상 이소가야는 식민지 조선에서의 생활과 귀환활동을 중심으로 한 자신의 회고록 3권, 부인 스마코와의 관계를 통해 인간의 내면에 대해 성찰한 책 3권, 그리고 북한의 민주화와 한반도 통일에 대한 염원을 담은 책 2권을 남긴 셈이다. 『계간 삼천리』나 『세카이(世界)』 등 널리 알려진 잡지에 실린 에세이들에서 이소가야는 자신의 직함을 '문필가' 또는 '조선문제 연구가'로 밝히고 있다. 이 점에

서도 이 시기 이소가야의 생활의 중심과 정체성은 문필활동에 있었음을 알 수 있다.

위에서 소개한 공식적으로 출간된 저술들 외에도 이소가야는 죽을 때까지 문필활동을 계속한 것으로 확인된다. 정식으로 출판되지는 않았지만 이소가야의 미정고(未定稿) 원고 몇 종은 현재 오가와 하루히사가 보관하고 있으며, 여러 지인들이 보내온 서한류는 미즈노 나오키(水野直樹)가 보관하고 있다.[79] 이소가야가 말년에 쓴 미정고 에세이 가운데 주목되는 것은 '여성'에 관한 것이다. 「수필: 여성에게 - 미래를 향한 기도를 담아(未來への祈をこめて)」(1992.4), 「다시 여성에게」(1993.10) 등의 제목이 붙어있다. 이소가야는 부인 스마코가 사망한 후 나름대로 인류와 여성, 인간과 종교, 정치와 사회, 민족 등 여러 문제에 대해 내면적으로 더 깊이 파고들었던 것 같다. 이 외에도 '북조선 귀국자의 생명과 인권을 지키는 모임(北朝鮮帰国者の生命と人権を守る会, HRNK)' 앞으로 쓴 「부끄러움과 양심과 책임(恥と良心と責任)」(1995), 이 단체의 회장인 오가와 하루히사 앞으로 쓴 「기원하다(神のる)[80]」(1996.5.20) 등이 있다.

부인 스마코와 관련된 편지들 외에도 이후 이소가야의 문필활동이나 사회활동 과정에서 각계의 지인이나 독자가 보내온 서한류가 거의 책 한 권 분량으로 남아있다. 1995년 8월 말 89세의 이소가야는 그 동안 자기 인생의 길

---

79 이소가야는 이 원고와 편지들을 모아 인생의 마지막 책을 출판하고 싶어 했던 것 같다. 이미 90세를 바라보는 나이였기 때문에, 젊은 학자인 오가와 하루히사와 미즈노 나오키에게 자신의 원고와 서한류에 대한 검토를 부탁했던 것으로 보인다. 하지만 이 글들은 정식으로 출판되지는 않았다. 이 자리를 빌려 정리되지 않은 이 자료들을 필자에게 흔쾌히 제공해준 두 교수님께 감사드린다. 아울러 이 책에 수록된 서한류의 사본은 모두 미즈노 교수로부터 제공받은 것임을 밝혀둔다.

80 기원하다는 뜻의 일본어는 'いのる(祈る)'인데 이소가야가 쓴 원문 제목에는 '神のる'로 되어 있다.

을 이끌어준 벗이나 사상적 선배들의 편지들을 한데 모았다고 기록하였다.

〈그림 42〉 이소가야의 친필 원고

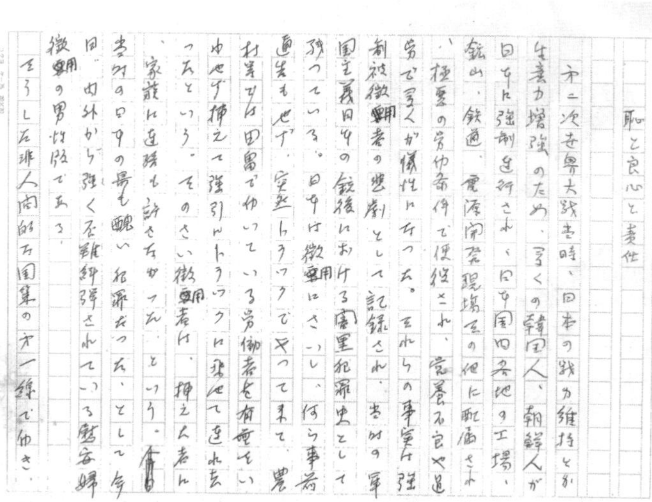

恥と良心と責任

第二次世界大戦当時、日本の戦力維持とか生産力増強のため、多くの韓国人、朝鮮人が日本に強制連行され、日本国内各地の工場、鉱山、鉄道、電源開発現場その他に配属され、極悪の労働条件で使役され、栄養不良や過労で多くが犠牲になった。それらの事実は強制被徴用者の悲劇として記録され、当時の軍国主義日本の銃後における害悪犯罪史として残っている。日本は徴用にさいし、何ら事前通告もせず、突然トラックでやって来て、農村部では田畑で働いている労働者を有無をいわせず捕えて強引にトラックに乗せて連れ去ったという。そのさい徴用者は、捕えた者に、家族に連絡も許さなかった、という。当時の日本の最も醜い犯罪だった、として今日、内外から強く非難糾弾されている慰安婦徴用の男性版である。

そうした非人間的な国策の第一線で働き、

※ 2016년 7월, 미즈노 나오키 제공

이 편지들은 이소가야가 말년에 어떤 활동을 하면서 보냈는지에 대해 조금은 짐작할 수 있게 해준다. 또 스마코의 추모서한과는 달리 여기에는 학계나 언론계 등의 수많은 인물이 등장하여, 문필가로서 이소가야의 교류의 폭을 짐작할 수 있게 해준다. 두 권의 회고록 출판과 1991년 『좋은 날이여, 오라』의 출판으로 이소가야는 이미 관련 학자들에게도 널리 알려져 있었다. 한국의 학계에도 유명한 이누마 지로(飯沼二郎)·다카사키 소지(高崎宗司)·아베 히로즈미(安部博純)·박경식(朴慶植)·미즈노 나오키 등 일본의 저명한 학자들이 여러 차례 보낸 서한이 남아 있다. 이들은 대부분 일본사회 내에서

'양심적'이라고 평가되는 지식인이면서 동시에 재일조선인의 인권옹호와 평화를 위한 사회운동에도 적극 참여한 인물들이다.

〈그림 43〉 아베 히로즈미, 박경식이 보낸 엽서

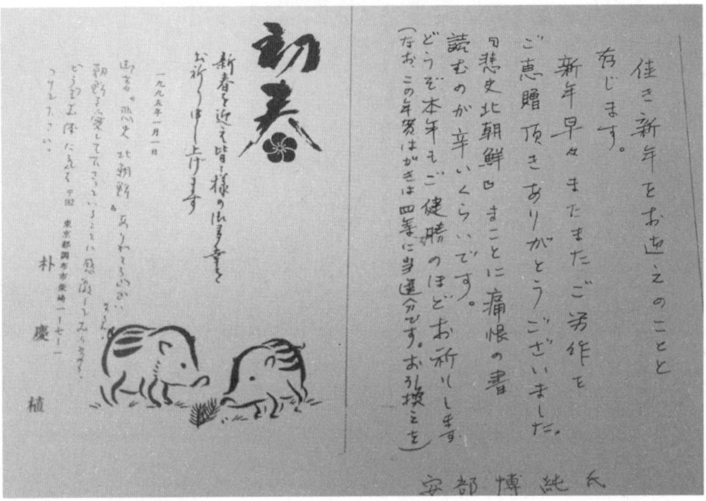

佳き新年をお迎えのことと存じます。
新年早々またまたご労作をご恵贈頂きありがとうございました。
『悲史北朝鮮』まことに痛恨の書
読むのが辛いくらいです。
どうぞ本年もご健勝のほどお祈りします
(なお、この年賀はがきは四等に当選分です。お引換えを)
安部博純氏

初春
新春を迎え皆々様の御多幸を
お祈り申し上げます
一九九五年一月一日
東京都調布市柴崎一－七－一
朴慶植

** 2016년 7월, 미즈노 나오키 제공

한 예로 재조일본인 연구자로 유명한 다카사키 소지가 보낸 어느 편지를 살펴보기로 하겠다. 편지의 내용은 자신이 1년 동안 무사시대학(武蔵大学)에서 강의했던 내용과 학생들의 감상평 등에 대한 것이다. 강의주제는 '일본인의 조선관'으로서 후쿠자와 유키치(福澤諭吉) · 야나기 무네요시(柳宗悅) · 요시노 사쿠조(吉野作造) 등의 조선관을 다루었다. 그런데 이어서 이소가야를 필두로 죠코 요네타로(上甲米太郎) · 아사카와 다쿠미(淺川巧) 등의 조선관에 대해서도 강의했다. 이에 대해 학생들이 많은 관심을 표명했고, 그래서 앞으로 『조선종전기』를 더 많은 학생들에게 읽히고 싶다는 내용이다.

또 이 편지들을 보면 이소가야가 1980년대 후반부터 '서울 서대문형무소 처형자 추모' 위령제나 집회를 주도하는 활동을 했음도 알 수 있다. 하야시 이쿠(林郁) 등이 이와 관련해 보낸 감사의 편지도 다수 포함되어 있다. 이와 같이 이소가야는 문필활동 외에도 전후 일본사회의 히키아게샤로서 자신이 할 수 있는 사회적 역할에도 최선을 다하는 삶을 살았다. 사실 이소가야의 여러 저서들 속에는 이에 관한 언급이 거의 없어서, 구체적인 내용을 파악하기는 어렵다. 『스마코에게』를 보면 유일하게 다음과 같은 구절이 있다. 여기에서 간단히 언급한 '외교관계 일'이라는 표현을 통해 그가 말년에 이르기까지 자신의 인생을 얼마나 치열하게 살았을지 짐작이 가능하다.

> 우리는 조선 인양자로서 일본으로 인양되어 줄곧 사회의 밑바닥 주변에서 생활해왔습니다. 그래도 우리는 평화롭게, 가난하면서도 개인적으로는 어떤 불평불만도 없이 살아왔습니다. 나의 일은 외교관계 일이 많아서 매일이 힘든 싸움이었습니다.(磯谷季次 1986, 27~28)

1980년대 후반 이후 이소가야의 활동은 북한의 인권문제를 중심으로 김일성 정권을 비판하는 것과 관련되어 있었다. 위의 〈이소가야 스에지의 문필활동〉을 보면 알 수 있듯이, 1990년대 이후 그의 저술들 역시 대부분 이와 관련된 것이 많았다.

〈그림 44〉 이소가야에 큰 충격을 준 『북조선왕조성립비사』의 판권

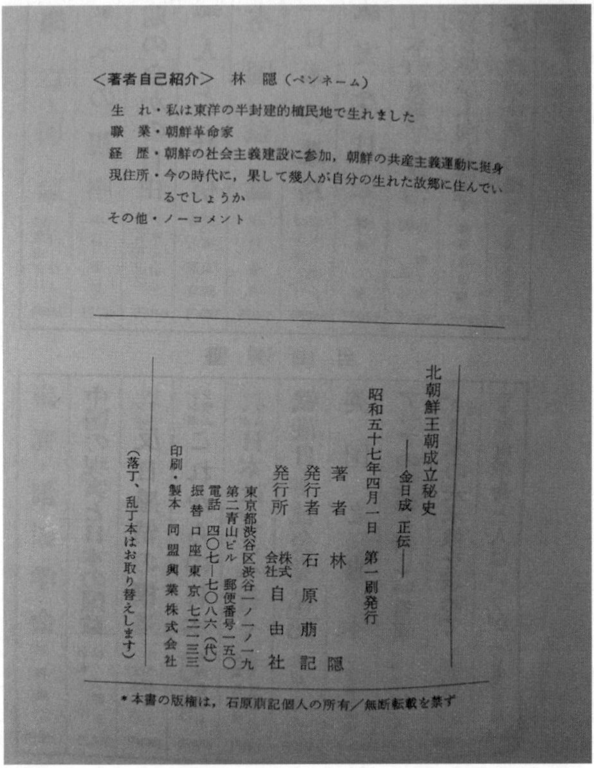
＜著者自己紹介＞　林　隠（ペンネーム）

生　れ・私は東洋の半封建的植民地で生れました
職　業・朝鮮革命家
経　歴・朝鮮の社会主義建設に参加，朝鮮の共産主義運動に挺身
現住所・今の時代に，果して幾人が自分の生れた故郷に住んでいるでしょうか
その他・ノーコメント

北朝鮮王朝成立秘史
——金日成正伝——

昭和五十七年四月一日　第一刷発行

著　者　林　隠
発行者　石原萠記
発行所　株式会社 自由社
東京都渋谷区渋谷一ノ一ノ一九
第二青山ビル　郵便番号一五〇
電話　四〇七—七〇八六（代）
振替口座　東京七二一三三
印刷・製本　同盟興業株式会社
（落丁、乱丁本はお取り替えします）

＊本書の版権は，石原萠記個人の所有／無断転載を禁ず

※『北朝鮮王朝成立秘史』(1982, 自由社) 판권. 윗 부분의 〈저자 자기소개〉가 흥미롭다.

이소가야가 북한정권에 대해 강한 배신감을 느끼게 된 계기는 1980년대 중반 우연히 임은[林隱, 본명 허진(許眞)]이 집필한 『북조선왕조성립비사 – 김일성정전(金日成正傳)』(1982, 自由社)이라는 책을 접한 후부터였다. 반공주의가 한창 위세를 떨치던 1970~80년대에, 북한의 최고지도자 김일성이 만주에서 항일무장투쟁을 전개한 김일성이 아니라는 '가짜 김일성론'의 주장으로

한국에서도 잘 알려져 있는 책이다. 하지만 이 책에 자극받은 도쿄대 교수 와다 하루키(和田春樹)가 곧바로 김일성에 대해 실증적으로 연구하여 '가짜 김일성론'은 사실이 아님이 밝혀졌다(와다 하루키 1992).

임은의 『북조선왕조성립비사』를 읽은 후 이소가야도 8.15 직후 평양에 들어온 김일성이 가짜라고 생각했는데, 이소가야가 그렇게 생각한 근거는 일반적인 상황과는 약간 다르다. 그 전부터 간간히 들려오는 북한의 소식을 통해, 이소가야는 일제강점하에서 자신과 함께 투쟁했던 동지들의 숙청에 대한 것을 듣곤 했다. 이러한 내용을 반신반의(半信半疑)하던 가운데, 이 책을 읽은 후 이소가야는 만약 진짜 만주에서 항일무장투쟁을 했던 유명한 혁명운동가인 김일성이 맞다면 절대 함께 고생했던 동지들을 그렇게 숙청할 수는 없을 것이라고 생각했다. 북한에 남아있던 옛 동지들의 순수한 열정을 떠올릴 때, 인간 이소가야 스에지의 생각으로는 그런 잔혹함을 도저히 이해할 수 없었기 때문이다. 이소가야는 1993년 12월 「북조선 통곡의 기록」이라는 글을 통해 다음과 같이 언급하였다(磯谷季次 1993, 104).

> 사실 평양의 광장에 나타난 34세의 김일성은, 조선민족으로서 오랫동안 진정한 애국자로서 존경받아온 진짜 김일성과는 다른 인물이었다.
>
> 그의 실물이 폭로된 것은 훗날 북조선의 신생국가 건설을 위해 또 조선전쟁을 위해 그에 협력했던 다수의 정치가 · 군인을 모조리 처형한 것으로 증명되었다.

이소가야는 1987년 무렵 그 동안 북한정권의 인권탄압을 반대하면서 북한 출신 재일조선인의 인권운동을 전개해온 오가와 하루히사를 처음 만났다. 이소가야보다 무려 34살이나 아래인 오가와를 만난 후 그와 뜻을 같이

하면서 함께 활동했다. 현 도쿄대 명예교수인 오가와는 원래 동양사상을 연구해온 학자이다. 현재 '북조선 귀국자의 생명과 인권을 지키는 모임'의 명예대표이며, 2007년부터는 '북조선의 강제수용소를 없애는 행동 모임(北朝鮮の強制収容所をなくすアクションの会, 약칭 NO FENCE)'의 회장을 맡아 지금도 맹렬히 활동하고 있다. 오가와의 증언에 따르면, 이소가야는 1994년 위의 약칭 '마모루카이(지키는 모임)'를 처음 조직할 때부터 참여하여 함께 활동했다고 한다. 현재 이 단체의 공식사이트에서 소개하고 있는 「회칙」에서는 그 목적을 다음과 같이 설명하고 있다(http://hrnk.trycomp.net).

> 본회(本会)는 1959년부터 1984년까지 귀국사업으로 북조선으로 돌아갔던 재일조선인(일본인 배우자 등을 포함)의 생명과 인권을 지키고, 자유왕래를 실현하고, 피구속자를 해방하고, 희생자의 명예를 회복함을 목적으로 한다. 또 기타 북조선의 인권문제에도 중대한 관심을 갖고 있다.

〈그림 45〉 현 77세의 오가와 하루히사

※ 2017년 12월 4일. 千代田区 平河町 사무실. 오른쪽에 있는 책이 이소가야의 『좋은 날이여, 오라』이며, 그 옆에 있는 게 이소가야의 편지이다.

오가와와 함께 이러한 활동을 하면서 이소가야는 북한을 비판하는 책을 준비했고, 1991년 『좋은 날이여, 오라』를 출판했다. 이 책에서 이소가야는 자신과 북조선의 인연에 대해 다시 정리하면서 김일성에 대한 '배신감'을 표출하였다. 이러한 감정에 대해 이소가야는 머리말에서 다음과 같이 언급하고 있다(磯谷季次 1991, 1~3).

> 나는 일찍이 김일성을 조선민족의 지도자로서 지지하고 응원해왔다. 하지만 그것은 완전히 나의 김일성에 대한 인식 부족에 의한 것이었음을 고백한다.
>
> 어느 동구권의 외교관도 북조선이 확실히 조지 오웰의 소설 『1984년』에 나오는 무시무시한 공포국가라고 지적하고 있다.
>
> 제2차 세계대전이 끝나고 해외에서 패전국민으로서 고국으로 인양되어온 수백만 일본인의 한 사람으로서 나도 북조선에서 1947년 1월 어느 날 일본으로 돌아왔다. 그때부터 지금까지 나도 일본의 한 구석에서 이 세계의 변화를 지켜보면서 살아왔다. 이 반세기에 걸친 기간은 나의 눈에도 역사상 전에 없었던 대변동의 세기였다.
>
> (중략)
>
> 나는 지금 약 20년간을 지낸 나의 제2의 고향 북조선에서의 생활을 돌아보면서 회고(懷古)의 생각을 품고 있다. 그와 동시에 그 후 남·북조선 민족이 걸어온 역사를 생각할 때 새삼스레 남·북 지역에 사는 인민이 조우한 비극, 그들이 받은 상처, 그들이 흘린 피의 양이 너무 많음에 개인적 감상 등은 완전히 불어나버렸다.
>
> 나는 조선민족이 전전에 겪었던 수난에 대한 속죄로, 그나마 북쪽 절반의 인민만이라도 행복한 사회를 만들어 인민이 해방의 기쁨과 평화에 만족하며 행복한 생활을 누릴 수 있을 것이라고 생각하고, 그들의 미래를 축복하면서 조선을 떠났다.
>
> 그러나 북조선의 인민은 그 후 어떤 생활을 해왔던가. …

〈그림 46〉『좋은 날이여, 오라』의 신문광고

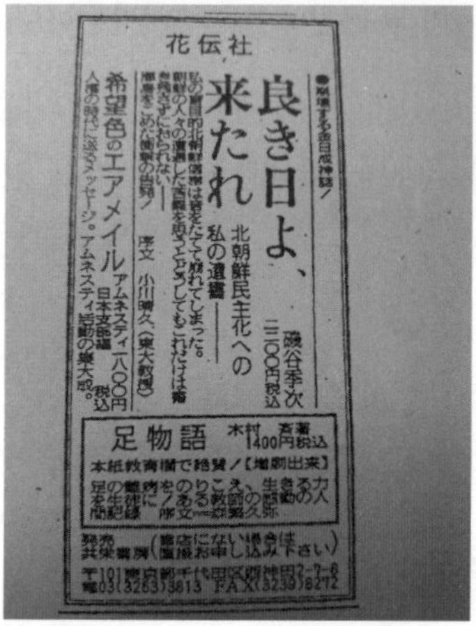

**『読売新聞』 1991. 3. 6. 광고문구에 "나의 맹목적인 조선 신봉은 무너졌다"고 쓰여 있다.

그런데 이 책에는 이소가야의 머리말에 앞서 오가와 하루히사가 쓴 상당히 긴 서문이 포함되어 있다. 이는 이소가야의 부탁으로 이루어진 것이었는데, 오가와는 1990년 3월 편지를 통해 이소가야가 원고 400매 정도를 이미 썼음을 알았다고 한다. 그리고 자신이 이 책의 편집과 간행에 협력했음을 밝히고 있다. 이 점은 이소가야가 이 책을 가케쇼보에서 출판하지 않은 것과도 관련이 있을 것이다. 2017년 12월 3일 사야마의 자택에서 필자와 인터뷰할 때, 가케쇼보 사장 마츠모토는 이소가야가 쓴 『좋은 날이여, 오라』의 관점에 자신은 동의하지 않았다고 밝혔다.

오가와의 서문에 따르면, 이소가야를 만나기 전까지 자신은 조선을 진정으로 이해한 일본인은 마키무라 고(槇村浩)・야나기 무네요시(柳宗悅)・아사카와 다쿠미(淺川巧) 3인뿐이라고 생각했다고 한다. 그런데 이소가야의 『우리 청춘의 조선』을 읽고 새롭게 네 번째 인물을 알게 되었다고 한다. 오가와는 『우리 청춘의 조선』을 "아그네스 스메들리의 『위대한 길』[중국 주덕(朱德)의 전기 형태를 빌린 중국혁명사-역재에 필적하는 훌륭한 기록문학"이라고 높이 평가하였다. 또 이소가야를 위의 3인과 비교하여, 천황제 권력하에서 비전향하면서 투쟁한 점은 마키무라와 비슷하나 마키무라는 어려서부터 신동 소리를 들으면서 중학시절부터 수많은 독서를 했는데 이소가야는 그렇지 않으며, 야나기 또는 아사카와는 원래 천황제 권력에 투쟁한 타입은 아니었기 때문에 다르다고 보았다. 따라서 이소가야는 자신이 본 네 번째 타입 즉 '조선(인)의 진정한 벗이 된 일본인'이라고 정의하였다. 그러면서 이소가야에게 이 책이 어떤 의미인지에 대해 다음과 같이 밝히고 있다(磯谷季次 1991, 小川晴久 序文 5~6).

> 이소가야에게 이 책은 무엇보다 먼저 분노의 책이다. 그것은 뭐라 해도 김일성이 지나치게 많은 우수한 인재를 실각시키고 숙청했던 것에 대한 분노이다. 다음으로 김일성 일파에 의한 역사의 말살과 역사의 위조에 대한 분노이다. 북조선은 이소가야가 19년가량 생활했던 땅이며, 그 땅에는 이용만 일가나 주선규 형제를 비롯한 많은 조선의 친구들이 있었다. 김일성에 의한 숙청이나 역사의 말살 · 위조는 이소가야로서는 바다 건너의 일이 아니라 자신의 몸이 찢기는 듯한 구체적인 고통을 수반한 것이었다.
>
> 이 책은 또 이소가야 씨로서는 회한의 책이다. 임은(林隱)의 『북조선왕조성립비사』를 읽기까지는 김일성이 어느 정도까지 심한 숙청과 수용소열도체제를 하고 있는가를 느끼지 못하여, 물론 김일성을 신뢰해온 그 불명(不明)을 부끄러워하는 격렬한 회한과 자기반성의 책이다.
>
> 그리고 이 책은 무엇보다도 김일성체제가 하루빨리 끝나기를 원하고, 북조선이 하루 빨리 민주화되기를 원하는, 혼신을 다한 민주화 희구의 책이다. 그것은 그가 84세의 생애를 건 문자 그대로 유서로서 편찬되었다.

오가와는 이소가야에게 『좋은 날이여, 오라』라는 책은 '분노의 책'이고 '회한의 책'이며 '민주화 희구의 책'이라고 했다. 그리고 이 책의 부제인 '북조선 민주화를 향한 나의 유서'가 말해주듯이, 이소가야의 84세 인생을 건 유서

(遺書)로 출판된 것이라고 했다. 이후에도 이소가야는 3년 뒤인 1994년에 '슬플 비(悲)'자를 쓴 『비사(悲史) 북조선』을 집필하여 사가판(私家版)으로 출판하였다. 이소가야가 1995년 8월 말 지금까지 모아온 편지들을 정리하여 미즈노 교수에게 맡길 때, 그는 자신이 '북조선 귀국자의 인권을 지키는 모임'의 투쟁에 참가하고 싶다는 생각을 피력한 바 있다(未定稿 자료 중에서, 水野直樹 제공). 이소가야 말년의 이러한 행보와 북한정권을 비판한 책의 출판을 두고 일각에서는 그가 좌파에서 우파로 사상적 '전향'을 했다고 보는 시각도 있어왔다. 하지만 이 책들의 서문만 들여다보더라도 그것은 어디까지나 '김일성체제'에 대한 비판이 목적이었지, 이소가야 스스로 인권과 자유와 평화를 추구하고 주장해온 일평생의 신조를 부정한 것은 아니었다.

평생의 반려자 스마코를 추모하며

이소가야는 함흥일본인위원회 위원장으로 귀환활동을 주도하던 1946년 4월 15일에 위원회에서 사무원으로 일하던 요시다 스마코와 결혼했다. 효도 데츠조에게 중매를 부탁해 인연을 맺기는 했어도, 사실 같은 위원회 사무실에서 일했기 때문에 전혀 모르던 사이는 아니었다. 하지만 연애를 한 것도 아니었고 어수선한 상황에서 제대로 데이트도 한 번 못 해본 상황에서 결혼했다. 이들의 데이트라고는 귀국 얼마 전에 함께 반룡산에 오른 추억 정도가 전부였던 것 같다. 그럼에도 불구하고 이소가야 부부의 관계는 각별히 서로 존중하고 아끼고 챙기는 사이였다. 슬하에 자식이 없었기 때문에 더 그랬는

지도 모른다.

그런데 보통의 관점에서 보면 이들의 결혼 자체에 다소 의아한 점이 있다. 아무리 일제가 패망하고 '고난의 탈출'을 앞둔 어려운 시기였다 해도, 부인 스마코는 흔히 말하는 좋은 집안환경에서 성장해 함흥공립고등여학교까지 졸업한 엘리트 여성이었다. 이소가야는 일본에서 소학교밖에 못 마쳤고 결혼 당시 40세나 된 무일푼의 노총각이었다. 게다가 이소가야는 '사상범'으로 오랜 형무소 신세까지 진 '전과자'였다. 만약 스마코도 이소가야와 마찬가지로 사회주의나 공산주의에 관심을 갖고 활동해온 입장이었다면, 그래서 서로가 깊이 신뢰하던 '동지적 관계'였다면 납득할 수 있다. 하지만 스마코는 이와는 완전히 거리가 멀어서, 함흥에서부터 이미 독실한 신앙생활에 빠져 있었다. 객관적으로 보면 여러 가지 면에서 차이가 남에도 불구하고 스마코 본인이나 부모의 입장에서, 무려 13살이나 많은 이소가야를 남편과 사위로 받아들이는 게 과연 쉬웠을까?

이러한 점들이 다소 의문이지만, 무사 귀환을 위해 바쁘게 활동하던 당시 상황에서 이들의 결혼에 그리 큰 무리는 없었던 것 같다. 아마도 스마코뿐만 아니라 그 부친 요시다(吉田虎雄)도 귀환활동을 이끌던 이소가야의 사람됨에 호감을 가졌을 것이고, 또 건강이 좋지 않았던 딸이 삶의 안정을 찾기를 바라는 마음이 컸던 것 같다. 이소가야도 함흥일본인위원회 위원장으로서 사무원으로 일하던 스마코를 지켜보았을 테니까, 결혼 전부터 어느 정도는 그녀의 사람됨이나 성격을 알 수 있었을 것이다. 건강하지도 않은 몸으로 성실히 귀환활동을 돕던, 남달리 차분하면서도 열정적인 성격의 스마코에게 호감을 가졌던 것 같다. 이들은 서로의 인품에 반해 "서로의 사상 신조를 넘어 인간으로서 손을 잡고 살아가기로 맹세"하고(磯谷季次 1986, 194) 결혼하였다. 그리고 이후 반세기에 걸친 세월을 서로 존경하며 인간적으로 돈독한 신뢰를 쌓아갔다.

스마코는 1920년 5월 21일 함흥에서 재조일본인 2세로 태어났으며, 1938년 3월 함흥공립고등여학교를 졸업했다. 그녀의 부친 요시다는 1930년대 이래 줄곧 금강산탄광주식회사 이사, 함흥물산 · 서호수산(西湖水産) · 함남제빙주식회사 감사 등을 역임한 그 지역 굴지의 실업가였다.[81]

〈그림 47〉 스마코의 부모와 자매들

※ 磯谷季次 1986, 71. 맨 왼쪽이 함흥고등여학교에 재학 중인 장녀 요시다 스마코

81 국사편찬위원회 한국사데이터베이스에서 『朝鮮銀行會社組合要錄』, 『朝鮮總督府官報』 등을 조사해 보면 쉽게 파악할 수 있다.

스마코는 함흥공립보통학교에 다닐 때에도, 함흥공립고등여학교 12기생으로 다닐 때에도 늘 1등의 성적을 놓치지 않아 '개교 이래 수재'라는 평을 받았다. 또 위의 사진에서 보듯이 외모도 단아한 미인형이었다.

〈그림 48〉 스마코가 함흥고등여학교 재학 중 받은 상장들

賞狀
一 置時計 壹個
吉田須磨子
右者在學中品行方正學業優等ニ付頭書ノ賞品ヲ授與シ之ヲ表彰ス
昭和十三年三月二十三日

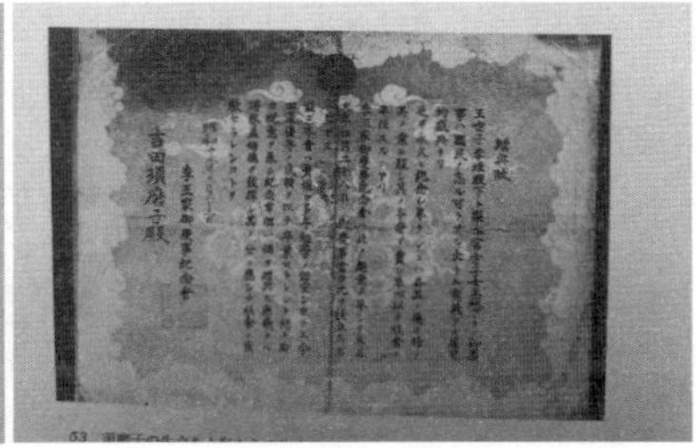

** 磯谷季次 1986, 53.

이소가야가 그녀에 대해 묘사하기를, 젊은 시절 한때에 필요한 열정, 강한 자기표현과 비타협성이 있었고, 나중에는 이소가야에게는 한 번도 보이지 않았어도 일종의 추상(秋霜)과 같은 품성도 있었다고 기록하였다. 그런 그녀가 19세 때 어머니를 잃으면서 깊은 회한에 빠졌고, 결국 젊어서부터 종교생활로 들어서게 되었다고 이해하고 있었다.

스마코의 일생에 가장 큰 영향을 끼치면서 그녀의 운명을 결정한 것은 바로 신흥종교기관인 '생장의 집(生長の家, 세이초노이에)'이었다. 어머니를 잃고 복막염까지 걸려 고생하던 20살 때 스마코는 함흥역에서 만원기차를 타고 도쿄 아카사카(赤坂)에 있던 '생장의 집' 본부로 갔고, 그곳 도장(道場)에서 '연성(錬成)'하면서 병을 극복하였다. 이것이 그녀가 독실한 신앙생활로 접어든 결정적인 계기가 되었던 것 같다. 순수한 종교 활동만이 아니라 비교적

보수적인 색채를 띠면서 전후에는 정치 · 사회활동을 지속해온 '생장의 집'에 대해, 오늘날 한 인터넷 사전에서는 다음과 같이 소개하고 있다(위키백과; ウィキペディア).

> 1930년에 다니구치 마사하루(谷口雅春)가 창설한 신흥종교단체이다. 그 신앙은 신도(神道) · 불교 · 기독교 · 이슬람교 · 유대교 등의 가르침에 심리학 · 철학 등을 융합시켰다. 올바른 종교의 진리는 하나라고 보고 있다. 종교법인 자격을 인가받았다. 현재는 정치활동을 유보하고 있지만, 일본회의(日本會議)에 참가하는 등 입정교성회(立正佼成会) 등과 함께 생명윤리나 환경 문제와 연관된 정치활동이 잦다. 주로 다니구치 마사하루와 그 자손이 서적을 출판하며 활동자금을 마련하고 있다.

사실 사회주의나 공산주의에 기울어있었던 이소가야의 입장에서 부인 스마코의 종교적 신념과 신앙생활을 이해하기란 쉽지 않았을 것이다. 하지만 이소가야는 너무나 힘들게 피난민 구제활동, 귀환활동을 하는 동안 자신을 정신적으로 지탱해준 것은 스마코였다고 기록하였다(磯谷季次 1986, 82).

> 전후 북조선에서도 일본에서도 가장 큰 비극의 무대가 되었던 함흥에서 내가 일본인 피난민을 위해 다소라도 공헌할 수 있었던 것은, 곁에 스마코가 있었기 때문에 내 마음 속에서 일종의 영웅주의 감정이 솟구쳐서 나를 잊어버리고 활동할 수 있도록 했기 때문이라고 생각합니다. 그 당시의 사회적 격동, 대혼란 속에서 그러한 감정이 없었더라면 아무것도 할 수 없었을 것이기 때문에 - .

밤마다 힘들게 시간을 쪼개서 일기를 쓰고 「북조선에서」라는 보고서를 작성하는 시간을 보내는 동안 스마코는 이소가야에게 큰 의지가 되었음을 알 수 있다. 스마코는 결혼할 당시부터 몸이 약해서 이소가야는 틈만 나면 부인의 건강을 회복하는 데 힘썼다. 함흥철도병원 의사 하세가와(長谷川武敏)에게 치료를 부탁했는데, 그는 어려운 의료상황에서도 도립병원의 뢴트겐 등으로 진단과 치료를 해주었다. 하세가와는 스마코가 사망한 1985년 12월 당시 시마네현 노기군(能義郡) 히로세마치(廣瀨町)에서 개업하고 있었는데, 함흥에서 맺은 인연으로 이때까지도 40여 년 이상 서로 근황을 교류하는 사이로 지냈다. 또 1946년 9월 26일에는 시민병원 김명학(金明學) 박사에게 진단을 청했고 다음날에는 내과의사에게 진료를 받게 했다. 진단 결과 스마코에게는 빈혈 · 신장병 · 늑막염 · 심장병 등의 복잡한 진단이 내려졌다. 가장 우려스러운 건 심장병이라는 생각에 이소가야는 10월 12일에는 조선인 한의사를 소개받아 진료를 보게 했다. 그가 지어준 한약을 1개월 정도 복용하자 스마코는 체력도 회복되고 혈색도 좋아졌다. 조만간 귀환해야 한다는 생각에 이소가야는 그 약의 이름과 성분을 써달라고 해서 평생토록 보관하였다.

이렇게 원래부터 좋지 않았던 스마코의 건강 상태는 귀국한 후에도 계속되었다. 또 도쿄에서도 그녀의 '생장의 집' 신앙생활은 마지막 순간까지 계속되었다. 아래 글을 보면, 이렇게 신앙심으로 다져진 스마코의 삶의 모습과 남다르게 욕심이 없는 순수한 영혼의 소유자인 이소가야가 삶을 대하는 태도는 서로 맞닿아 있었음을 짐작할 수 있다(磯谷季次 1986, 90).

> 스마코의 가정생활은 오늘날과 같이 스피드 시대로 불리는, 생활템포의 속도만 요구하는 시대, 경제합리주의에 기초한 가치관이 인간 그 자체와 사회생활을 지배하는 시대에는 맞지 않는 점이 있었습니다. 그 점은 나 자신도 스마코와 비슷했습니다.

궁극적인 가치관이나 세계관은 서로 달랐어도 인간 · 사회와 삶을 대하는 태도는 서로 맞닿아 있었기에, 이들은 서로의 신념을 존중해주었다. 이소가야는 어떻게든 '인간'이라는 공통의 베이스에 기초하여 스마코의 종교적 신념을 이해해보려고 노력했던 것 같다. 예컨대 숨을 거두기 한 해 전인 1984년 여름 스마코는 병을 극복하기 위해 교토부(京都府) 마이즈루시(舞鶴市)에 있는 '생장의 집' 연성도장에 내려가 그곳에서 40일 정도 머물렀다. 이때 이소가야는 잠시라도 부인과 함께 연성에 참여하려 했으나, 스마코는 끝내 혼자서 40일을 보냈다. 그 사이에 그녀는 이소가야에게 평생 처음이자 마지막으로 7통의 엽서를 보내 자신이 어떻게 지내고 있는지를 알려주었다.

〈그림 49〉 스마코의 기도와 공양

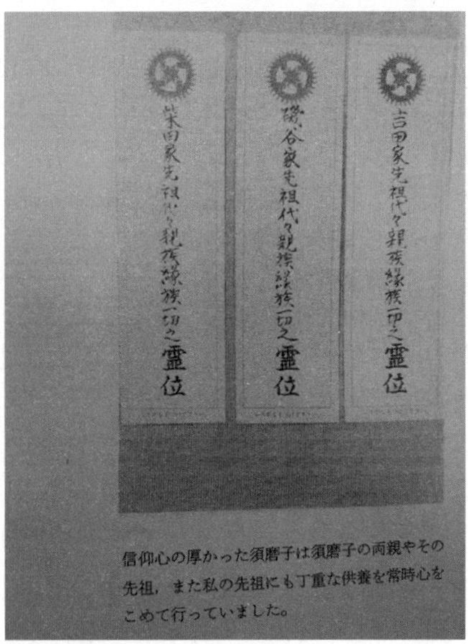

** 磯谷季次 1986, 155. 스마코는 자신의 조상뿐만 아니라 이소가야의 조상을 위해서도 늘 공양했다.

이소가야는 스마코가 세상을 떠난 후 그녀를 위해 출간한 추모집에서 「종교란 …」이라는 제목 아래 다음과 같이 자신의 생각을 피력하였다. 그가 생전에 스마코의 신앙생활을 이해하기 위해 나름대로 노력했지만, '비국민'으로서 철창신세까지 졌던 입장에서 도저히 진심으로 그 속으로 들어가는 것은 불가능했음을 알 수 있다.

> 스마코의 일생을 지배했던 '생장의 집'이란 것과 나의 관계에 대해 말하지 않을 수 없습니다.
>
> 우리는 결혼할 때 서로의 사상 신조를 넘어 인간으로서 손을 잡고 살아가기로 맹세했습니다. 그리고 우리는 긴 세월 동안 서로 존경하고 도우며 살아왔습니다.
>
> (중략) 나도 함께 '생장의 집' 신앙으로 들어가고 싶었습니다. 하지만 나는 '생장의 집'의 교의(教義)에 대해 내면적으로는 부정적이었습니다. 그러나 '생장의 집'을 향한 신앙으로 스마코의 병이 치료될 수 있다면, 나는 가능한 한의 방법으로 스마코의 신앙생활에 협력하려고 했습니다. 마이즈루나 우지의 연성도장에 함께 했던 것도 그것을 위해서였습니다.
>
> 하지만, 스마코와 함께 연성에 참가했어도 스마코와 같이 마음에서부터의 신념으로 연성을 받은 것은 아니었습니다.
>
> '생장의 집'은 그 교의나 연성 가운데 국체호지(國體護持), 천황제 옹호, 헌법개정 등을 강하게 외치고 있습니다. 연성기간 중 매일아침 대본전(大本殿)의 근행(勤行) 때는 반드시 황거요배(皇居遙拜) 등을 하고 또 때로는 천황제나 국체에 대해 특별강사를 초빙하여 연설을 듣도록 했습니다. (후략)

마이즈루에서 돌아온 스마코는 약 6개월 후에 다시 교토부 우지시(宇治市)에 있는 도장으로 연성하러 갔다. 이때는 이소가야도 10일 동안 함께 연성을 받았다. 이소가야는 그곳에서 스마코가 지금까지 생활과는 아주 다르게 매우 민첩하게 행동하는 것을 보았다. 우지에서는 2명의 본부강사에게 따로 단식 같은 특별한 방법으로 난치병 치료를 받기도 했다. 나중에 알게 되었지만 스마코는 우지에서의 연성에 자신의 생사를 걸고 있었던 것이다. 그로부터 2개월 정도 후인 1985년 6월 스마코는 이미 자신의 병이 더 이상 나을 수 없음을 각오하고 이소가야에게 간단한 '유서'를 써두었다. 특별한 내용은 아니었고, 자신이 떠나고 난 후 이소가야에게 필요할 만한 것들을 간단히 기록한 생활메모 수준이었다. 그리고 이소가야에게 재혼하라는 얘기와 함께 자신의 유품을 누구에게 나눠주라는 내용 등을 남겼다.

〈그림 50〉 입원하기 몇 달 전, 스마코

入院数ヵ月前，自宅にて

** 磯谷季次 1986, 43. 문필활동에 열중했던 이소가야의 흔적을 배경으로 하고 있다.

더 이상 신앙의 힘으로도 회생이 불가능했던 스마코는 결국 1985년 9월 3일 사이타마현(埼玉縣) 이루마군(入間郡) 모로야마정(毛呂山町)에 있는 사이타마의과대학부속병원에 입원하였다. 스마코가 입원하자 곧바로 이소가야는 병원에서 400~500미터 정도 떨어진 여관에 머물면서 날마다 성심을 다해 간호하였다. 병원의 식사는 아침 7시, 점심 11시, 저녁 4시였는데, 이소가야는 매일아침 병원에 가서 식사수발을 들고 자신은 여관으로 돌아와 식사를 하고, 곧바로 다시 병원으로 가서 저녁식사를 돌보고 다시 여관으로 와서 식사하고 병원으로 돌아가는 생활을 반복하였다. 거의 80세가 된 이소가야로서는 결코 쉽지 않았을 것이다. 이렇게 정성을 다했음에도 불구하고 입원한 지 정확히 2개월 후인 11월 3일 오후 5시에 스마코는 끝내 숨을 거두고 말았다. 향년 65세였다. 사망진단서에 따르면, 1981년 8월에 처음 발병했으며 직접적인 사인(死因)은 '급성호흡부전 2시간, 급성폐렴 48시간, 대퇴부 피부암 4년 3개월'로 기록되어 있다.

스마코의 장례는, 11월 4일 이소가야 부부가 살던 주택단지의 집회소에서 밤을 새고, 11월 5일 오후 1시부터 고별식을 거행하였다. 스마코가 입원할 때부터 장례를 치를 때까지, 이소가야 부부와 절친했던 오다지마 다다시(小田島忠) 부부가 옆에서 살뜰히 챙겨주었다. 또 이소가야가 1984년 『우리 청춘의 조선』을 출판하면서 돈독한 관계를 맺어온 마츠모토 마사츠구 등의 지인들도 큰 도움을 주었다. 마나베(眞鍋淳一, 眞鍋なな子) 부부는 먼저 간 스마코를 위해 「스마코찬가(須磨子讚歌)」라는 시를 써서 노래를 만들어주었다. 스마코는 그녀의 부모가 잠들어있는 기후현(岐阜県) 가니군(可兒郡) 미타케초(御嵩町) 후시미초에이(伏見町營) 묘지 옆에 묻혔다.

<그림 51> 이소가야 스마코의 묘지

** 磯谷季次 1986, 223. 이로부터 13년 뒤에 영면한 이소가야 스에지도 바로 옆에 묻혔다.

<그림 52> 마나베 부부가 작사 · 작곡한 「스마코 찬가」

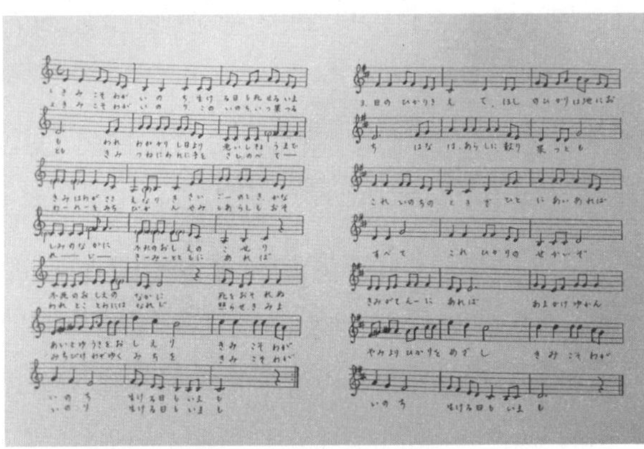

** 磯谷季次 1964, 225. 원래의 시와 노래 가사는 약간 차이가 있다고 한다.

이소가야는 스마코의 1주기를 맞은 1986년 11월 3일 『스마코에게』를 출판함으로써, 어려운 시절 평생토록 자신을 내조해준 아내에 대한 고마움을 마음껏 표현하였다. 비록 종교적 · 정치적 신념은 서로 달랐어도 인간적 양심을 공유하고 진심으로 부인을 아끼고 사랑했던 이소가야는, "나에게는 인간의 영혼은 인간의 육체의 사후에도 계속되고 있다는 바람이 있습니다. 유치한 바람일지 모르지만"이라고 자신의 심경을 적어 놓았다(磯谷季次 1986, 208). 그리고 주변의 지인들에게 스마코의 사망 1년 전에 출판된 회고록 『우리 청춘의 조선』과 『스마코에게』를 보내 함께 추모하도록 했다. 또 2주기와 3주기 때는 이소가야가 보내준 『스마코에게』를 읽은 지인들이 보내온 답신 편지, 생전에 스마코와 함께 했던 지인들의 편지를 모아 각각 『추모서간집「스마코에게」 별책』과 『이소가야 스마코 추도 · 기념 서간집』을 발간하였다. 말하자면 3년 동안 스마코의 기일인 11월 3일에는 매번 그녀를 위한 추모집을 출판했던 것이다. 이 세 권의 추모집은 모두 출판사 가케쇼보에서 나왔다. 평생의 벗인 마츠모토의 도움으로 가능했음을 짐작할 수 있다.

귀국 후 이소가야 부부의 생활을 자세히 알 수 있는 자료나 관계자가 없는 상황에서, 위 세 권의 책은 그나마 이들의 삶을 어느 정도 파악할 수 있게 해주는 유일한 자료이다. 특히 스마코 사망 2주기인 1987년과 3주기인 1988년에 출판된 추모서간집은 일본에서 이소가야 부부가 맺었던 인간관계를 파악하는 데 도움이 된다. 물론 이소가야와 함께 스마코의 죽음을 기리면서 추모의 편지를 보내온 인물들의 면면을 모두 파악하는 것은 어렵다. 일단 이 서한집에 수록된 편지를 작성한 인물을 열거해보면 다음과 같다.

〈1987년판 추모서간집〉

清水三郎(시미즈 사부로) / 大友みね / 大堺俊子 / 林郁(하야시 이쿠) / 神崎貞代(간자키 사다요) / 渡邊越郎 / 長谷川武敏(하세가와 다케토시) / 上野謙吉 / 松山恒男(마츠야마 츠네오) / 岩井淳 / 荒井清子 / 大河原八重 / 鎌田正二(가마타 쇼지) / 森嘉孝 / 長田かな子(오사다 가나코) / 寺坂多枝子(데라사카 다에코) / 奈須川愛子 / 山本リエ / 藤田學(후지타 마사부) / 古島百合子 / 北岡辰雄(기타오카 다츠오) / 岩本文夫・きみ / 鹽田龍子 / 田中敏子 / 山田義人(야마타 요시토) / 永嶋文吾 / 小川晴久(오가와 하루히사) / 宇野悦子 / 松村祖代子 / 加藤一郎 / 田谷榮近 / 小原房之助 / 山本武子(야마모토 다케코) / 伊東敬子(이토 게이코) / 川口揚 / 蟻波靖美 / 井筒慶典 / 金田富子

〈1988년판 추모서간집〉

村松武司(무라마츠 다케시) / 小川晴久(오가와 하루히사) / 森田芳夫(모리타 요시오) / 金田富子 / 長田かな子(오사다 가나코) / 長村婦美子 / 大友みね / 川口揚 / 大河原八重 / 渡部カツエ / 奈須川久・愛子 / 神崎貞代(간자키 사다요) / 宇野悦子 / 田谷榮近 / 上野謙吉 / 紅粉悦子 / 津田晴子 / 松山恒男(마츠야마 츠네오) / 永嶋文吾 / 梶井陟(가지이 노보루) / 寺坂多枝子(데라사카 다에코) / 小野江義之 / 磯貝治良(이소가이 지로) / 禮田妙子 / 井上滋 / 大上良子 / 山崎愛子

위 인물들 가운데 가장 큰 비중을 차지하는 그룹은 스마코의 함흥고등여학교 동창생들 즉 12회 졸업생들이다. 그리고 이들을 포함한 38도선 이북 출신의 히키아게샤들이다. 스마코의 여고 동창생들은 대부분 『우리 청춘의 조선』에서 반용산과 관련된 추억을 가장 감명 깊게 읽었다고 편지에 썼다.

〈그림 53〉 이소가야의 서화 '반용산 정회'

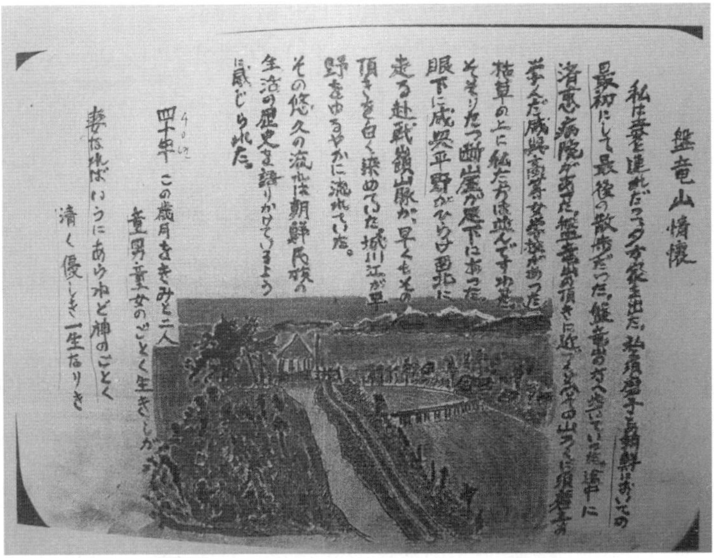

※ 2016년 7월, 미즈노 나오키 제공

인양자들 가운데 이소가야 부부와 함께 귀환활동을 전개했던 인물로는, 스마코가 치료를 받았던 의사 하세가와(長谷川武敏), 함흥일본인위원회와 북선전재자위원회 간부로 활동했던 야마타 요시토(山田義人), 인양 당시 통역을 담당했던 다야(田谷榮近) 등이 포함되어 있다. 이 외에 총독부 철도국 서기로 근무했던 와타나베(渡邊越郎)와 우에노(上野謙吉), 함흥의 회사원 부인 시오다(鹽田龍子), 청진심상고등소학교 훈도였던 다나카(田中敏子) 등도 인양자들이다. 스마코의 지인들 가운데 동창생을 제외한 나머지는 종교 관계자 오사무라(長村婦美子), 영적(靈的)인 능력자로서 일본심령과학협회 강사 데라사카 다에코(寺坂多枝子) 등이 눈에 띈다. 이 외에 경성 출신 인양자

로서 여성사 연구자인 오사다 가나코(長田かな子), 전주에서 귀환한 이와모토 부부(岩本文夫 · きみ) 등도 포함되어 있다.

추모 서한집에 포함된 인물들 가운데 이소가야의 지인으로서 가장 큰 비중을 차지한 부분은 시인 · 소설가 등 문필활동 관계자들이다. 물론 문필계통의 지인들도 대부분 본인 또는 부모가 인양자라서 이와 관련된 글을 쓴 인물들이 많다. 홍남일본인세화회에서 일하고 귀국 직후 『북선일본인고난사(北鮮日本人苦難史)』(1947, 日本窒素K. K)를 출판했던 가마타 쇼지(鎌田正二), 중국 잔류 고아 문제나 1960년대 부부 · 가족관계의 붕괴에 주목했던 소설가 하야시 이쿠(林郁, 본명은 川名郁子), 청진공립고등여학교 출신으로서 1946년 6월 귀환하여 훗날 『송월호텔의 사람들, 17세 소녀의 조선인양 이야기』(2014, 日本機關紙出版センター)를 남긴 간자키 사다요(神崎貞代), 종전 전에 녹기연맹(綠旗聯盟) 직원이었던 경성 출신의 인양자로서 『조선 종전의 기록』이라는 방대한 저서와 자료집을 남긴 모리타 요시오, 역시 경성 출신으로 한센병 문제 등 한 · 일 관계 관련 활동을 하던 시인 무라마츠 다케시(村松武司), 『와카루 조선어』(1971, 三省堂) · 『도립 조선인학교의 일본인 교사 1950~1955』(1974, 亞紀書房) 등의 저자 가지이 노보루(梶井陟), '재일조선인 작가를 읽는 모임'을 주재하고 NPO법인 『삼천리철도』의 부이사장이자 작가 · 평론가인 이소가이 지로(磯貝治良) 등이 대표적이다.

이 외에 히키아게샤는 아니었지만 1980년대 중반 이후 이소가야의 활동에 큰 영향을 미치면서 NPO법인 '북조선 귀환자의 생명과 인권을 지키는 모임'에서 함께 활동했던 오가와 하루히사, 이소가야의 원고 전체를 통독하고 구체적인 조언을 해준 출판인 가와구치(川口揚) 등의 편지도 주목된다. 조선이나 인양과 특별한 관련이 없는 인물로는 도쿄에 돌아온 초기에 함께 아르바이트를 했던 주인집 아들 시미즈 사부로의 편지가 수록되어 있다.

남다른 인식의 히키아게샤로 살아간 50년 세월

1946년 말까지 사실상 억류 상태에 놓였던 북한 거류 일본인의 '탈출' 경험과 그해 2월에 공식 송환선으로 '계획 송환'된 남한 거류 일본인의 '온화한' 귀환 체험은 질적으로 달랐다. 서로 다른 귀환 시기, 조건, 재산 반출 정도에 따라 패전 후 귀환자들의 일본사회 정착 양상도 다르게 나타났다. 조선총독부 관료나 기업인이 전후 지한파(知韓派) 정치가나 변호사 등으로 변신하여 기득권을 유지하는 삶을 살았던 반면, 대다수 귀환자들은 생활기반을 송두리째 빼앗긴 삶을 살아야 했다. 패전 후 일본사회로 복귀한 귀환자들은 국내 우파로부터는 본토인의 일자리를 위협하거나 식량문제를 가중시키는 '민폐 집단'으로 경원시되었으며, 좌파로부터는 '침략의 주구'로 비판받았다. 때문에 한국사회의 일반적 인식과 달리 전후 일본사회에서 이들은 스스로를 '전쟁의 피해자'로 인식하게 되었다. 이와 같이 38도선 이북 출신 귀환자의 잔혹한 귀환 체험과 전후 일본의 상황 등이 복합적으로 어울리면서, 귀환 일본인의 '피해자 인식'과 '체험 정당화 논리'는 전후 일본사회 내에서 '공적 기억'으로 자리잡아갔다(이연식 2008 및 2013 참조).

그런데 앞서도 언급했다시피 다른 재조일본인들과 똑같이 힘들고 어려운 과정을 거쳐 귀환한 히키아게샤였음에도 불구하고, 이소가야 스에지는 '피해자 인식'에만 갇혀 있던 인물은 아니었다. 그것은 그가 형무소 내에서 교회사(教誨師)나 공의(公醫)들로부터 "60만의 재조선 일본인 중 단 한 사람의 비국민(非國民)"이라 불렸던, 항일노동운동의 경험 때문만은 아니었다. 이후의 귀환활동 과정에서 느꼈던 인간적 고뇌, 일본 정부 · 소련군 당국 · 조선 측 관계기관의 태도와 정책에서 느꼈던 감정들도 그의 이러한 인식에 큰 영향을 미쳤다.

이소가야는 귀환 일본인이 자신들이 조선에 남겨둔 재산에만 급급해하고 있는 현실에 대해서도 못마땅해 하면서 비판하였다. 같은 동네에 사는 한 노인의 예를 든 적이 있다. 이 노인은 일제패망 이전에 조선의 모 은행에 근무하면서 개성 교외에 2개 면(面)에 걸쳐 270만 평의 토지를 소유했었다. 그는 전후 35년이 지난 시점에서도 당시 시가로 200억 엔에 달한다면서 이 토지를 자신의 '재외재산'이라 주장하며 끈질기게 보상을 요구하고 있다는 것이다. 이소가야는 이러한 노인들을 '식민주의의 망령'이라고 비난했다(磯谷季次 1981, 22).

여러 저술들 속에서 드러나는 이소가야의 인식을 보면, 그가 식민지 조선에서 노동운동이나 공산주의운동에 참여할 때나 '고난의 탈출'을 주도할 때 그 사상적 기초에 강력한 휴머니즘이 자리 잡고 있었음을 쉽게 확인할 수 있다. 또 귀국 후 일본사회에서 출판한 저술들이나 관련 활동들에서도 이러한 휴머니즘이 강력히 발휘되고 있음을 쉽게 확인할 수 있다. 전후 일본 정부가 38도선 이북에서 죽어간 자기 국민의 희생자 유골을 수습하기 위해 아무런 노력도 하지 않는 '국가의 태만'을 지적한 글에서도 강한 휴머니즘이 드러난다. 이소가야가 스스로 '문필가'임을 자처하며 활동했던 1980~90년대에 그가 쓴 글들의 중심기조는, 바로 이러한 휴머니즘에 기초하여 식민지배와 한반도 분단에 결정적 책임이 있는 일본국가 · 일본민족의 반성과 속죄, 한반도에서 통일된 민족국가의 건설, 이를 통한 한반도의 평화와 번영과 행복의 보장, 나아가 동아시아 및 세계의 평화를 바라는 마음으로 일관되어 있다.

> 조선은 지금 38도선을 경계로 의연히 대립하고 있다. 이 남북분단의 고착화는 조선민족의 모든 불행의 근원이다. 조선민주주의인민공화국에 대한 일본 정부의 적대정책은 확실히 이 분단고착화를 조장하는 것이다.
>
> 또 이것은 일본과 조선민족 전체의 우호친선관계를 파괴하고, 나아가 아시아 전체의 정치 · 군사정세에 심각한 불안정 요인을 만들고 있다.
>
> 조선 분단의 고착화를 획책한 것은 평화를 사랑하는 조선민족으로서는 용서할 수 없는 적일 것이다. 남북이 자주적 정신에 기초하여 통일된 국가를 수립하는 이외에 그들의 영원한 평화와 번영과 행복의 보증은 얻을 수 없기 때문이다.
>
> 일본은 기 사실을 직시하여 조선민족이 그 주체적 의지에 기초하여 하나의 민족국가를 건설할 수 있도록 지켜봐야 한다. 이것만이 일본이 일찍이 조선민족에게 가한 죄에 대한 속죄이고 또 제국주의 일본의 저주받은 유산을 스스로 짊어지는, 저 땅에서 죽어간 동포에 대한 속죄가 될 것이다.(磯谷季次 1980b, 119)
>
> 전후 36년, 남북조선은 같은 민족이면서 세계에서 가장 심각한 적대관계국으로 날카롭게 대치하고 있다. 제2차 세계대전 종결을 계기로 36년에 걸친 일본의 식민지 지배에서 해방된 조선은, 본래대로라면 단일행정 · 통일문화를 가지고 평화로운 신생민족국가로서 발족하여 번영과 행복을 누리고, 아시아에 나아가 세계에 오늘날보다 훨씬 더 많은 공헌을 했을 것이다. 그러나 그때부터 36년, 현실의 조선반도를 둘러싼 정세는 조선민족 자체도 예상할 수 없었던 비극적인 오늘날의 방향으로 오게 되었다.
>
> 종전 당시 나는 조선에 거주하여 조선민족이 얼마나 감격과 희망을 품고 일

본의 식민지 지배로부터의 해방을 기뻐하고 새로운 시대를 맞이했는지를 이 눈으로 보았다.

(중략)

엄숙한 사실은 일본은 일관되게 그들의 불행의 근원인 조국의 분단고착화를 획책해왔다는 것이다. 일본은 시종일관 남반부에만 대량의 경제 원조 수행, 긴밀한 외교, 군사정보의 교환, 군인의 교류 등을 행해왔다. 그것은 끊임없이 북에 대한 남의 전력 증강만을 기도한 것이며, 북조선에 대한 명백한 적대감의 표명인 것이다.

이러한 일본의 남조선에 대한 원조는 북조선 인민으로서는 노골적인 적대 행위임은 물론 남조선의 대다수 사람들로서도 결코 그들의 영속적인 평화와 번영을 보증하는 것은 아니다.(磯谷季次 1982a, 9~14)

이소가야는 일본이 전후에 경제대국이 되어 다수의 국가들을 원조하는 것은 제2차 세계대전에서 범죄를 저질렀기 때문에 당연하다고 보았다. 그런데 일본은 한반도에 대해 남한만이 아니라 '남북을 포함한 조선의 광범위한 민족'을 대상으로 해야 함에도 불구하고, '남쪽 파시스트 일파'에게만 지원을 하여 분단을 고착화시키고 있다는 것이다. 일본은 당장 이러한 획책에서 손을 떼야 하며 남북의 통일을 위해 노력해야 한다고 강조하였다.

이를 위해 적어도 (일본은-역자) 남과 북의 자주적 통일을 저해하는 일체의 행위에서 손을 떼야만 한다. 그리고 양자의 자주적 통일을 위해 일본이 할 수 있는 모든 노력을 해야 한다. 그리고 남북 양 조선이 통일을 달성하면, 비로소 전 조선민족에게 그들의 새로운 창조와 발전을 위해 필요에 따라 지원해줘야 한다.(磯谷季次 1982a, 14)

이렇게 잘못된 길로 가고 있는 일본 정부에 대한 비판, 한반도 통일과 동아시아 평화를 염원하던 이소가야의 생각은 북한정권을 비판하는 문필활동과 단체활동을 하면서도 지속되었다. 말하자면 남들 눈에는 그가 우파로 '전향'한 것처럼 보이던 1990년대에도 이소가야의 생각에는 변함이 없었다고 할 수 있다. 오히려 역사인식의 면에서는 이전보다 더 근본적이고 논리정연해진 면이 있었다.

> 나는 일본의 식민지 지배의 역사적 영향은 일본 패전 후의 조선민족의 운명과 관련되어 있다는 생각을 떨쳐버릴 수가 없다. 그것은, 조선이 일본의 식민지가 아니었다면 민족분단이라는 조선민족 최대의 불행을 짊어지지 않았을 거라는 것이다. 제2차 세계대전에 의해 조선이 강대국의 세계전략의 영향을 받지 않을 수는 없었겠지만, 남북으로 분단되어 그 후에 보이듯이 세계에서 가장 불행한 민족대립의 국가가 되지는 않았을 것이라고 생각한다. 보기에 따라서는 분단 후의 남북 양 조선민족은 일본통치 하의 조선과 별로 다르지 않은 불행한 국가로 된 게 아닌가 생각한다.(磯谷季次 1990, 163)

일제의 식민지배로부터 벗어난 조선이 분단이 됨으로써 사실상 일본통치 하의 조선과 마찬가지로 여전히 '불행한 국가'로 남게 되었음을 안타까워하는 내용이다. 특히 한반도 문제에 대한 일본의 책임이 단지 식민지배와 침략전쟁에만 있는 게 아니라 민족의 분단과 그 고착화에까지 미쳤음을 정확히 지적하고 있다는 점에서 주목할 만하다. 또 그는 '가해자 인식'에만 빠져있는 일본인에 대한 경종도 잊지 않았다. 인양 당시부터 대개의 일본인 인식과는 달랐던 자신의 감상에 대해, 1991년 『좋은 날이여, 오라』를 출판하면서도 그는 다음과 같이 표현하고 있다(磯谷季次 1991, 5~6).

패전 후 북조선에서 역사적 비극의 와중에 대다수 일본인은 자신들이 겪었던 고난을 군국주의 일본의 무모한 전쟁 행위의 결과라고 여기고 있었다. 그러나 그 전에 일본의 조선민족에 대한 반세기에 걸친 박해의 역사가 있었던 것을, 일본인은 얼마나 반성할 수 있을까, 오로지 한결같이 자신들이 맞닥뜨린 고난에만 타격을 입었다고 여겨 어떤 사람은 조선민족이 마치 가해자인 듯이 생각하면서 미움을 가득 안고서 조선을 떠난 건 아니었을까 …. 그리고 나도 일본인 최후의 인양집단의 한 사람으로 조선을 떠났다.

그러나 인양 당시 나의 감회는 다른 일반 일본인과는 조금 다른 점이 있었다. 나도 많은 일본인과 마찬가지로 조선에 많은 생각을 남겨두었다. 다만 내 경우는, 지금부터 조선은 어떻게 갈 것인가, 그리고 일찍이 옥중생활 중에 또 출옥한 후에도 고락을 나눴던 조선인 친구 동지들 등이었다.

위 글을 보면 이소가야는 재조일본인 귀환자들이 피해자와 가해자가 뒤바뀐 듯이 현실을 인식하게 되었던 것, 일본 군국주의와 무모한 전쟁에는 반대하면서도 조선에 대한 식민지배의 역사는 반성하지 않는 것에 대해 꼬집어서 비판하고 있다. 말하자면 전후 일본이 져야 할 책임은 일본이나 한국의 양심적인 인사들이 대부분 알고 있는 '전쟁 책임'뿐만 아니라, '식민지 책임'도 있다는 점을 분명히 알아야 한다고 주장하고 있는 것이다.

위의 글에서 '조선인 친구 동지'라고 표현했던 수많은 인물들을, 이소가야는 귀환 후 50년을 살아가면서 단 한 번도 만나지 못했다. 하지만 그의 한쪽 귀는 늘 북한을 향해 열어 놓고 생활했다 해도 과언이 아니다. 이소가야가 귀환할 때 이미 오랜 병으로 고통 받고 있던 가장 친한 벗 주선규의 사망 소식은 자신보다 조금 늦게 귀환한 사토 슈고로에게 들어서 알고 있었다. 그런데 이소가야가 『우리 청춘의 조선』을 발간한 다음 해에 우연찮게 주선규 ·

주인규 형제의 소식을 접할 수 있었다. 도쿄대 교수 와다 하루키가 1984년 미국 워싱턴에서 자료조사를 하다가 주선규가 작사한 「김일성 장군의 노래」라는 악보를 발견하여 이소가야에게 제공한 것이다. 또 1985년에 모스크바로 자료조사를 갔던 미즈노 나오키가 주인규의 글 「북조선에 있어서의 조선영화의 사명과 전망 – 북조선국립영화촬영소 건립을 앞두고」(북조선문학예술총동맹 기관지 『문화전선』 제4집, 1947. 4, 67~69쪽)를 건네주었다. 반가운 소식에 이소가야는 1985년 8월 15일에 '『우리 청춘의 조선』 [부록]'이란 글을 작성하여 이 자료들을 첨부하였다. 주인규의 글은 일본어로 번역하여 첨부하고, 미즈노 나오키 교수가 해설을 붙였다.

〈그림 54〉 약 40년 만에 접한 주인규 · 주선규 소식

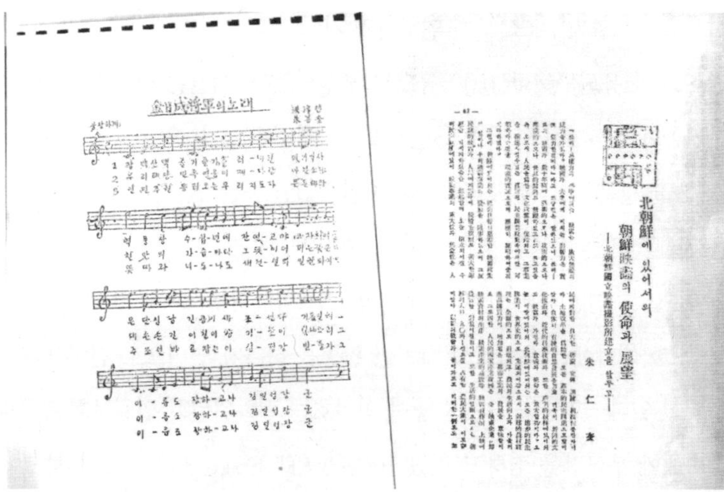

** 2016년 7월 미즈노 나오키 제공

이소가야가 늘 조선의 동지들 소식에 목말라 있었음은 『우리 청춘의 조선』 속에서도 확인할 수 있다. 1963년 여름 일본조선연구소 대표단이 중국의 연변조선족자치주를 방문한 후 안도 히코타로(安藤彦太郎)가 쓴 기행문 속에서 임민호(林民鎬)라는 이름 석 자를 발견한 것에 대한 감회를, 『우리 청춘의 조선』에서 따로 기록한 부분이 있다(이소가야 스에지 1988, 112~113). 임민호는 '제3차 태평양노동조합 사건'의 주모자로서 이소가야가 흥남경찰서 유치장에서 이송될 때 격자 틈 사이로 이소가야의 손바닥에 '마지막까지 싸우자'고 써준 조선인 동지였다.

일본조선연구소는 친북적(親北的)인 성격의 단체였는데, 방문단은 일본공산당 간부이자 연구소 이사인 데라오 고로(寺尾五郎), 와세다대학 교수이자 연구소 부소장인 안도 히코타로, 국제정치학자이자 평화운동가인 하타다 시게오(畑田重夫), 조선문제 연구자인 가와코에 게이조(川越敬三), 교육학자인 오자와 유사쿠(小沢有作) 등으로 구성되었다. 이들은 먼저 조선민주주의인민공화국을 방문한 후 1963년 9월 1일 하얼빈, 9월 2일 장춘(長春)을 거쳐 9월 3일 연길(延吉)에 도착하였다. 9월 3~5일 동안 연변지역을 돌아본 이들은 전후 연변을 방문한 최초의 외국인이기도 했다.

안도의 「연변기행」에 따르면, 임민호는 함흥형무소에서 7년을 복역한 후 모스크바대학에서 유학하고 빨치산 활동을 하다가 연변으로 건너갔다고 기록되어 있다. 그리고 1963년 당시 임민호는 평화위원회 연길분회 부주석과 연변대학 부교장을 겸하고 있었다(安藤彦太郎 1964.6, 33). 이소가야는 이 글에 수록된 임민호의 사진도 인상 깊게 보았는데, "「연변기행」이 쓰여진 지도 이제 20년의 세월이 지난 지금 임민호가 과연 건재해있을지 어떨지 나로서는 알 수가 없다."고 안타까움을 토로하였다(이소가야 스에지 1988, 113). 그가 『우리 청춘의 조선』을 쓸 때는 임민호가 이미 목숨을 거둔지 10여 년이 지난 후였는데,[82] 이소가야는 이러한 사실을 알지 못했던 것이다.

〈그림 55〉 2004년 9월 연변대학에 새로 건립된 임민호 동상

※ ウィキペディア

이소가야는 귀국 후 단 한 번, 그의 나이 85세에 서울을 방문했다. 그 사이 무수한 일본인 관광객이 서울을 다녀갔지만 그는 처음이었다. 서울을 방문한 후 작성한 감상문에서, 이소가야는 1991년 4월 3~8일의 6일 동안 도쿄

82 임민호는 문화대혁명 때 박해를 받다가 1970년 7월 14일 고문 후유증으로 사망하였다. 이후 1978년 명예회복이 되었으며, 2008년에 대한민국정부로부터 건국훈장 애족장을 추서 받았다(한국민족문화대백과사전 및 독립유공자공훈록의 '임민호' 항목 참조).

대 교양학부에서 동북아시아 사상사를 담당하고 있는 오가와 하루히사 교수를 따라 종전 46년이 되던 해에 서울 땅을 밟았다고 기록하였다(磯谷季次 1992, 252). 과거에 감옥에서 북한산을 한 번 보고 싶다고 생각했던 기억과 서대문형무소를 다시 보고 싶다는 생각에서 용기를 낸 것이었다. 그 전까지는 예전에 함흥역에서 기차를 타고 서울역으로 가서 다시 택시를 타고 서대문형무소를 갔다가 2년 뒤에 다시 똑 같은 경로를 거쳐 함흥경찰서로 갔던 경험이 그가 서울 땅을 밟아본 유일한 추억으로 남아 있었다. 여기에 56년 만에 두 번째 추억이 더해지게 되었다. 서대문형무소의 옥사(獄舍)와 사형집행장 등을 둘러보며 옛 동지들을 떠올렸다. 그리고는 귀국 후 감상문에서 다음과 같이 일본 정부를 비판하고 앞으로 자신이 해야 할 일에 대해 다시 한 번 다짐하였다(磯谷季次 1992, 256).

> 일본은 내각이 바뀌었다. 신임 총리대신이나 외무대신 등이 일본이 한국 국민에게 저지른 죄에 대해 속죄하는 것을 어떻게 생각하는지 궁금하다. 죽은 자에 대한 진정한 사과와 위령(慰靈)도, 또 작년에 크게 불거져 문제화 된 위안부에 대한 보상 문제 등도 모두 이미 해결된 문제라는 식으로 말해서는 안 된다.
>
> 내 자신도 관련이 있다고 생각되는 서대문형무소 처형자들의 위령을 위해, 지금 달리는 말에 채찍질을 하는 기분으로 외무성에 계속 진정할 작정이다. 그러나 내 힘만으로는 이루지 못한다면, 누구든 관심이 있는 일본인에게 도움을 받고 싶다.

서울에서 돌아온 직후인 1991년 5월 9일 이소가야는 '재일본 한국인 · 조선인 민주통일연맹'이 도쿄 한 복판에 있는 도시마공회당(豊島公會堂)에서 개최한 '조국의 평화통일촉진 전국궐기대회'에 참석하였다. 이광(李光)을 대표로 1990년에 발족한 이 조직은 한국 국적자와 조선 국적자를 모두 포함하는, 말하자면 민단 계통과 조총련 계통이 함께 결성한 통일운동단체였다. 실질적으로는 북한 김일성 정권의 폐쇄적인 정책을 비판하기 위한 것이었다. 이 자리에는 모스크바에서 『북조선왕조성립비사』를 집필했던 임은(본명: 許眞) 등도 참석하였다.[83]

한편 귀국 후 이소가야는 이전부터 관심을 갖고 추진해온 사업인 서대문 형무소 처형자들을 위한 위령제 거행을 위해 노력하였다. 이 행사에 참석했던 일본의 원로 농학자이자 평화운동가인 이누마 지로는 이소가야에게 「조사(弔詞)」라는 제목으로 아래 같은 감사의 편지를 보내왔다(飯沼二郎 서한, 1991년 7월 19일).

> 우리 일본인이 조선민족에 대해 저지른 범죄 중에서도 조선민족의 애국자를 민족을 사랑했다는 이유로 극형에 처했던 것은 가장 중요한 범죄임에도 불구하고 이번에 일본 정부는 전혀 사죄하지 않아, 일본인의 일원으로서 대단히 죄송하다고 생각합니다. 이번에 이소가야 씨의 노력에 의해 위령법요(慰靈法要)가 행해져서 우리 일본인의 죄를 참회함과 동시에 그 영전(靈前)에 조사(弔詞)를 올리며, 앞으로 조금이라도 일본을 도의의 나라로 만들기 위해 노력할 것을 맹세합니다.

83 이는 한국에서 '가짜 김일성론'의 결정판이라 할 수 있는 『김일성 열전(列傳)』(1974, 新文化社)을 집필한 성균관대 교수 이명영(李命英)의 기획 연재기사에 따른 것이다. 이명영은 "이 대회에 참석한 일본인 중엔 아주 이색적인 사람이 한 분 있었다. … 그는 일본인이면서도 조선인민의 해방을 위해 투쟁했던 사람이다."라며 이소가야를 소개하였다(「재일동포의 뜨거운 민주통일 염원」, 『서울신문』 1991.5.18). 오가와 교수와의 인터뷰에서도 동일한 내용을 확인할 수 있었다.

이상과 같은 1990년대 이소가야의 활동에서 알 수 있듯이, 그는 스스로 의미 있고 필요하다고 생각하는 일, 자신의 소신대로 할 수 있는 일에 대해서는 좌 · 우라는 사상적 선입견을 배제하고 열중하였다. 자신이 '마음의 고향'으로 여겨온 북조선의 배신에 몸서리치면서도, 끊임없이 '좋은 날이여, 오라!'고 기원하고 노력한 것도 같은 맥락으로 이해할 수 있다.

식민지 조선에 자신의 청춘을 바치고 끊임없이 한반도의 통일과 평화, 동아시아 및 세계의 평화를 꿈꿨던 이소가야 스에지는 1998년 10월 11일 향년 91세로 숨을 거두었다. 부인 스마코가 사망할 때 91세까지 살라고 한 말을 그대로 지키고, 기후(岐阜)에 잠들어있는 스마코 옆에 묻혔다. 오가와가 추도문에서 「조선을 사랑한 무욕(無欲)의 일본인」이라고 칭했듯이, 그는 이생에 자신이 살다 간 흔적을 모두 정리하고 세상을 떠났다. 심지어 자신의 통장에 잔고를 하나도 남기지 않고 제로(0)로 만들어 놓은 상태에서 장례비용을 따로 마련해두고 갈 정도의 깔끔함을 보였다. 1998년 12월 12일 '북조선 귀국자의 생명과 인권을 지키는 모임'의 기관지 「갈매기(カルメギ)」 25호에 실린 오가와의 추도문 내용은 다음과 같다.

추도 이소가야 스에지 씨, 조선을 사랑한 무욕(無欲)의 일본인

오가와 하루히사(小川晴久)

이소가야 스에지 씨가 지난 10월 11일 91세를 일기로 생을 마감했다. 13년 전에 부인을 앞세워 보냈는데, 희한하게도 91세까지 살기 바란다고 했던 부인의 말대로 91세의 나이로 사망한 것이다. 지금부터 약 8년 전에 나온 책 『좋은

날이여, 오라 - 북조선 민주화를 향한 나의 유서』의 부제가 그대로 되어 버렸다.

이소가야 씨는 1984년에 세상에 내놓은 『우리 청춘의 조선』(影書房)이라는 책으로 알려지게 되었다.

1928년(21세) 병사의 일원이 되어 조선 함경북도 나남으로 끌려간 후(군대는 2년으로 제대) 1947년 1월에 인양될 때까지 19년간 조선에서의 반생(半生)을 기록한 것이다. 이 책과 이소가야 씨의 귀국 후 삶을 맞춰보면, 내 생각에 이소가야 씨는 야나기 무네요시(柳宗悦), 아사카와 다쿠미(浅川巧), 마키무라 히로시(槇村浩)에 이어 네 번째로 조선의 흙이 된 사람(조선의 진정한 벗)이 된 것이다.

내가 이 짧은 추도문 속에 써야 할 것은 위의 『좋은 날이여, 오라』(1991.1, 花伝社)라는 책에 관한 것이다.

이 책은 지금으로부터 10년 전에 이소가야 씨가 임은(林隠)이 저술한 『북조선왕조성립비사(北朝鮮王朝成立秘史)』(1982, 自由社)라는 책을 읽고, 자신이 김일성과 북한의 역사를 근본적으로 잘못 이해하고 있었음에 경악하며 심한 회한과 분노를 가지고 쓴 책이다. 임은(許真 씨의 필명) 씨의 책을 인용 · 소개하는 모양을 취한 책이지만, 원저(原著)가 남아있지 않은 지금 이소가야 씨의 책을 통해 임은의 책에 접할 수 있다는 것으로도 귀중하다.

실은 이 책이 나올 때, 『우리 청춘의 조선』에서 보여준 이소가야의 이미지를 망가뜨린다는 반대의견이 이소가야의 팬들에게는 있었다고 한다. 그러나 이소가야 씨는 과감히 자신의 인식의 오류를 만천하에 공표하고, 무엇보다도 하루 빨리 북조선이 민주화되기를 희구하였다. 지금부터 8년 전 82세(83세가 맞음-역자) 때이다. 그때는 아직 시민단체 '지키는 모임'이 만들어지지 않았다.

이소가야 씨는 이 책을 가지고 우리 '지키는 모임'의 창립에 참가하여, 죽는 그날까지 '좋은 날이여, 어서 오라'고 기원하며 우리를 계속 격려해주셨다. 드물게 보이는 무욕(無慾)의 순수한 사람이었다.

<그림 56> 이소가야 영정사진

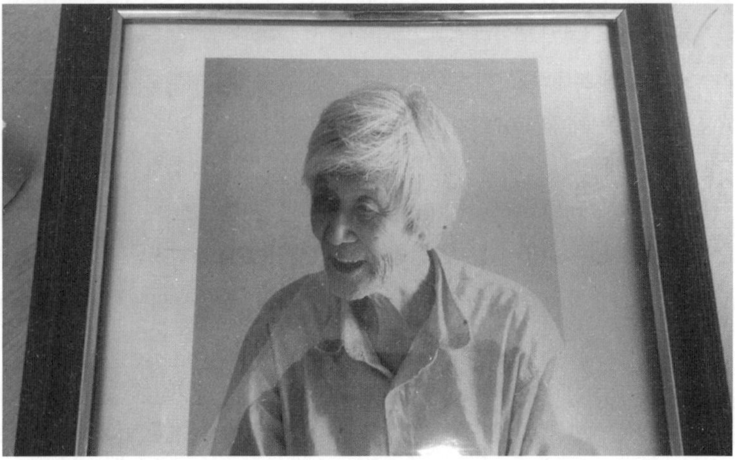

※ 오가와 하루히사 보관. 이소가야는 1998년 10월 11일 향년 91세로 숨을 거두었다.

이소가야 스에지라는 인물에 대해 일찍이 일본학계에서는 "재조일본인사회에서 지배・피지배 관계를 넘어서 민족우월감을 의식적으로 무너뜨렸던 일본인"으로 평가했으며(尹健次 1989, 20), 한국학계에서는 '한일노동자 연대의 개척자'로 평가하였다(곽건홍 1999, 64). 그에 대한 이러한 평가는 최근까지도 계속되고 있다. 학자들은 '한일 연대와 평화 확립의 가능성'을 식민지시대 이소가야 등의 '조-일 혁명현대'에서 찾기도 했으며(박노자 2013, 354), 이소가야와 같은 재조일본인 '식민자 사상범'과 조선인의 연대의 의미를 찾는 연구도 나왔다(양지혜 2015, 366). 모두 식민지 조선에서 이소가야가 참여했던 노동운동과 이로 인한 투옥에 대한 평가이다. 이소가야의 혁명적 노동운동에 대해서는 시인 고은(高銀)도 「이소가야 스에지」라는 시를 써서 『만인보(萬人譜)』 27권(2010, 창작과비평)에 수록하기도 했다.

한 사람의 자연인으로서 이소가야 스에지의 삶을 보면, 식민지 조선과 전후(戰後)의 한반도라는 공간은 그의 전 생애에서 가장 중요한 위치를 차지했다고 해도 과언이 아니다. 90세를 넘게 살았던 그가 재조일본인으로 살았던 기간은 약 20년 정도였다. '황군(皇軍)'으로 징병되어 조선주둔 일본군으로 처음 한반도에 발을 디뎠던 그는 조선인의 입장에서 보면 분명 식민자이자 가해자로서의 출발이었다. 하지만 군 제대 후에도 조선에 남아 일본인 노동자로 생활하면서 동료들과 함께 조선의 독립과 해방을 위해 노력했던 그의 청년기는 '비국민' 저항자로서의 세월이었다. 게다가 1945년 8.15 이후 한반도의 분단이라는 상황은, 또 다시 생을 마감할 때까지 그의 인생 후반기 삶을 규정해버렸다.

다른 재조일본인들과 마찬가지로 38도선 이북의 함흥에서 8.15 직후 조선사회의 혼란을 경험하고 똑 같이 '탈출'이라는 고난의 경로를 거쳐 귀환한 이소가야 스에지의 경우, 전후 일본사회 내에서 '피해자 인식'에 갇혀 있지만은 않았던 독특한 인물이었다. 대개의 재조일본인 출신들과는 달리 '식민자 · 가해자'에 대한 '피식민자 · 저항자'로서의 정체성을 강하게 지니고 있었던 그의 식민지 체험, 그리고 이들과 공통된 8.15 직후의 '잔혹한' 귀환 경험은 이후에도 계속 그의 발목을 잡았다. 이것이 그가 '제2의 고향'이라 여겼던 38도선 이북의 사회에 계속 관심과 애정을 가지고 마지막 순간까지 문필활동 등을 통해 '민주화된 조선'을 기원했던 배경일 것이다.

〈이소가야 스에지 연보〉

연도	이소가야 스에지의 주요 행적
1907	일본 시즈오카현에서 10여 명 중 막내로 출생
1919	소학교 졸업, 도쿄행, 아사쿠사에서 목재상을 경영하던 형 밑에서 일함
1923	관동대지진과 일본인의 조선인 학살 경험
1927	징병검사, 갑종 합격
1928	조선행, 나남 주둔 일본군 제19사단 보병 76연대 입대
1929	함북 경성군 오촌면(梧村面)의 이용만 소년 가족과 친분, 부친 이원하(李園夏) 소유의 과수원 일부 매입
1930	제대, 일본질소비료주식회사 흥남공장 취업, 기숙사에서 나와 구룡리 손일룡 집에 하숙, 이를 계기로 조선인 사회운동그룹에 참여
1931	일명 '흥남좌익그룹'의 노동조합운동에서 일본인부 책임으로 활동, 소비조합 정장원(靜莊園) 조직
1932	동료 500여 명과 함께 검거(제2차 태평양노동조합 사건), 흥남경찰서 유치장 생활
1933	함흥지방법원 기소, 함흥형무소 수감
1934	함흥지방법원 1심 재판에서 '치안유지법 위반'으로 징역 6년 언도, 항소, 항소자 전원 서대문형무소로 이감, 다수의 사회운동가와 교류
1936	경성지방법원 항소 취하, 함흥형무소로 이감, 독방 수용
1937	폐렴 등 건강 악화로 병동 수감, 사상전향 계속 거부
1940	'황기(皇紀) 2,600년 은사(恩赦)'로 10개월 정도 감형(減刑)
1941	함흥형무소 출옥, 송성관과 함께한 프리즘 장사 실패, 북선제강소(北鮮製鋼所) · 함흥합동목재주식회사 장진강제재소 근무, 장진의 '임충석(林忠錫) 그룹'에 참여하여 일제 패망에 대비
1945	일제패망 즉 종전 경험, 8.15 직후 장진에서 '임충석 그룹' 활동 계속하며 목재 관계 노동자 조직 재건, 10월부터 함흥일본인세화회 및 함흥일본인위원회와 조선 및 소련 측 기관들과의 소통 및 조정자로 활동, 조선공산당 당원으로 함흥시당부 일본인부 활동
1946	함흥일본인위원회 위원장(5차, 6차), 함흥에서 요시다 스마코(吉田須磨子)와 결혼, 재류자 및 피난민의 생존과 무사 귀환을 위한 활동 계속, 특히 함흥과 흥남의 일본인 기술자 잔류 문제 해결에 주력, 일기 작성 및 「북조선에서」 집필, 귀환을 위해 함흥 출발(11. 20.), 인양선 에이호마루(榮豊丸) 탑승(12. 16.)
1947	1월 초 사세보항(佐世保港)에 상륙, 시즈오카의 본가로 향함, 도쿄 오모리(大森)에 거주하며 노동 하면서 문필활동과 북한민주화운동 참여
1949	최초의 회고록 『식민지의 감옥』 출판
1972	종전 직후 일본인 인양 업무에 공적이 있다 하여 외무대신 후쿠다 다케오(福田赳夫)로부터 표창장 받음
1970년대 말	도쿄도(東京都) 마치다시(町田市)로 이주해 정착, 시립 오가와소학교(小川小學校)에서 야간수위로 근무(이후 5년간)

1980	본격적인 회고록 『조선종전기』 출판, 이후 1980년대에 본격적인 문필활동하고 「보도사진뉴스(報道写真ニュース)」 등 발행
1984	『조선종전기』를 보완하여 『우리 청춘의 조선』 출판
1985	부인 스마코의 사이타마의과대학 부속병원 입원으로 근처 여관에서 생활하며 간호, 스마코 사망
1986	스마코 사망 1주기 기념으로 『스마코에게』 출판
1987	스마코 사망 2주기 기념으로 『추모서간집 : 스마코에게, 별책』 출판
1988	스마코 사망 3주기 기념으로 『이소가야 스마코 추도·기념 서한집』 출판, 『우리 청춘의 조선』이 한글로 번역 출판
1991	북한정권에 대한 비판을 담은 『좋은 날이여, 오라』 출판, 처음이자 마지막으로 서울을 방문하여 서대문형무소 등을 둘러봄, '재일본 한국인 · 조선인 민주통일연맹'이 개최한 '조국의 평화통일촉진 전국궐기대회' 참석, '서울 서대문형무소 처형자 추모' 위령제 및 집회 주도
1994	'북조선 귀국자의 생명과 인권을 지키는 모임(北朝鮮帰国者の生命と人権を守る会, HRNK)' 조직 참여 활동, 마지막 저서인 『비사(悲史) 북조선』을 사가판으로 발간
1998	향년 91세로 도쿄에서 사망

| 참고문헌 |

1. 이소가야 스에지가 남긴 글

磯谷季次, 1946,「北朝鮮にありて」, 森田芳夫・長田かな子 編,『朝鮮終戰記録資料編』3(巖南堂書店, 1980)

磯谷季次, 1949,『植民地の獄-革命家の経験的記録』, 郷土書房

磯谷季次, 1980a,『朝鮮終戦記』, 未来社

磯谷季次, 1980b,「私の朝鮮終戰記：朝鮮解放35周年に思う」,『統一評論』183, 統一評論社

磯谷季次, 1981,「民族と恩讐」,『季刊三千里』25, 三千里社

磯谷季次, 1982a,「戰後三十六年, 朝鮮を思う」,『未來』184, 未來社

磯谷季次, 1982b,「出獄以後」,『季刊三千里』31, 三千里社

磯谷季次, 1984,『わが青春の朝鮮』, 影書房

磯谷季次, 1986,『須磨子に寄せて』, 影書房

磯谷季次, 1987,『(追悼書簡集) 須磨子に寄せて』別冊, 影書房

磯谷季次, 1988,『磯谷須磨子追悼・記念書簡集』, 影書房

磯谷季次, 1990,「日韓併合80年と日本」,『世界』544, 岩波書店

磯谷季次, 1991,『良き日よ' 来たれ-北朝鮮民主化への私の遺書』, 花伝社

磯谷季次, 1992,「死者は語り得ずとも-50年ぶりのソウルで感じたこと」,『世界』565, 岩波書店

磯谷季次, 1993,「北朝鮮痛哭の記」,『自由』35, 自由社

磯谷季次, 1994,『悲史北朝鮮』(私家版)

이소가야 스에지 지음, 김계일 옮김, 1988,『우리청춘의 조선』, 사계절

磯谷季次, 1985.8.15.,「『わが青春の朝鮮』附錄」

기타 未定稿 서한류(2016년 7월, 水野直樹 제공)

자필 미출간 에세이들(2017년 12월, 小川晴久 제공)

2. 참고한 자료들

강만길・성대경 엮음, 1996,『한국사회주의운동 인명사전』, 창작과비평사

建設省 静岡河川工事事務所, 1992,『安倍川治水史』

鎌田正二, 1970,『北鮮の日本人苦難記-日窒興南工場の最後』, 時事通信社

京城覆審法院, 1936.9.2.,「判決文」

고은, 2010,『만인보』27, 창작과비평사

곽건홍, 1995, 「1930년대 초반 조선질소비료공장 노동자조직운동」, 『역사연구』 4, 역사학연구소
곽건홍, 1999, 「한일노동자 연대의 개척자 이소가야 스에지」, 『노동사회』 32, 한국노동사회연구소
국사편찬위원회 한국사데이터베이스(http://db.history.go.kr)
김윤정, 1998, 「1930년대 초 범태평양노동조합 계열의 혁명적 노동조합운동」, 『역사연구』 6, 역사학연구소
김재웅, 2014, 「재북한 일본인들의 사회경제적 지위와 북한의 일본인 기술자 정책(1945~1950)」, 『동북아역사논총』 44호, 동북아역사재단
김준섭, 2000, 「전후 일본인의 역사인식에 관한 고찰」, 『한국정치학회보』 34집 4호
金俊燁 외, 1969, 『「北韓」研究資料集』 제1집, 고려대 아세아문제연구소
金弘熙, 2017, 「일제하 나남의 군기지 건설과 군사도시화」, 한양대 석사논문
盧琦霙, 2006, 「戰後日本人による朝鮮引揚者團體の設立と活動」, 『次世代人文社會研究』 2, 동서대 일본연구센터
다카사키 소지, 이규수 옮김, 2006, 『식민지 조선의 일본인들』, 역사비평사
大阪每日新聞社, 『朝鮮交通地圖』, 1924
嶌末稔, 1998, 「北鮮脫出記」, 平和祈念事業特別基金 編, 『海外引揚者が語り継ぐ労苦(平和の礎)』 8
東亞日報社, 『東亞日報』 각호
리챠드 H. 미첼 저, 김윤식 옮김, 1982, 『일제의 사상통제 - 사상전향과 그 법체계』, 一志社
每日申報社, 『每日申報』 각호
朴慶穆, 2013, 「1930년대 서대문형무소의 일상」, 『한국근현대사연구』 66, 한국근현대사학회
朴慶穆, 2016, 「일제강점기 서대문형무소 수감자 현황과 특징」, 『한국근현대사연구』 78, 한국근현대사학회
박노자, 2013, 「영토주의적 시각을 넘어 한일 연대와 평화 확립의 가능성을 말하다 : 양심과 공동 투쟁에 기반한 한일 관계의 발전적 전망」, 『독도연구』 14, 영남대 독도연구소
朴廷鎬, 2005, 「近代日本における治安維持政策と國家防衛政策の狹間:朝鮮軍を中心に」, 『本鄕法政紀要』 14
박찬승, 2014, 『한국독립운동사 - 해방과 건국을 향한 투쟁』, 역사비평사
芳賀登 ほか 編, 1999~2002, 『日本人物情報大系』, 皓星社
변은진, 2013, 『파시즘적 근대 체험과 조선민중의 현실인식』, 선인
변은진, 2017, 「재조일본인 노동자 이소가야 스에지(磯谷季次)의 체험을 통해 본 8.15와 귀환의 기억」, 『아세아연구』 168호, 고려대 아세아문제연구소
변은진, 2018a, 『일제말 항일비밀결사운동 연구』, 선인
변은진, 2018b, 「8.15 직후 38도선 이북의 일본인 귀환단체 및 간부진 현황」, 『한일관계사연구』 60, 한일관계사학회
北山恒, 1947.3, 『北鮮日本人苦難史』(私家版)
北鮮戰災者委員會本部, 1946, 「北鮮戰災現地報告書」, 森田芳夫・長田かな子 編, 『朝鮮終戰記錄 資料

編』 3(巖南堂書店, 1980)
森田芳夫, 1964,『朝鮮終戰の記錄: 米ソ兩軍の進駐と日本人の引揚』, 巖南堂書店
森田芳夫·長田かな子 編, 1980,『朝鮮終戰の記錄: 資料編 第3巻 北朝鮮地域日本人の引揚』, 巖南堂書店
小林英夫, 1973,「1930年代日本窒素肥料株式会社の朝鮮の進出について」, 山田秀雄 編,『植民地経済史の諸問題』(アジア経済研究所)
손정목, 1990,「日帝下 化學工業都市 興南에 관한 硏究(上)」,『韓國學報』 16권 2호
송규진 외, 2004,『통계로 본 한국근현대사』, 아연출판부
松本昌次, 2008,『わたしの戰後出版史』, トランスビュー
阿部安成·加藤聖文, 2004,「'引揚げ'という歴史の問い方(上)」,「彦根論叢』 348, 滋賀大学
安藤彦太郎, 1964.6,「延邊紀行」,『東洋文化』 36, 東京大 東洋文化研究所
Yahoo! Japan(https://www.yahoo.co.jp/)
양지혜, 2012,「'식민자 사회'의 형성: 식민지기 하층 출신 일본인 이주자의 도시 경험과 자기규제」,『도시연구: 역사 · 사회 · 문화』 7
양지혜, 2015,「'식민자 사상범'과 조선 – 이소가야 스에지 다시 읽기」,『역사비평』 110, 역사비평사
양지혜, 2016,「일제시기 일본질소비료주식회사의 산업공해문제와 '식민성'」,『역사문제연구』 제36호, 역사문제연구소
와다 하루키, 이종석 역, 1992,『김일성과 만주항일전쟁』, 창작과비평사
요시다 유타카 저, 최혜주 역, 2005,『일본의 군대 - 병사의 눈으로 본 근대일본』, 논형
尹健次, 1989.4,「植民地日本人の精神構造」,『思想』 778, 岩波書店
李景珉, 1991.6,「北部朝鮮における8.15(上)」,『經濟と經營』 22-1
이북명,「질소비료공장」, 1931, 남원진 엮음,『이북명소설선집』(현대문학, 2010)
이승환, 2010,「재조 귀환 일본인의 피해자 아이덴티티 형성에 관한 연구」, 연세대 석사논문
이애숙, 2015,「일제감시대상 인물카드 해제」, 국사편찬위원회
李淵植, 2008,「解放 直後 38以北 日本人의 居留環境 變化」,『韓日民族問題硏究』 14, 한일민족문제학회
李淵植, 2009a,『解放 後 韓半島 居住 日本人 歸還에 關한 硏究』, 서울시립대 박사논문
李淵植, 2009b,「敗戰 後 韓半島에서 돌아간 日本人 女性의 歸還體驗」,『韓日民族問題硏究』 17, 한일민족문제학회
이연식, 2012,『조선을 떠나며 : 1945년 패전을 맞은 일본인들의 최후』, 역사비평사
이연식, 2013,「전후 일본의 히키아게(引揚) 담론 구조 - 해외 귀환자의 초기 정착과정에 나타난 담론의 균열과 유포」,『일본사상』 24, 일본사상사학회
이재운 외, 2008,『뜻도 모르고 자주 쓰는 우리말 어원 500가지』, 예담
이지선, 2013,「1910년대 일본인의 조선음악 연구 - 가네쓰네 기요스케(兼常淸佐)의『朝鮮の音樂』을 중심으로」,『한국음악사학보』 50, 한국음악사학회
이형식, 2013,「재조일본인 연구의 현황과 과제」,『일본학』 37, 동국대 일본학연구소
日本海員液劑會 홈페이지(http://www.ekisaikai.com)

日外アソシエーツ, 2004,『20世紀日本人名事典』(https://kotobank.jp/word/)
임경석 편, 2010,『동아시아 언론매체 사전』, 논형
임기현, 2010,「해방공간에서의 잔류 일본인 귀환 문제」,『韓國言語文學』 72, 한국언어문학회
장신, 2014,「일제하 형무소의 사상범 대책과 전향자 처우-김광섭의 '옥창일기(獄窓日記)'를 중심으로」,『民族文化研究』 64, 고려대 민족문화연구원
荻野富士夫 著, 1984,『特高警察體制史』, せきた書房
田所喜美, 1982,『ペトロフ軍医少佐』, 講談社出版サービスセンター
田所喜美, 2009,「我が青春の北朝鮮」, 平和祈念事業特別基金 編,『海外引揚者が語り継ぐ労苦(平和の礎)』 19
정용욱 해설, 1993,「자료: 일제하(1932~35) 전향공작에 대한 옥중투쟁기」,『역사비평』 23, 역사비평사
朝鮮軍司令部, 1932,『朝鮮軍歷史』 4
朝鮮中央日報社,『朝鮮中央日報』 각호
朝鮮總督府,『朝鮮總督府官報』 각호
朝鮮總督府,『職員錄』 각년판
朝鮮總督府 警務局, 1939,『最近に於ける朝鮮治安狀況』
朝鮮總督府 高等法院 檢事局 思想部,『思想月報』 각 권호
朝鮮總督府 高等法院 檢事局 思想部,『思想彙報』 각호
주인규, 1947.4,「북조선에 있어서의 조선영화의 사명과 전망 - 북조선국립영화촬영소 건립을 앞두고」,『문화전선』 제4집, 북조선문학예술총동맹
차승기, 2013,「자본, 기술, 생명 : 흥남-미나마타(水俣) 또는 기업도시의 해방 전후」,『사이(SAI)』 제14호, 국제한국문학문화학회
최규진, 2009,『조선공산당 재건운동』, 독립기념관 한국독립운동사연구소
崔永鎬, 2011,「韓半島 居住 日本人의 歸還 後 團體 結成가 財産權 補償 要求」,『韓日民族問題研究』 21, 한일민족문제학회
최영호, 2013,『일본인 세화회』, 논형
피터 두으스 저, 金容德 역, 1983,『日本近代史』, 지식산업사
한국사사전편찬회 편, 1990,『한국근현대사사전』, 가람기획
한국역사정보통합시스템(http://www.koreanhistory.or.kr)
咸興刑務所長, 1938.4.5.,「思想犯收容ニ關スル件」, 法務局 行刑課,『戒護拘禁關係書類』(1939, 국가기록원 소장문서 CJA0004245)
和田春樹, 1992,『金日成と滿州抗日戰争』, 平凡社
황선익, 2010,「해방 전후 在韓日本人의 敗戰 경험과 한국 인식-모리타 요시오(森田芳夫)를 중심으로」,『한국학논총』 34, 국민대 한국학연구소
후지와라 아키라 저, 서영식 역, 2012,『일본군사사』 상, 제이앤씨

ARI Humanities Series 3

'A People on the Korean Peninsula' who Dream of Freedom and Peace

First Published 2018
by The Asiatic Research Institute at Korea University
145 Anam-ro, Seongbuk-gu, Seoul 136-701, Korea
www.asiaticresearch.org

아연 인문교양총서 3

자유와 평화를 꿈꾼 '한반도인', 이소가야 스에지

1판1쇄 | 2018년 12월 19일

지은이 | 변은진
펴낸이 | 이종화
펴낸 곳 | 아연출판부
등록 | 2000년 5월 24일 제6-376호
주소 | 서울시 성북구 안암로 145 고려대학교 아세아문제연구소(136-701)
전화 | 02-3290-1600　팩스 | 02-923-4661
홈페이지 | www.asiaticresearch.org

값 15,000원

ISBN 978-11-89273-07-1 04300
ISBN 978-89-90769-95-4 (세트)

이 도서의 국립중앙도서관 출판시도서목록(CIP)은 e-CIP 홈페이지(http://www.nl.go.kr/ecip)에서
이용하실 수 있습니다(CIP제어번호: CIP2018040520).